AF353062

50 AÑOS DE HISTORIA DE LA FACULTAD DE DERECHO UNIVERSIDAD PANAMERICANA

4

50 AÑOS DE HISTORIA DE LA FACULTAD DE DERECHO UNIVERSIDAD PANAMERICANA

4

DERECHO Y CINE

Juan Antonio Casanovas Esquivel

Coordinador

Primera edición, 2022.

50 AÑOS DE HISTORIA DE LA FACULTAD DE DERECHO
UNIVERSIDAD PANAMERICANA
Volumen 4

DERECHO Y CINE
Juan Antonio Casanovas Esquivel (Coordinador)

Directores de la colección: José María Soberanes Díez y Manuel Andreu Gálvez

Diseño de portada: Rosario Ivonne Lara Alba
Imagen de portada: Universidad Panamericana
Cuidado editorial: Santi Ediciones

ISBN: 978-607-8826-21-6

Universidad Panamericana, Campus México
Jerez 10, Insurgentes Mixcoac, Benito Juárez,
Ciudad de México, México, C.P. 03920
Conmutador: +52 55 5482 1600
www.up.edu.mx
Impreso en México / *Printed in Mexico*.

ÍNDICE

PRESENTACIÓN
DE LA COLECCIÓN

En el año 2020 la Facultad de Derecho de la Universidad Panamericana cumplió 50 años de actividad ininterrumpida formando abogados y, en esa medida, participando activamente en la historia reciente de la cultura jurídica en México. Con ocasión de este aniversario, por iniciativa de varios profesores y el apoyo de las autoridades, se han preparado una serie de libros mediante los cuales manifestamos el jubileo por las cinco décadas de labor y servicio, a través de la forma que nos es más próxima y familiar: compartiendo el pensamiento, la reflexión y la experiencia acerca de la práctica jurídica en clave académica. Celebro la publicación de los mismos, y agradezco el entusiasmo y disposición de todos los implicados en esta iniciativa que ahora ve la luz.

Para cualquier institución celebrar un aniversario es siempre motivo de alegría y agradecimiento. Un aniversario de plata añade a lo anterior la ratificación del compromiso por cumplir la finalidad de hacer de nuestra Facultad de Derecho un espacio de excelencia académica. Se trata del propósito que animó a esos primeros profesores y alumnos del Instituto Panamericano de Humanidades que iniciaron sus labores el 25 de septiembre de 1970, y en el cual, generación tras generación, década tras década, han perseverado fielmente quienes hemos integrado e integran a su comunidad académica.

A los lectores de los libros que componen la colección del L Aniversario de la Facultad de Derecho auguro abundantes frutos intelectuales; cada uno de los capítulos incluidos en ellos son el resultado de una reflexión seria sobre cuestiones de interés en cada materia, que mueve a su vez al pensamiento bien sea para comprender mejor las cuestiones tratadas, bien para iniciar una nueva serie de inquietudes y preguntas que nos impulsen y ayuden a profundizar en el conocimiento de la rica y compleja realidad del Derecho.

Finalmente, aprovecho la ocasión para manifestar mi agradecimiento a los profesores que han coordinado cada uno de los libros con los que celebramos este aniversario, así como a los autores de sus capítulos: tanto profesores de nuestro claustro, como invitados. Gracias por sumarse a la celebración del L Aniversario, pero sobre todo gracias por sus invaluables aportaciones al robustecimiento de nuestra comunidad académica tanto en el aula como fuera de ella.

Dr. Fernando Batista Jiménez
Director de la Facultad de Derecho
Universidad Panamericana,
Mixcoac, agosto 2022

~

INTRODUCCIÓN

Con un gran orgullo y emoción, me permito presentar, en mi carácter de coordinador, la presente obra en el marco del 50 aniversario de la Facultad de Derecho de la Universidad Panamericana.

Fue en agosto de 2013, bajo el impulso y apoyo incondicional de nuestro querido exdirector y exrector general, el Dr. José Antonio Lozano Díez, que me fue confiado el arranque de un proyecto académico muy especial, el inicio de un Seminario para los alumnos del último año del programa de la Licenciatura: "Derecho del entretenimiento", que posteriormente fue renombrado para reflejar su naturaleza académica: "Derecho y Cine".

La idea de proponer a nuestro decano un Seminario que en principio parecería una mera moda o extravagancia, se debió en primer término a mi pasión por el mundo cinematográfico. Desde pequeño he tenido una fascinación por las películas y mi familia y mis mejores amigos han sido un factor clave de impulso. Ya incorporado como profesor de tiempo completo en la Facultad de Derecho, inició todo un proceso de conocimiento e investigación profundo de los relaciones, alcances y límites metodológicos entre dos discursos que en años recientes han generado una corriente académica con una gran vitalidad, precisamente el de "Derecho y Cine", lo cual permitió la fundación del Seminario y del movimiento con bases académicas sólidas.

El Seminario se ha impartido de manera ininterrumpida desde aquel agosto de 2013: 19 grupos, cientos de alumnos y una comunidad joven y precisamente por ello muy entusiasta y comprometida, gracias también al respaldo de nuestros queridos directores de la Facultad: el Mtro. Héctor

Salazar Andreu, el Mtro. Félix Todd Piñero (q.e.p.d.) y actualmente el Dr. Fernando Batista Jiménez, así como de la confianza que siempre han tenido la directora de la Licenciatura, la Esp. María Fernanda González Ugalde y nuestro actual Secretario Académico, el Dr. Francisco Vázquez Gómez Bisogno.

Los frutos académicos que ha dado el movimiento de Derecho y Cine en la Universidad Panamericana desde que se me fue confiado el proyecto han sido múltiples: quince tesis de Licenciatura y una de Maestría aprobadas y defendidas, en la que se han abordado las más diversas temáticas jurídicas bajo el tamiz del lente cinematográfico, y muchas más que se encuentran en proceso; la formación de profesores adjuntos y cotitulares que han conformado un equipo de trabajo en materia de Derecho y cine y posteriormente de Derecho y arte; mi propia tesis doctoral no hubiera sido posible sin la convivencia y el intercambio de ideas que se dieron en el marco del Seminario de "Derecho y cine"; dos obras de investigación generadas en nuestra casa de estudios y publicadas una de ellas por la división de Posgrados de la Universidad Nacional Autónoma de México y la otra por el sello editorial español Sindéresis en la Colección especializada de "Cine, Derecho y Sociedad"; así como capítulos de libros y artículos académicos.

La presente obra se debe a la energía, empeño y pasión de esa emergente y joven comunidad académica que se abre paso firme en la Facultad de Derecho de la Universidad Panamericana. Mi aportación ha sido únicamente coordinar los esfuerzos de los autores de las colaboraciones que la integran, todos ellos en su momento y en diferentes generaciones alumnos destacados del Seminario de "Derecho y cine". Sin embargo, su compromiso no se limita a la elaboración de un artículo. Todos ellos son parte viva del movimiento de Derecho y Cine en nuestra Casa de Estudios y siguen aportando, con total libertad académica, a las nuevas generaciones mediante un intercambio fecundo de ideas y conocimientos en el Seminario del cual siguen formando parte ahora con un rol no de alumno sino de académicos. Incluso algunos de ellos forman parte ya de nuestro claustro de profesores en diversas materias.

Una de las principales virtudes del movimiento, de acuerdo con autores de la talla de Benjamín Rivaya o Juan Antonio Gómez García, es la posibilidad de acercarse a los fenómenos jurídicos desde una perspectiva multidisciplinar y, yo diría, transdisciplinar. En este sentido, las primeras colaboraciones a cargo de Rafael Cervantes Daguerre, Juan Francisco Díez Spelz, Javier de Jesús Domínguez González y Ana Lucía Gutiérrez Cervantes exploran temas vinculados con la Filosofía del Derecho a través de la herramienta cinematográfica.

Por su parte, Daniel Haro Garza propone un ejercicio interdisciplinario de Derecho y Política con ayuda de diversos filmes. A su vez, en su artículo, Carmen Hernández Gutiérrez realiza un estudio histórico jurídico del Nacionalsocialismo y la influencia que tuvo la industria cinematográfica en su desarrollo. La colaboración de Roberto Quijano Luna aborda un análisis jurídico cinematográfico desde la Bioética.

Brian Zaldívar Masso sigue una línea de investigación muy en boga en el movimiento de Derecho y Cine: el de los derechos humanos. Desde una perspectiva menos ortodoxa, pero no por ella menos interesante, Ricardo Montejano Collantes propone un análisis cinematográfico del derecho de los seguros.

Finalmente, otra de las áreas temáticas que más se han desarrollado en la novel área de Derecho y Cine, ha sido la de la situación de discriminación y violencia en contra de las mujeres, con autoras de la talla de Orit Kamir. Paulina Guerrero Núñez y Julieta Ochoa Gómez desarrollan sus colaboraciones alrededor de dicha temática.

No me resta sino agradecer al Dr. José María Soberanes Díez y al Dr. Manuel Andreu Gálvez, por su invaluable apoyo para que este volumen sea hoy una realidad.

Dr. Juan Antonio Casanovas Esquivel
Coordinador

∿

REVELANDO UN PUENTE ENTRE LA FILOSOFÍA DEL DERECHO Y LA CINEMATOGRAFÍA

Rafael Cervantes Daguerre
Universidad Panamericana

INTRODUCCIÓN

> *Los abogados son narradores populares que operan*
> *en una cultura de narración auditiva y visual...*
> *Contamos historias con argumentos complicados*
> *y temas claros que se destilan fácilmente...*
> *Hablamos y pensamos de manera cinematográfica.*
> Philip N. Meyer (1993, citado en Battisti, 2012, p. 126)[1]

¿Es importante la filosofía del derecho? ¿Es relevante el arte? ¿Es trascendente la cinematografía? ¿Construir un puente entre dos áreas de estudio aparentemente tan distintas es valioso para el ser humano?

¿Existe alguna relación entre el derecho y el arte? ¿Existe algún vínculo, más en concreto, entre la filosofía del derecho y la cinematografía?

---

[1] El idioma original de la frase citada es el inglés y su transcripción literal es la siguiente: *"Lawyers are popular storytellers who operate in an aural and visual storytelling culture... We tell stories with hard driving plotlines and clear themes that are readily distilled... We speak and think fwwilmically".* La traducción del inglés al español es propia.

En caso de haberlo, ¿tiene alguna utilidad el estudio de la filosofía del derecho y de la cinematografía en conjunto?

¿Pensar y escribir sobre un discurso entre la filosofía del derecho y la cinematografía es inventar algo? O, en su caso, ¿es revelar algo que ya existe y para lo cual solo hay que abrir los ojos para manifestar su enlace?

Hay quien afirma que la respuesta a la mayoría de estas preguntas, o a todas, es una de carácter rotundamente negativo. Hay quien asevera que el derecho existe únicamente en sí mismo. Hay quien sostiene, incluso, que la filosofía en general, y la filosofía del derecho en concreto, no son productivas ni para la vida misma ni para el derecho.

Hay personas que aseguran que no es útil, consecuentemente, unir dos áreas de estudio e investigar sobre la relación entre el derecho y el arte. Ni hablar de elaborar un discurso tan aparentemente alucinado como el de la filosofía del derecho y el cine.

Estas visiones constituyen, desde mi perspectiva, incongruencias y señalamientos limitados intelectualmente. El objetivo de este escrito es darles una respuesta a estas preguntas de manera concreta y afirmar lo que en mi visión es innegable, al igual que es innegable la relación entre la filosofía del derecho y la cinematografía, y esto es que la construcción de un discurso filosófico jurídico y cinematográfico es una invención fundamental esperando ser revelada.

Para responder estas preguntas, considero indispensable generar un marco teórico y conceptual en el cual se vaya desarrollando, paulatinamente, la respuesta a las mismas, así como la importancia de estos ejercicios intelectuales.

Para ello, en primer lugar, desarrollaré brevemente la evolución del campo del derecho y las humanidades. En segundo lugar, abordaré concisamente la relación entre el derecho y el arte. En tercer lugar, expondré sucintamente la importancia de la filosofía en general y de la filosofía del derecho en concreto. Por último, profundizaré en la necesidad de unir puentes intelectuales, enfocándome en aquel perteneciente a la filosofía del derecho y la cinematografía.

UN CAMINO HACIA LA INTERDISCIPLINARIEDAD: DERECHO Y HUMANIDADES

> *[Es] un hecho frecuentemente olvidado –*
> *que el derecho toca en algún punto todo interés humano concebible*
> *y que ese estudio es, quizás por encima de todos los demás,*
> *precisamente el que conduce directamente a las humanidades.*
> Ernest W. Huffcutt (1892, citado en Sarat et al., 2010, p. 1)[2]

La interdisciplinariedad es el concepto que más se ha desarrollado y que con mayor fuerza se ha posicionado en el núcleo de la educación y de la investigación jurídica desde el comienzo del siglo XXI. La convergencia entre el derecho y otras disciplinas resaltan, indudablemente, el interés y la innovación de la materia (Sarat et al., 2010, pp. 1-46).

Los partidarios de los movimientos conocidos con el término de "Derecho y…" han progresado y se han perfeccionado en muchas de las facultades de derecho, concretamente dentro del ámbito de estudio de las artes liberales (Sarat et al., 2010, pp. 1-46).

Como ejemplo, es posible mencionar las áreas de estudio de los siguientes movimientos: Derecho e Historia, Derecho y Economía, Derecho y Sociología, Derecho y Arte, los Estudios Culturales del Derecho y los Estudios Empíricos del Derecho, entre otros (Sarat et al., 2010, pp. 1-46).

Uno de los movimientos más recientes es el conocido como Derecho y Humanidades, el cual se erige como uno de los más importantes derivado de sus raíces en común. Con base en esto, sus partidarios y sus investigadores cuentan actualmente con una gran infraestructura y con un apoyo bien fundamentado, proporcionado por diversas asociaciones y por distintos medios académicos (Sarat et al., 2010, pp. 1-46).

Los esfuerzos por incorporar las perspectivas humanísticas a los cuestionamientos jurídicos no son nuevos. La primera aproximación al

---

[2] El idioma original de la frase citada es el inglés y su transcripción literal es la siguiente: "*[It is] a fact often forgotten – that law touches at some point every conceivable human interest, and that its study is, perhaps above all others, precisely the one which leads straight to the humanities*". La traducción del inglés al español es propia.

estudio humanístico del derecho en la era moderna surgió gracias a la exploración de la conjunción doctrinal entre el derecho y la literatura, la cual se realizó mediante la publicación en 1973 del libro *The Legal Imagination*, escrito por el reconocido investigador jurídico James Boyd White (Sarat et al., 2010, pp. 1-46).

A partir de Boyd White, la investigación alrededor de este tema se ha enfocado en las dimensiones literarias y poéticas que existen en la realidad jurídica, identificando características narrativas y retóricas que se presentan en los argumentos, en las decisiones y en las opiniones de todos los abogados, independientemente de la rama en la cual ejerzan su profesión (Meyler, 2016, pp. 83-85).

Por décadas, James Boyd White y sus seguidores han argumentado que la educación jurídica puede y debe ser una educación liberal, entendida en el concepto referente a la promoción y al desarrollo de la cultura dentro de la misma. En este sentido, los abogados tienen la obligación y la capacidad de fomentar una educación en la cual puedan aprender de su propia cultura para contribuir posteriormente a ella, generando así un aumento en su pensamiento crítico (Sarat, 2010, pp. 1-46).

En 1988, el lanzamiento de la revista académica *The Yale Journal of Law and the Humanities* por parte de la Facultad de Derecho de la Universidad de Yale constituyó un avance de gran relevancia para el campo del derecho y de las humanidades (Sarat et al., 2010, pp. 1-46).

Sus editores expusieron que la visión humanística del derecho había crecido de manera compleja en virtud de su compromiso con las bases coercitivas y constitutivas del derecho. Para defender su punto de vista ejemplificaron y vincularon al derecho con las obras de Franz Kafka, de Charles Dickens y de Fyodor Dostoyevski, teniendo en consecuencia un carácter eminentemente literario y jurídico (Sarat et al., 2010, pp. 1-46).

A su vez, se interesaron por los efectos simbólicos de la cultura jurídica y le dieron prioridad al análisis cultural del derecho. Afirmaban que la concepción del derecho que tiene una persona promedio ajena a su estudio, así como su apoyo a la idea del derecho en sí misma, es generada a través de narrativas culturales específicas que pueden convertirse más aparentes y que pueden ser entendidas de una mejor manera mediante una aproximación a las mismas desde la perspectiva de las humanidades (Sarat et al., 2010, pp. 1-46).

En esta línea de pensamiento, y en contraposición a la visión instrumental de la función del derecho que se refiere al cientificismo del mismo, el campo de estudio del derecho y de las humanidades tiene como objetivo recuperar la posición de los estudios jurídicos dentro del área correspondiente al campo de los valores humanos (Sarat et al., 2010, pp. 1-46).

A pesar de su gran crecimiento, desde su nacimiento, la referida área de estudio ha provocado la generación de una cierta resistencia académica y profesional, la cual es identificable notoriamente tanto en el ámbito del derecho como en el de las humanidades en general (Sarat et al., 2010, pp. 1-46).

En algunas facultades de derecho se le han atribuido adjetivos a este campo de estudio para describirlo como irrelevante o inoperante, ya que no consideran que cumpla con una función viable desde el punto de vista práctico y técnico. De la misma manera, esta área de investigación ha recibido críticas y acusaciones por ser considerada, en algunos medios, como una de corte elitista (Sarat et al., 2010, pp. 1-46).

Sin embargo, las contribuciones pasadas y presentes que se han realizado a la investigación entre el derecho y las humanidades son una prueba contundente de que los esfuerzos por constituir firmemente y por desarrollar este ámbito seguirán promoviéndose y creciendo, en todas sus vertientes, logrando a través de esta vía la realización de investigaciones y trabajos futuros de grandísima calidad (Sarat et al., 2010, pp. 1-46).

De la misma manera, estas investigaciones demuestran que el derecho implica un logro en conjunto y es un resultado final que emerge de varias tradiciones pertenecientes a diversas interpretaciones retóricas y textuales, de argumentos éticos y filosóficos y de prácticas institucionales que se encuentran en el corazón de la indagación humanística (Sarat et al., 2010, pp. 1-46).

A su vez, estos estudios constituyen un recordatorio sobre la importancia del conocimiento de lo que el derecho ha sido, con todos sus aspectos negativos y positivos, lo que el derecho es actualmente y lo que el derecho puede y debe llegar a ser en un futuro, con el optimismo de que puede mejorarse a través de la indagación de las humanidades en el área de estudio jurídica (Sarat et al., 2010, pp. 1-46).

UNA RELACIÓN RECÍPROCA: DERECHO Y ARTE

> *Crear nuevos circuitos en el arte significa*
> *crearlos también en el cerebro.*
> Gilles Deleuze (1995, citado en Vaughan, 2013, p. 1)[3]

Si se parte de que el derecho tiene una función creadora y constructora de la realidad, en cierto sentido, el arte comparte con este último dicha tarea al coadyuvar en la realización de su fin, ya que constituye un elemento esencial para la comprensión de las relaciones que existen entre una sociedad determinada y la cultura en la cual se desenvuelve.

El desarrollo de la profesión jurídica lleva implícito el interés y la obligación de impulsar y de favorecer una educación que aumente el aprendizaje de esa cultura, con la intención de comprenderla y, consecuentemente, lograr contribuir a su progreso.

En la misma línea de pensamiento que los estudios referentes al área del derecho y de las humanidades, de manera general, los estudios del derecho y del arte han obtenido una gran fuerza académica en el último siglo, sobre todo en relación con los estudios culturales del derecho (Rivaya y De Cima, 2004, pp. 94-105).

Como resultado, distintas facultades de derecho han implementado acciones tendientes al crecimiento de esta área de estudio, las cuales comprenden actualmente la inclusión de las asignaturas relacionadas con el derecho y el arte dentro de sus currículos, el empleo por parte de los profesores universitarios de diversas obras de arte durante la impartición de sus cátedras y la apertura de secciones en las bibliotecas que ofrezcan a los interesados tanto los recursos jurídicos como los artísticos necesarios para efectuar sus investigaciones (Reichman, 2008, pp. 457-463).

Para ejemplificar lo anterior, es posible mencionar de manera concreta al cine. La viabilidad de la utilización pedagógica del cine para transmitir el conocimiento del derecho es solo uno de los tantos fines que se han

---

[3] El idioma original de la frase citada es el inglés y su transcripción literal es la siguiente: *"Creating new circuits in art means creating them in the brain too"*. La traducción del inglés al español es propia.

podido observar dentro de los métodos innovativos para remodelar y complementar la enseñanza jurídica (Rivaya, 2012, pp. 19-27).

Si se tiene la intención de que el discurso referente a cualquier área de estudio de "derecho y ..." pueda funcionar, debe fijarse el nexo entre el derecho mismo y la otra disciplina. En el caso en concreto, el discurso del derecho y el arte tiene su fundamento en el simple argumento de que ambos se encuentran integrados dentro del mismo universo o dominio social, y cada uno de ellos, por lo tanto, es influenciado por el otro de manera correlativa. Este referido universo o dominio social es el de la cultura (Reichman, 2008, pp. 457-463).

Gracias a su esencia, el arte tiene la capacidad de reflejar en la sociedad al derecho y, en consecuencia, a todas las suposiciones, las opiniones y las creencias populares que se relacionan naturalmente con el mismo.

A través de la literatura, la pintura, la escultura, la música, la arquitectura, la danza y el cine, el arte le otorga al sujeto que lo aprecia y que lo estudia la posibilidad de mostrarle una reproducción de la realidad jurídica y social correspondiente a una determinada época y lugar. En algunas ocasiones esa reproducción es objetiva y mecánica. En otras, es totalmente subjetiva.

El discurso jurídico y artístico, consecuentemente, parte de que el derecho y el arte pertenecen, tanto de manera independiente como en su conjunto, a un dominio cultural. Son, por lo tanto, ámbitos de estudio distintos en los cuales es viable encontrar, por su propia naturaleza, un área en común en la cual sea posible indagar sobre sus puntos de encuentro (Reichman, 2008, pp. 465-476).

Las posibilidades de aplicación, de aprendizaje y de profundización dentro de este campo de estudio son muy amplias y queda aún mucho por explorar. Los vínculos entre una y otra disciplina pueden tocar extremos positivos que no se han alcanzado. Este hecho debe motivar a todos los que forman parte tanto del mundo del derecho como del mundo del arte para integrarse a su estudio.

Como único requisito, hay que tener el interés y el deseo intelectual por buscar la interdisciplinariedad y por fomentar una multiplicidad de pensamientos, evitando de esta manera conformarse simplemente con el área de estudio que se haya elegido de manera principal para el ejercicio de la profesión, ya que la formación satisfactoria como persona y como profesional depende de ello.

PENSAR PARA CREAR Y ENTENDER: LA FILOSOFÍA DEL DERECHO

> *¡[El] derecho, en donde, como en un espejo mágico,*
> *vemos reflejados no solo nuestras propias vidas,*
> *¡sino también las vidas de todos los hombres que han sido!*
> *Cuando pienso en este tema mágico, mis ojos se deslumbran.*
> Oliver Wendell Holmes, Jr. (citado en Strickland y Banks, 2006, p. xvii)[4]

Definir y establecer el concepto de filosofía parece una tarea compleja. De hecho, lo es. Posteriormente, definirlo y ejercerlo en términos de su vinculación con otra disciplina parece en ocasiones imposible e inútil desde una perspectiva materialmente productiva, entendida esta última erróneamente dentro su concepción vaga y, lamentablemente, popular.

La filosofía es el arte de hacer preguntas. De esta manera, la filosofía de una disciplina o de otra ciencia en concreto es el arte de hacer preguntas sobre esa misma disciplina o ciencia en concreto.

El paso referente a intentar definir el concepto y comprenderlo es, sin embargo, solo el comienzo. La mayoría de las preguntas de carácter filosófico no pueden ser respondidas de manera contundente y conclusiva. Incluso las preguntas más básicas no encuentran ni han encontrado una respuesta única que satisfaga a la colectividad. Este hecho puede parecer desmotivador y, nuevamente, poco útil o productivo.

No obstante, el ejercicio de pensar y hacer preguntas lleva implícito una productividad y un funcionamiento esencial para el ser humano. Sin la filosofía, no se entiende ningún otro concepto.

Su objetivo es evidenciar, aclarar, revelar, crear y construir las ideas que tiene el ser humano sobre sí mismo, sobre su relación con otros seres humanos, sobre lo que observa tangiblemente y también sobre lo que no es capaz de observar de manera material, así como sobre el mundo en el cual se desenvuelve.

---

4   El idioma original de la frase citada es el inglés y su transcripción literal es la siguiente: "*[The] law, wherein, as in a magic mirror, we see reflected, not only our own lives, but the lives of all men that have been! When I think on this magic theme, my eyes dazzle*". La traducción del inglés al español es propia.

Realidad, verdad, existencia, voluntad, libertad, ser, deber, conocimiento, conducta, maldad, bondad, ética, estética, belleza, sentimientos y justicia. Estas son solo algunas de las nociones básicas que se encuentran en el pensamiento y en el alma del ser humano, de todo lo que medita, cree, hace, produce, descubre y experimenta. De esta manera, mientras más claras y más evidentes sean estas nociones, más capacidad tiene para ejercerlas, conocerlas, sentirlas y perfeccionarlas. Sin esa tendencia a la perfección, no puede explicarse la evolución humana.

Al igual que la Hidra de Lerna, el temible monstruo mitológico y policéfalo derrotado por Hércules en el segundo de sus doce trabajos, el cual cada vez que perdía una cabeza a manos de su contrincante producía otras más fuertes (Fry, 2020, pp. 66-68), en la mayoría de los casos el intento por responder estas preguntas, o la llegada de sus respuestas mismas, únicamente abre la puerta al nacimiento de una infinidad de preguntas nuevas. Sin embargo, a su vez, también abre la puerta a un sinfín de posibilidades humanas.

En esa misma línea de pensamiento, pensar sobre esas preguntas y respuestas es ingresar, cada vez que se formulen y que se obtengan, a una conversación que ha existido desde el inicio de los tiempos y que, probablemente, seguirá existiendo hasta el fin de los mismos, si es que esto ocurre.

La mayoría de las definiciones del concepto de filosofía pueden intersecarse en la que establece la Real Academia Española (2021). En este sentido, la filosofía es el "conjunto de saberes que busca establecer, de manera racional, los principios más generales que organizan y orientan el conocimiento de la realidad, así como el sentido del obrar humano".

Aunado a lo anterior, la filosofía no es únicamente un proceso de reflexión y de análisis. Tiene una labor que va más allá de estas tareas intelectuales, y esa es la creación de los conceptos, así como la determinación de su naturaleza y de sus vínculos concomitantes (Deleuze, y Guattari, 1991, pp. 1-20).

De esta manera, la filosofía en general no se define exclusivamente como interdisciplinaria, sino que existe y es en sí misma. Es una disciplina única y precedente que engloba y que, al mismo tiempo, entra permanentemente en contacto con todas las demás existentes (Deleuze y Guattari, 1991, pp. 1-20).

En el plano concreto jurídico, el objeto material de la filosofía del derecho es simple de comprender, ya que es el derecho mismo. Es ese concepto de derecho entendido y estudiado íntegramente, con todo lo que implica, con sus acepciones, sus ramas, sus sistemas y sus distintos tipos de ejercicio. En pocas palabras, su objeto material es la realidad jurídica completa y universal existente (Preciado, 2011, pp. 12-21).

Por su parte, el objeto formal de la filosofía del derecho es la perspectiva misma desde la cual se comprende y se estudia la unidad de la realidad jurídica. En síntesis, su objeto formal es la investigación referente a los principios primarios y a las causas originarias del derecho (Preciado, 2011, pp. 12-21).

La trascendencia y la magnitud del estudio filosófico jurídico es irrefutable, ya que su importancia es tan evidente y fundamental como lo es la importancia de la vida humana misma.

Dentro de la evolución jurídica y del estudio del derecho romano, que constituye una de las bases sustanciales para el ejercicio del derecho como es actualmente, resulta particularmente relevante la forma en la cual los juristas transformaron, en sus palabras, al derecho en arte (Hervada, 2010, pp. 15-23).

Descrito con el término *ius redigere in artem*, tomaron como punto de partida una necesidad humana innata y existente desde el inicio de los tiempos, referente a su conducta, para llevarla en dirección a un estadio de perfección nunca antes visto socialmente (Hervada, 2010, pp. 15-23).

"Constans et perpetua voluntas ius suum cuique tribuendi" (Ulpiano, citado en d'Ors, 2010, p. 48). Esta reiterada, ampliamente utilizada y aparentemente sencilla frase que define al concepto de justicia lleva implícita una necesidad humana fundamental. La constante y perpetua voluntad de dar a cada uno lo suyo. En su núcleo y origen se encuentra una exigencia referente a la vida del hombre en sociedad.

Por su naturaleza, la obligación del ser humano por desarrollarse dentro de una colectividad implica que, para poder hacerlo de manera efectiva, es lógico e indispensable dar a cada ser humano aquello que le corresponde, ni en mayor ni en menor medida, como producto de sus relaciones humanas (Hervada, 2010, pp. 15-23).

Aquello que le corresponde adquirió el término *ius* o derecho. Por su parte, a la disciplina encargada de encontrar ese derecho se le atribuyó el término *ars iuris* o arte del derecho. Así, al hábito operativo bueno de realizar esta acción se le denominó *iustitia* o justicia (Hervada, 2010, pp. 15-23). De modo interesante, la idea de una constante voluntad de dar a cada uno lo suyo era ya un pensamiento existente en la filosofía antigua a través de Protágoras y de Platón (d'Ors, 2010, p. 48).

A través de la observación, del pensamiento, de la recopilación de ideas, de la comunicación y del debate intelectual, tanto individual como colectivo, así como de la formulación de una serie de preguntas correspondiente a una determinada realidad, los juristas de la etapa histórica estudiada por el derecho romano lograron dar uno de los pasos más grandes que se hayan visto en nuestra historia respecto al ámbito de su conducta y de su organización social.

Este análisis general sobre lo más indispensable para el derecho, que es buscar la justicia, es relevante para la intención de fondo del presente escrito. Ejemplifica y muestra claramente, con un elemento fundacional del derecho, el posicionamiento de la filosofía y de la filosofía jurídica como las primeras y únicas vías para el perfeccionamiento del ser humano, así como de la vida que vive dentro de una comunidad.

UN ARTE INDEPENDIENTE: LA CINEMATOGRAFÍA

> *Ninguna forma de arte va más allá de la conciencia ordinaria*
> *como lo hace el cine, directamente a nuestras emociones,*
> *profundamente dentro de la habitación crepuscular del alma.*
> Ingmar Bergman (citado en Törnqvist, 1995, p. 14)[5]

El historiador Raymond Williams ha explicado que el arte es uno de los conceptos clave que deben ser comprendidos para lograr entender las interrelaciones existentes entre una cultura y una sociedad determinada. De la misma manera que con otros conceptos fundamentales, la historia del arte revela en sí misma los parámetros referentes al funcionamiento de las civilizaciones (Monaco, 2009, pp. 24-71).

En un inicio, la única manera de producir arte era a través de la realización o de la escenificación en tiempo real del mismo. Posteriormente, la creación de los dibujos y de la escritura cambió para siempre la comu-

---

[5] El idioma original de la frase citada es el inglés y su transcripción literal es la siguiente: *"No form of art goes beyond ordinary consciousness as film does, straight to our emotions, deep into the twilight room of the soul"*. La traducción del inglés al español es propia.

nicación y, por lo tanto, al arte. Por último, la invención de los medios de grabación implicó un renacimiento nunca visto (Monaco, 2009, pp. 24-71).

El desarrollo de la tecnología digital durante el final del siglo XIX y del siglo XX ha tenido un impacto muy fuerte en el mundo artístico, posicionando a estos medios como una tercera gran evolución dentro de este universo (Monaco, 2009, pp. 24-71).

En concreto, la tecnología cinematográfica encontró su nacimiento en las últimas décadas del siglo XIX gracias a una diversidad de personajes innovadores que, dentro del laboratorio de sus respectivas industrias, generaron una combinación entre las técnicas de animación fotográficas y de proyección (Cousins, 2015, pp. 21-24).

Por su parte, los operadores, camarógrafos, guionistas y directores obtuvieron sus primeros mecanismos e inspiraciones técnicas del arte de la pintura, de la fotografía y de la escena teatral. No obstante, fue su deseo intelectual por innovar el que les permitió ir desarrollando un mundo artístico totalmente distinto (Cousins, 2015, pp. 21-24).

Las décadas de 1880 y 1890 en Francia se caracterizaron por una proliferación excepcional de actividad artística y tecnológica. Este hecho contribuyó a la renovación drástica referente a las formas de representación existentes en un mundo que ya comenzaba a experimentar y se empezaba a preparar para un cambio que generaría un futuro globalizado antes inimaginable (Mannoni, 2018, pp. 21-23).

En el transcurso de la década de 1880, los hermanos Lumière proyectaron en París la película de ficción llamada *L'arroseur arrosé* y el cortometraje nombrado *L'arrivée d'un train en gare de la Ciotat*. Entre gritos, sustos, felicidad y nerviosismo, las reacciones sin precedente alguno emanadas de los primeros espectadores, los cuales quedaban totalmente asombrados, se convertían en los testigos presenciales del nacimiento del cine (Cousins, 2015, pp. 21-24).

De esta manera, el universo artístico se comprende en la actualidad de los siguientes grupos: las artes escénicas, las cuales ocurren en tiempo real; las artes representativas, que dependen tanto de los códigos establecidos como de los lenguajes pictóricos y literarios para transmitir la información artística contenida al observador; y, por último, las artes grabadoras, las cuales proporcionan un medio directo entre el objeto artístico y el observador (Monaco, 2009, pp. 24-71).

Es en este último punto dentro de la clasificación general del arte en el cual se encuentra la cinematografía, cuyo concepto tiene como significado puro la "captación y proyección sobre una pantalla de imágenes fotográficas en movimiento" (RAE, 2021). Por su parte, el cine tiene como significado principal la "técnica, arte e industria de la cinematografía" (RAE, 2021).

A pesar de este hecho, hay quienes afirman que las artes grabadoras, como la fotografía y la cinematografía, no pueden ser definitivamente consideradas como arte ya que únicamente son una reproducción mecánica de la realidad (Arnheim, 2006, pp. 8-34).

Los partidarios de este argumento utilizan una analogía referente al arte de la pintura para sustentarlo, al señalar que la vía de la realidad a la imagen se encuentra a través de los ojos, del sistema nervioso, de la mano y del pincel del pintor. En contraposición, señalan, en la fotografía y en la cinematografía los rayos de luz reflejados en el objeto son recogidos por un sistema de lentes y dirigidos a una placa sensible, en la cual se producen cambios de naturaleza química (Arnheim, 2006, pp. 8-34).

Sin embargo, este argumento es incorrecto. Las imágenes que recibimos del mundo y de la realidad física son distintas a las que se presentan en la pantalla al reproducir una película, provocando que una reproducción mecánica e idéntica a la realidad no sea posible (Arnheim, 2006, pp. 8-34).

Más allá de los argumentos de carácter técnico, los cuales tienen mucha calidad y sustento, la cinematografía se erige como un arte ya que tiene la capacidad de generar en el sujeto que lo aprecia una variedad de sentimientos, reflexiones y emociones inigualables, así como de provocar un impacto consciente y directo tanto en su vida diaria como en la de la sociedad en la cual se desenvuelve (Vaughan, 2013, pp. 35-38).

En el momento en el cual apreciamos una obra cinematográfica, es decir, una película, pareciera que estamos mirando el mundo a través de una gran ventana, o que la cámara en sí misma funcionara como nuestro propio par de ojos, observando al mundo a nombre y por cuenta nuestra, e interactuando íntimamente con él (Vaughan, 2013, pp. 35-38).

Por una parte, la cámara se mueve y la imagen se desplaza. Por otra parte, la secuencia se corta y se traslada a otra toma. De un momento a otro se genera, de esta manera, la sensación de que una idea está creándose y de que un hilo de pensamiento nuevo está produciéndose.

Sin embargo, estas sensaciones no solo ocurren dentro de nuestro ser, sino que se encuentran inmersas en la pantalla, en el proceso externo y anterior a la creación de la película que está desenvolviéndose en ese momento (Vaughan, 2013, pp. 35-38).

Las sensaciones anteriores generan el surgimiento de apenas el inicio de algunos cuestionamientos de índole filosófico, como la inquietud acerca de si una película es un tipo de percepción o un modo de conciencia. A su vez, es posible cuestionarse, en caso de que la respuesta a la primera duda sea afirmativa, si el pensamiento es aquella actividad realizadora de esa percepción y, en dado caso, quién es el sujeto de esa experiencia (Vaughan, 2013, pp. 35-38).

El dualismo existente en el arte cinematográfico, derivado del proceso de realización llevado a cabo por el director de una película, constituye la base en la cual se encuentra la grandeza y la particularidad que distingue al cine de las demás formas de arte (Cousins, 2015, p. 9).

Este dualismo se refiere a la ambivalencia creativa, con la cual no cuenta ninguna otra forma de arte, que se realiza y se aprecia en el cine. Una sola toma otorga la capacidad para expresar en un mismo instante tanto un aspecto objetivo, lo que se ha retratado de manera evidente en la imagen, como un aspecto subjetivo, la formación y la intención innegable de su creador (Cousins, 2015, p. 9).

El cine tiene una relación intrínseca con una determinada idea de la historia y con una historicidad específica. No es simple y sencillamente un arte que llegó más tarde que los demás por razones puramente subjetivas, ya que fue dependiente del desarrollo de las nuevas formas de comercio, de la política y de la cultura, entre otras (Rancière, 1998, pp. 45-48).

Pertenece, entonces, a un tiempo específico que fue determinado por una cierta idea de la historia como categoría de un destino común con ella. Pertenece a una idea de arte que está vinculada a esta idea de historia y que, por lo tanto, abarca en una conexión específica una serie de posibilidades que corresponden a la tecnología, al arte, al pensamiento y a la política. Pertenece a una determinada historicidad y, su historia, a la vez, pertenece a la historia de esta historicidad (Rancière, 1998, pp. 45-48).

Desde sus inicios, en palabras de artistas y críticos reconocidos, como Abel Gance en 1912, se predijo que el cine se convertiría en un arte en el cual sería posible reproducir en minutos los más grandes desastres de la historia y extraer de ellos una valiosa lección. Un arte sobre el cual, algún día, los artistas e intelectuales intercambiarían opiniones como un tema profundo, más que una simple forma de entretenimiento (Abel, 1988, pp. 66-67).

Un arte en el cual, con una misma escena dramática o cómica, se producirían simultáneamente lágrimas o sonrisas en todas las personas independientemente de sus diferencias culturales, sociales, académicas o formativas. Un arte que, con el tiempo, sería capaz de llevar su fe por todo el mundo de una manera más efectiva incluso que el teatro y que el libro, de una manera más eficaz que ninguna otra forma de arte (Abel, 1988, pp. 66-67).

UN PUENTE INTELECTUAL ENTRE EL DISCURSO FILOSÓFICO JURÍDICO Y EL CINEMATOGRÁFICO: ¿INVENCIÓN O REVELACIÓN?

> *La relación entre las cosas es más importante que las cosas mismas.*
> Jean Mitry (1963, citado en Vaughan, 2013, p. 101)[6]

Un puente es una "construcción de piedra, ladrillo, madera, hierro, hormigón, etc., que se construye y forma sobre los ríos, fosos y otros sitios, para poder pasarlos" (RAE, 2021). En el núcleo de este concepto radica un conjunto de ideas fundamentales para el desarrollo del ser humano en sociedad: la comunicación, la unión y el intercambio.

Esa construcción, en mi opinión, no debe limitarse únicamente al ámbito terrenal. Más allá del mismo, lo realmente fundamental es el descubrimiento de lo que análogamente considero viable llamar puentes intelectuales, los cuales nos permitan enlazar y transmitir el conocimiento, tanto el tangible como el intangible.

A través de la interdisciplinariedad, el fin último de estos puentes intelectuales es el progreso personal y colectivo, así como la búsqueda por la verdad y, eventualmente, la tendencia al perfeccionamiento humano.

---

[6] El idioma original de la frase citada es el inglés y su transcripción literal es la siguiente: *"The relationship between things is more important than the things themselves"*. La traducción del inglés al español es propia.

Un puente terrenal, como el definido anteriormente, conecta un terreno ya existente que puede ser conocido para algunas personas, pero previa y totalmente desconocido para otras. Incluso puede conectar un terreno ya conocido teóricamente para todos, pero no explorado físicamente derivado de los obstáculos que impiden su visita.

Más allá, es posible que ese terreno ya fuera explorado por unos cuantos y visitado en algunas ocasiones, pero no de manera constante, abiertamente pública y a fondo por la dificultad para acceder al mismo. Así, un puente terrenal no solo otorga un ingreso, sino que permite una entrada persistente, fluida y global al referido terreno. La unión de ambos terrenos, entonces, ya existía en potencia porque pertenecen a un mismo dominio físico.

Análogamente, los puentes intelectuales pueden ejercer la misma función que los terrenales, pero con las diversas áreas de estudio existentes. Si en los dos párrafos anteriores sustituimos la frase "puente terrenal" por "puente intelectual" y, a su vez, suplimos la palabra "terreno" por una que defina a cualquier área de estudio, la que sea que se prefiera, es posible observar ese hecho. Asimismo, la unión entre ambas disciplinas ya existía en potencia derivado de que forman parte del mismo dominio cultural.

Esta construcción de puentes intelectuales es aparentemente más compleja, ya que no depende de materiales como la madera y el hierro, sino de aquellos como la educación y la sabiduría.

Sin embargo, los materiales más importantes para su edificación convierten esta tarea en una que es realizable por cualquier persona, ya que lo verdaderamente necesario es la formulación de preguntas, del tipo que sea, así como la ética, el interés intelectual y la curiosidad académica, mientras sean saludables y estén bien sustentadas.

Más allá de lo anterior, mientras que en el ejemplo de los puentes terrenales los obstáculos para la construcción y los que se encuentran por debajo del mismo son de carácter primordialmente material, como las fosas y los ríos, las dificultades que se encuentran para atravesar y para unir dos o más áreas de estudio son, esencialmente y en la mayoría de las ocasiones, mentales o de origen externo al sujeto que lo realiza.

La pereza mental, la falta de motivación, la crítica, el conformismo, las tradiciones férreas perjudiciales y las opiniones nocivas colectivas representan algunos de los mismos. Superarlos, consecuentemente, es más sencillo y depende únicamente de la voluntariedad, del autoconocimiento y de la conciencia de la persona.

Ahora bien, es interesante analizar si esta creación de puentes intelectuales es una simple invención, una ocurrencia sin utilidad surgida de la nada, o una importante revelación cuya existencia ya permeaba e influía en nuestras vidas desde antes de definirlo como tal.

Inventar es "hallar o descubrir algo nuevo o no conocido" (RAE, 2021). A su vez, descubrir es "manifestar, hacer patente" y "hallar lo que estaba ignorado o escondido..." (RAE, 2021). Por su parte, revelar es "descubrir o manifestar lo ignorado o secreto" y "hacer visible la imagen impresa en la placa o película fotográfica" (RAE, 2021).

El inicio de una invención y de una revelación se realiza igual que como se ha compuesto la mayoría de la filosofía, del arte y del derecho, así como se han hecho los avances de la filosofía del derecho y del cine en concreto: demostrando puentes y analogías entre las disciplinas, entre las personas, entre sus creaciones, entre su conducta y entre sus formas de organización. Si algo requiere la filosofía es analizar, es preguntar, es pensar, es descubrir y es buscar los principios y las causas para saber de dónde se viene y a dónde se va.

Así como los juristas en el derecho romano transformaron al derecho en arte, es decir, tomaron una necesidad humana que ya existía desde el inicio de los tiempos, como lo es dar a cada quien lo suyo, para exponer y perfeccionar al derecho, así es como deben revelarse intelectualmente nuevas áreas de estudio.

De la misma manera, así como los científicos e innovadores que, trabajando en sus fábricas y en sus laboratorios unieron las técnicas de la fotografía y de los medios primitivos de proyección para crear el cine, así es como deben inventarse y descubrirse nuevas disciplinas en coexistencia.

Es difícil imaginar la existencia de disciplinas independientes en su totalidad. Con la excepción de la filosofía, tal vez, lo anterior es imposible y también contrario a la naturaleza de cualquier concepto. La interdisciplinariedad y la armonía son, así, innatas a todas las áreas de estudio.

No puede haberse formado una sin ayuda de la otra, y si es que se formó una sin ayuda de la otra, no pudo haberse desarrollado hasta su punto actual sin la colaboración de otra más. Incluso, en ocasiones, una no pudo dejar de existir sin la participación de la otra. Desde ahí se revelan los puentes y las conexiones naturales. En consecuencia, el derecho no existe como ente único, lo hace bajo el amparo del concepto de interdisciplinariedad.

En esta línea de pensamiento, el puente intelectual que une a la filosofía del derecho con la cinematografía, así como su producto, que es el discurso filosófico jurídico y cinematográfico, es en principio una invención. Pero no es simplemente una invención cualquiera.

Es una invención de existencia precedente, no conocida y previamente ignorada. Un descubrimiento que ya esperaba, desde hace mucho tiempo y con ansias, ser inventado, hacerse patente, manifestarse y dejar de esconderse. Una imagen invisible ya impresa que esperaba hacerse visible en la placa sensible sobre la cual se encontraba, que es el mundo. Es la unión de un todo armónico antes imperceptible como tal ante nuestros ojos.

Aparentemente, la aplicación de los estudios y de las investigaciones concernientes al ámbito de la filosofía del derecho y al de la cinematografía no tienen, de manera directa y en principio, un papel sustancial para el avance técnico de la causa jurídica.

En este panorama de aproximación a la filosofía del derecho, hay varias áreas que aún no han sido examinadas en su totalidad. Muchos abogados se empeñan en argumentar que el discurso entre ambos, aunque creativo y teóricamente interesante, es incompatible en aspectos productivos y fundamentales. Respetuosamente, difiero de esas ideas.

La interacción entre el derecho y el arte tiene raíces históricas que se remontan a las representaciones de los sistemas jurídicos originarios presentes en las primeras obras de arte exploradas. No es posible entender, en mi opinión, el derecho sin el arte ni el arte sin el derecho.

Por lo tanto, es sustancial fomentar la apreciación y la comprensión de la cinematografía, así como su papel en la sociedad, a través de su vínculo directo con la filosofía del derecho. Ambas disciplinas han tomado prestadas técnicas, oficios y materiales de la otra. Se han inspirado mutuamente y seguirán haciéndolo.

Independientemente de la incompatibilidad de la filosofía del derecho y del cine en algunas características superficiales, considero que coexisten, comparten similitudes fundamentales y se benefician mutuamente en los aspectos esenciales para cada una de las dos disciplinas.

Como abogados, pero ante todo como seres humanos, se tiene la responsabilidad implícita y explícita de mejorar el mundo. Para construir una realidad superior, primero se tiene que entender esa realidad y a ese mismo ser humano de la mejor manera que sea posible con lo que tenemos al alcance. Convenientemente para este fin, el arte es la forma más natural y evidente en la cual el ser humano se ha expresado desde sus inicios.

Actualmente y desde hace mucho tiempo, la cinematografía es el arte más difundido, el más fácilmente digerido, el más apreciado y uno de los más fácilmente accesibles. Es altamente probable que algunas personas que nunca han asistido a una pinacoteca o que nunca han leído una obra literaria, por la causa que esto sea, sí han visto o referenciado al menos una película, y que aquella haya tenido un impacto destacable en su vida.

Desde antes de que tengan la edad para recordarlo, las personas van creando opiniones, prejuicios y sesgos cognitivos que los van formando y que los mantendrán, en la mayoría de las ocasiones, atados a un catálogo determinado de pensamientos por el resto de su vida.

En mi visión, el arte constituye uno de los fenómenos que más aporta a la formación de estas opiniones y de estos sesgos cognitivos. A lo largo de su vida, el ser humano encuentra como una de sus fuentes creativas principales al arte, el cual percibe a través de los sentidos. El cine, al ser el más difundido y el más fácilmente digerido en la actualidad, por lo tanto, retoma un papel protagonista para la formación de estos sesgos.

De esta manera, va provocando la formación de una memoria tanto individual como colectiva y de una determinada visión personal sobre el mundo que tendrá una relación directa con sus acciones y con las consecuencias que recaigan sobre las mismas.

Cuando se mira una película no solo se ve, sino que se observa profunda y analíticamente, ya sea que se haga voluntaria o involuntariamente con ese objetivo, y así es como se aprende su contenido. Desde una película aparentemente inocente e infantil hasta una película conocida popularmente como de culto, todas llevan inmersa una esencia subjetiva.

Aunado a lo anterior, cada película puede afectar de manera distinta a cada espectador. Las películas, de esta manera, son lo que las personas que las observan piensen y hagan de ellas, no solo lo que aparece en la pantalla o lo que sus creadores tenían la intención que fuera.

Consecuentemente, desde su invención la cinematografía ha estado inmersa en la vida práctica y académica filosófico jurídica, ya que estas últimas versan sobre la regulación de la conducta humana en un plano colectivo. Así, ha intervenido directa e indirectamente en todo momento sobre cualquier escenario en el cual las personas se desenvuelven en sociedad, alcanzando ámbitos interesantes de análisis como la epistemología jurídica y la ontología jurídica, en principio.

Analizando de manera más profunda, el cine tiene por su naturaleza y por su difusión un potencial único para darle forma directamente los patrones sociales y culturales de la conducta humana, presentando interesantes retos en el campo de la deontología jurídica y de la axiología jurídica.

Además, es posible explicar la manera en la que los seres humanos reaccionan ante determinadas circunstancias artísticas y sociales que impactan constante y directamente en nuestro mundo jurídico. Por lo tanto, esto es especialmente interesante y esencial para la filosofía del derecho. Por ejemplo, en cuanto a la forma en la que surgen los conflictos humanos en primer lugar.

Desde que van creciendo y hasta que alcanzan una edad avanzada, los seres humanos toman decisiones que impactan en el derecho. Ya sea menores o mayores de edad y dedicados al ejercicio de la profesión jurídica o no, al ejercer su conducta, e incluso al omitir ejercerla, tienen un efecto directo en la sociedad, lo cual le concierne por naturaleza a la filosofía del derecho.

Desde una edad temprana realizan juicios de valor, deciden que van a hacer, opinan, crean problemas e intentan dar soluciones a los mismos. Ya juegan, consciente o inconscientemente, un papel en el Estado de derecho.

Para bien o para mal, en términos cinematográficos, el ser humano desde niño o va siendo villano o héroe, o no va viendo la línea tan clara entre ambos. Ese juicio de valor se ha formado gracias a su salud y a todo lo que ha visto, ha leído, ha escuchado y ha pensado. Concretamente, el cine juega un papel fundamental para el desarrollo de este proceso.

Esto puede ser claro en muchos casos, particularmente en el ejercicio de la profesión. Por ejemplo, en el desempeño de la función legislativa, al participar en la creación de una ley, o de la función judicial, en el momento en el cual la persona que la ejerce interpreta y opta por tomar una decisión final.

A su vez, el ejemplo se extiende también a cualquier persona incluso fuera del desempeño de la profesión, en una situación en la cual aquella imprima la dirección de su conducta en una trayectoria que la lleve a ubicarse dentro de un supuesto normativo en concreto, como sucede durante la comisión de un delito.

Al estudiar, analizar y apreciar todas las diferentes formas de representaciones cinematográficas, y su relación con la filosofía del derecho, es completamente viable encontrar los modos en los que la cinematografía ha influido, influye e influirá en nuestra práctica y en nuestra educación jurídica. Lo mismo, naturalmente, ocurre a la inversa.

De manera correlativa, la filosofía del derecho siempre ha contribuido directamente a la generación del contenido artístico. Si se observa y se analiza de manera concreta, algunas veces de forma más evidente que otras, en cualquier obra de arte es posible encontrar un aspecto jurídico fundamental relacionado con la conducta humana, ya sea por la inspiración personal que llevó a su creación o por su contenido mismo. Para ilustrar este punto, es útil mencionar al derecho penal, el cual ha sido el eje principal dentro de algunas de las obras artísticas más relevantes de la historia.

En consecuencia, considero que es fundamental que se aborden las implicaciones prácticas que produce en nuestra vida cotidiana la relación entre ambas áreas de estudio. Por lo tanto, su análisis debe comenzar, pero no debe limitarse únicamente a cuestiones estrictamente teóricas.

Se piensa colectivamente que es difícil hacer arte y que es complicado participar en la filosofía del derecho, pero no es así, es innato al ser humano. Emerge de todos ya sea consciente o inconscientemente. Los filósofos y los artistas más grandes han construido sus teorías al observar a la sociedad, a todos los que creen que no forman parte en la construcción de esas disciplinas.

Al crear cualquier cosa, el ser humano deja ese conocimiento y esa ideología plasmada en esa creación. Ya sea que participe en la redacción de una ley, de un escrito de demanda, de una sentencia, de un documento de naturaleza distinta al derecho, de un mensaje de texto, de un correo electrónico o de una película, así sucede.

Para entender el resultado final, hay que entender aquello que lo creó y aquello sobre lo cual se basó. Tanto el cine como la filosofía del derecho tienen interpretaciones, significados, significantes, intenciones, críticas, admiradores y detractores por igual. Buscar esas conexiones abre puertas intelectuales, nos hace revelar lo que está ahí y quiere ser descubierto.

Si no se tienen las bases y los fundamentos claros, así como los primeros principios, no se entenderá la creación que partió de los mismos. Si no se entiende qué hizo al ser humano como es, no se comprenderá cómo es en verdad.

Si no se entiende qué hizo al ser humano crear un sistema jurídico particular o una norma en concreto, no se comprenderá ese sistema jurídico en concreto o esa norma en particular. Si un abogado no cuenta con la formación cultural para formar un criterio general, no podrá adquirir un criterio jurídico trascendental.

Si no se entiende qué hizo al ser humano imprimir la dirección de su conducta en cierto sentido, habiendo un supuesto normativo previo, y encuadrándose en él, no se comprenderá esa adecuación intencional o no intencional al referido supuesto.

Si solo se pretende entender una postura de la filosofía del derecho sin entender cómo sus autores principales llegaron a la misma, no se comprenderán las consecuencias significativas de la referida doctrina a fondo en la práctica.

Actuar de esa manera es igual que afirmar que nos gusta una película solo porque nos lo dijeron o porque hubo una reseña que así nos lo indicó. Es lo mismo que seguir una teoría filosófico jurídica exclusivamente porque así nos lo enseñaron. Es lo mismo que vivir la vida como se nos ha indicado que se viva, sin entender el sustento y el porqué. Es esencial ahondar en el estudio de las disciplinas y las materias en su conjunto. Esto solo se logra, en mi visión, apreciando todos los elementos interconectados.

Las teorías filosófico jurídicas y las escuelas de pensamiento artístico han representado históricamente una rebelión intelectual. Contribuyen a crear y fomentar el activismo social, que es connatural al derecho.

Para ilustrar este punto con mis proyectos de investigación pasados, el Realismo Jurídico Estadounidense nació como una rebelión en contra del enfoque formalista. Reformó la manera en la que los abogados entienden la función de las normas jurídicas, así como el trabajo de los tribunales y los jueces. Más adelante, los Estudios Críticos del Derecho intentaron alcanzar el mismo ambicioso objetivo, reformulando la teoría jurídica crítica.

Análogamente, el movimiento cinematográfico de la *Nouvelle vague*, es decir, la Nueva Ola Francesa, nació como una rebelión vanguardista contra los métodos tradicionales de filmación. Posteriormente, representó y formó con sus obras a una generación de jóvenes de posguerra, produciendo resultados sociales y jurídicos críticos evidentemente más allá del arte.

Por último, el cine tiene la capacidad única de mostrar un lugar y un tiempo determinado. Nos puede exhibir lo que ha ocurrido y, con la misma importancia, lo que podría ocurrir. Puede proyectar un contexto social determinado, ya sea pasado, presente o futuro, y darnos la oportunidad de conocer lugares y situaciones de otra manera imposibles.

De igual forma, es capaz de mostrar una realidad en concreto. Esta puede ser verdadera o incluso ficticia. Por ejemplo, puede exponer alguna de las siguientes: una utopía, que es un futuro deseable e inalcanzable, al cual intentar dirigirse; una distopía, que es análogamente indeseable, a la cual evitar encaminarse; o una ucronía, la cual muestra una realidad que sí ocurrió, pero imaginada de manera distinta a la cual sucedieron los hechos.

Eso mismo hace también la filosofía del derecho para el derecho mismo. Buscar las causas, las consecuencias y los fundamentos, aprender del pasado, analizar el presente y especular sobre el futuro para prever todos los escenarios jurídicos posibles: utópicos, distópicos y ucrónicos. Ejerce, así, funciones descriptivas y prescriptivas.

Hay mucho por revelar, bastante por inventar y tantos puentes intelectuales válidos por descubrir como podamos pensar. Hay muchas ideas y puentes en potencia, solo hay que vincularlas y unirlos en acto. Y eso nos llevará a construir una mejor realidad social, jurídica y artística. A crecer. Teorizar sobre algo, aunque no sea lo mismo que hacer ese algo en el plano práctico, ya aporta y construye desde que se comienza a ejercer dicha actividad en la mente.

CONCLUSIÓN

> *La vida no examinada no vale la pena ser vivida por los humanos.*
> Sócrates (citado en Brickhouse y Smith, 1994, p. 201)[7]

El discurso filosófico jurídico y cinematográfico es una revelación. A su vez, el discurso filosófico jurídico y cinematográfico es una invención. Es una invención anhelando ser revelada.

Es útil tanto en el discurso teórico como en el práctico. De la misma manera, es fundamental e innegable la relevancia de su estudio, ya sea constituyendo un discurso independiente como haciéndolo en su conjunto.

Qué mejor forma de comprender al ser humano que el derecho, aquel que se encarga del aspecto más básico en el desarrollo de las civilizaciones como su conducta en sociedad.

Qué mejor que acudir a la filosofía del derecho, encargada de hacer preguntas, de entender y de mejorar ese mismo derecho que es fundamental para el hombre.

Qué mejor forma de entender al ser humano que el arte, la herramienta indispensable para comprender la expresión en sociedad del ser humano a través del desarrollo de sus civilizaciones.

Qué mejor forma que la cinematografía, aquel tipo independiente de arte con mayor accesibilidad, digestión y difusión que ningún otro, el cual otorga la posibilidad inigualable de proyectar un dualismo humano tanto objetivo como subjetivo, así como una representación antes inimaginable de nuestras realidades.

El desarrollo del jurista no comienza ni termina cuando sale de la universidad, cuando sale de su oficina particular o cuando sale de los órganos estatales para los cuales labora, ya sea legislativos, jurisdiccionales o ejecutivos.

El desarrollo y la formación del abogado inician y, posteriormente, continúan en todo momento. En la prestación de sus servicios, en sus

---

[7] El idioma original de la frase citada es el inglés y su transcripción literal es la siguiente: *"The unexamined life is not worth living for humans"*. La traducción del inglés al español es propia.

momentos de descanso, en sus momentos recreativos y hasta en sus sueños.

No podremos desempeñar ni nuestro criterio jurídico, ni nuestros juicios de valor, ni nuestra profesión sin la interdisciplinariedad y sin un estudio armónico. Porque para ejercer nuestra profesión correctamente, antes tenemos que ser personas. En este sentido, para ser personas primero debemos esforzarnos por comprender, evidentemente, a la persona misma y a la realidad en la cual se desarrolla.

Por esas razones, en mi visión, revelar puentes intelectuales es fundamental. Por esos motivos buscar vínculos y crear analogías es importante. Por eso este discurso trasciende al ámbito práctico y no solo se limita al teórico.

Por ello no es una sencilla invención, una inocente ocurrencia caprichosa salida de la nada, sino que es una revelación útil de un hecho que nos antecede y que está deseando profundamente ser descubierto, manifestado y difundido. Es un todo armónico previamente incompleto, escondido e invisible para nuestros ojos.

Aspiremos como seres humanos. No nos conformemos y busquemos retos para perfeccionarnos. Permitamos que el contenido de la filosofía del derecho nos ilumine y que la magia de la cinematografía nos inspire. Disfrutemos y enamorémonos profundamente de las mismas. Más importante, no nos limitemos intelectualmente a nosotros mismos, menos cuando los obstáculos mentales externos solo pueden atentar, en la medida en que lo permitamos, pero no vencer a nuestra voluntariedad y a nuestra conciencia.

REFERENCIAS

Artículos, capítulos y libros

Abel, R. (1988). *French Film Theory and Criticism*, A History/Anthology, 1907-1939, volume 1: 1907-1929. Princeton University Press.

Arnheim, R. (2006). *Film as Art*. University of California Press.

Battisti, C. (2012). Iconology of Law and Dis-Order in the Television Series Law & Order Special Victims Unit. En Dahlberg, L. (Ed.), *Visualizing Law and Authority: Essays on Legal Aesthetics* (pp. 126-140). De Gruyter.

Brickhouse, T. C. y Smith, N. D. (1994). *Plato's Socrates*. Oxford University Press.

Cousins, M. (2015). *Historia del cine*, traducido del inglés por Jorge González Batlle. Blume.

Deleuze, G. y Guattari, F. (1991). *Qu'est-ce que la philosophie?* Les Éditions de Minuit.

d'Ors, A. (2004). *Derecho Privado Romano*, 10.ª ed. Eunsa.

Fry, S. (2020). *Heroes: The Greek Myths Reimagined*. Chronicle Books.

Hervada, Javier (2010). Introducción crítica al derecho natural, 4.ª ed. Minos Tercer Milenio.

Mannoni, L. (2018). Technology: Innovation, Standarisation and Commercialisation in Early Film Technology. En Temple, M. y Witt, M. (Eds.), *The French Cinema Book*, 2.ª ed (pp. 21-27). Palgrave.

Meyler, B. (2016). The Rhetoric of Precedent. En Sarat, A. (Ed.), *Rhetorical Processes and Legal Judgments* (pp. 83-99). Cambridge University Press.

Monaco, J. (2009). *How to Read a Film: Movies, Media, and Beyond*, 4.ª ed. Oxford University Press.

Preciado Hernández, R. (2011). *Lecciones de filosofía del derecho*. Porrúa.

Rancière, J. (1998). L'historicité du cinéma. En De Baecque, A. y Delage, C., *De l'histoire au cinéma* (pp. 45-60). Éditions Complexe.

Reichman, A. (2008). The Production of Law (and Cinema): Preliminary Comments on an Emerging Discourse, *Southern California Interdisciplinary Law Journal*, 17(3), 457-506, http://www-bcf.usc.edu/~idjlaw/PDF/17-3/17-3%20Reichman.pdf

Rivaya, B. (2012). Derecho y Cine. Sobre las posibilidades del cine como instrumento para la didáctica jurídica. En Presno Linera, M. A. y Rivaya, B. (Eds.), *Una introducción cinematográfica al Derecho*, (pp. 12-29). Tirant Lo Blanch.

Rivaya, B. y De Cima, P. (2004). *Derecho y cine en 100 películas: una guía básica*. Tirant Lo Blanch.

Sarat, A. et al. (2010). Introduction: On the Origins and Prospects of the Humanistic Study of Law. En Sarat, A. et al. (Eds.), *Law and the Humanities: An Introduction* (pp. 1-46). Cambridge University Press.

Strickland, R. y Banks, T. L. (2006). Editor's Introduction. The Cinema of Law: The Magic Mirror and the Silver Screen. En Strickland, R. et al. (Eds.), *Screening Justice - The Cinema of Law: Significant Films of Law, Order and Social Justice*. (pp. xvii-xix). William S. Hein & Company.

Törnqvist, E. (1995). *Between Stage and Screen: Ingmar Bergman Directs*. Amsterdam University Press.

Vaughan, H. (2013). *Where Film Meets Philosophy: Godard, Resnais, and Experiments in Cinematic Thinking*. Columbia University Press.

Recursos electrónicos

Real Academia Española (RAE). (2021). *Cine*, https://dle.rae.es/cine

Real Academia Española (RAE). (2021). *Cinematografía*, https://dle.rae.es/cinematogra-f%C3%ADa

Real Academia Española (RAE). (2021). *Descubrir*, https://dle.rae.es/descubrir

Real Academia Española (RAE). (2021). *Filosofía*, https://dle.rae.es/filosof%C3%ADa

Real Academia Española (RAE). (2021). *Inventar*, https://dle.rae.es/inventar

Real Academia Española (RAE). (2021). *Revelar*, https://dle.rae.es/revelar

LAS FORMAS DE COEXISTENCIA A TRAVÉS DEL CINE. UNA APROXIMACIÓN DESDE LA FILOSOFÍA JURÍDICA DE SERGIO COTTA

Juan Francisco Díez Spelz
Universidad Panamericana

INTRODUCCIÓN

En esta investigación se conjuntará el análisis de dos temas que pretenden dar cuenta de la relación entre el derecho y el cine. Por un lado, abordaremos el análisis de las formas de coexistencia humana que propone el iusfilósofo italiano Sergio Cotta en una de sus principales obras, *Il diritto nell'esistenza. Linee di ontofenomenologia giuridica*. En el mismo, Cotta propone que existen dos clases de formas de coexistir entre las personas: las integrativo excluyentes –la familia, la amistad y la política– y las integrativo incluyentes –el juego, el derecho y la caridad–. El derecho forma parte de estas últimas, pero no puede entenderse sin acudir a las otras formas de encuentro entre seres humanos.

Tanto lo jurídico como el ámbito de la experiencia estética o el arte en general se correlacionan por ser espacios donde la persona se encuentra con el otro y con lo otro; con una realidad externa que debe interpretar y con la que coexiste. Este coexistir, sea a través de esquemas normativos o puramente narrativos, permite un mejor conocimiento del individuo en un plano social. Sergio Cotta tuvo claro esto como fundamento de lo jurídico. Al fin y al cabo, el derecho es una de las formas del coexistir que tiene como finalidad el integrar a los individuos, ordenando sus conductas y tomando en cuenta sus rasgos comunes.

Por ello, consideramos importante hacer referencia a estas seis formas de coexistencia, pero no desde el punto de vista jurídico, sino ejemplificativamente desde su presencia en distintas obras cinematográficas donde podemos constatar su expresión de una manera más clara que la pura abstracción. El cine responde, al igual que el derecho, a necesidades y exigencias humanas y es un producto artístico donde nos podemos ver reflejados a través de la narración de historias y de encuentros. Tanto el cine como el derecho son fenómenos narrativos, que nos vinculan con un tiempo, un espacio y un o alguien "otro"; que nos permiten salir de nosotros mismos y adquirir nuevas perspectivas; uno por el análisis de normas que influyen en nuestras conductas, el otro por el empleo de la imaginación para contar situaciones humanas, y que pueden acercarnos, a través de la mímesis o la imitación, a comprender mejor un escenario, a nosotros mismos o incluso a ser mejores personas.

La narración propia de lo jurídico y de lo artístico nos invitan a sumergirnos en lo humano. Sobre todo, a hacernos preguntas por aquello que nos lleva a serlo; son procesos, no resultados. Reflexionar en torno al coexistir me parece que es una de las tareas pendientes para nosotros juristas. Por eso, a lo largo del texto analizaré a grandes rasgos el pensamiento de Sergio Cotta, en específico su propuesta de las formas de coexistencia humana, vinculando cada una de ellas con ciertas películas. Su selección no es exhaustiva, sino solo ejemplificativa. Responde a mi interés por encontrar las manifestaciones de estas a través del séptimo arte, pero es también una invitación, tanto para mí como para el lector, para comprender su contenido y poder materializar sus efectos ya sea en otras películas o en otras circunstancias de nuestra existencia.

Celebro que se abran espacios para reflexionar en torno a la relación que existe entre ambos. Un ejemplo de ello es este libro, que es reflejo de lo trabajado en la Universidad Panamericana a través del seminario de Derecho y Cine, del cual puedo decir que soy egresado de la primera generación, pero que me constan los frutos que ha generado y seguirá haciendo. Es motivo de orgullo poder contribuir con estas breves reflexiones acerca de la coexistencia, lo jurídico y el cine, pero también un reto e invitación a seguir promoviendo la reflexión sobre estos temas.

LA COEXISTENCIA HUMANA

Las relaciones entre los hombres pueden darse de diversas maneras y en distintos contextos, ya sea por la extensión humana a la que se refieren o la esencia de las mismas. El derecho es tan solo una manera en la que se manifiesta la coexistencialidad entre los seres humanos, así, para comprenderlo en su verdadera dimensión, y no confundirlo con otras formas de relaciones entre los hombres, debemos analizar todas ellas, en específico las seis que Sergio Cotta identifica.

Estas formas de coexistencialidad presentes en el pensamiento de nuestro autor son la amistad, la familia, la política, el juego, el derecho y la caridad. Además, son formas fenoménicas, a través de las cuales aparece la esencia u ontología del ser humano (Cotta, 1991, p. 103), y que debemos tomar en cuenta para reconocer, en nuestro caso, el lugar y justa dimensión que lo jurídico ocupa en el plano coexistencial-fenoménico.

Sergio Cotta reconoce que todas estas formas de coexistencialidad son integrativas; es decir, tienden a relacionar a los hombres entre sí, sin embargo, las divide, para su análisis, en dos grupos: por un lado, las formas integrativo-excluyentes y, por el otro, las formas integrativo-incluyentes (Cotta, 1991, pp. 97-98). Ambas integran personas, pero las primeras excluyendo a ciertos individuos y las segundas procurando una inclusión de todos. El derecho pertenece a esta última categoría.

Las primeras corresponden a la amistad, la familia y la política y se caracterizan por ser cerradas y particulares, es decir, admiten dentro de su ámbito únicamente a los individuos que pertenecen a los grupos determinados, excluyendo a cualquier otro (Cotta, 1991, pp. 101-129). Por otro lado, las formas integrativo-incluyentes son tendencialmente abiertas y universales, pues su ámbito de extensión se puede aplicar a todos los seres humanos, independientemente de su origen o nacionalidad (Cotta, 1991, pp. 131-159).

Para hacer el análisis adecuado de todas las formas coexistenciales, se deben tomar en cuenta los siguientes cuatro parámetros:

1. El ámbito humano de extensión.
2. El principio constitutivo.
3. La dirección del movimiento de integración y;
4. El principio regulativo (Cotta, 1991, p. 103).

A continuación, realizaremos el análisis de estas formas coexistenciales, mismas que se irán relacionando con ejemplos que nos proporciona el mundo del cine, hecho que enriquecerá mucho la concepción que sobre ellas tengamos.

FORMAS INTEGRATIVO-EXCLUYENTES

Amistad

La primera forma de coexistencialidad integrativo-excluyente es la amistad. Uno no es, al mismo tiempo, amigo de muchos, sino que con cada individuo con el que existe una relación de amistad se entabla un vínculo diferente, donde solo caben dos. Por eso la amistad vive en la particularidad. Por supuesto, cada amistad, para ser verdadera o auténtica debe basarse en la lealtad y en la simpatía, así como estar limitada en el tiempo (Cotta, 1991, pp. 104-106).

Así pues, la extensión de la amistad es únicamente interpersonal, siendo su principio constitutivo la simpatía recíproca y su movimiento de integración centrípeto, es decir, tendiente a aquello que une a los sujetos. El principio regulador de esta forma coexistencial es la confianza y la lealtad (Cotta, 1991, pp. 104-106).

Con relación a este tema, el cine comienza a ponernos algunos ejemplos, de los cuales citaremos algunos. Para comenzar, podemos hacer referencia a la película de *Matar a un ruiseñor*, de 1962 dirigida por Robert Mulligan. Este largometraje puede dividirse, a nuestro juicio, en dos partes que transcurren casi de manera simultánea: por una la referente a la amistad, y la otra de contenido estrictamente jurídico.

En este apartado haremos referencia solo a la primera parte. En ella, Jem y Scout Finch, hijos del abogado viudo Atticus Finch, entablan amistad con un niño llamado Dill, que transcurre en el pueblo Maycomb solo los veranos. Durante tres veranos, los niños, a quienes les une una gran amistad, se unen para indagar sobre la existencia, a la vez fascinante y misteriosa de su vecino Boo Radley, quien sin ser visto comienza a dejarles objetos extraños en árboles o en otros lugares secretos.

Además de esto, los niños también tienen como objetivo y razón de ser de su amistad defender a su padre, quien patrocina en juicio a un hombre negro acusado de violación. Al final de la película aparece también en las relaciones de amistad Boo Radley, quien defiende a Jem del ataque del padre de la chica que acusaba al hombre de color de violación (matándolo). También entabla relación de amistad con Scout, la niña de ahora nueve años, quien al acompañarlo a su casa (para que vuelva a desaparecer) se imagina cómo sería la vida desde la posición de Boo, es decir, siendo empática con él.

Así pues, podemos ver que entre Scout, Jem y Dill, existen relaciones de amistad diferentes, aun cuando parezca un grupo. No es el mismo el vínculo entre Jem y Dill, y el de Scout y Dill (dejando aparte a Jem y Scout porque son hermanos). Lo mismo ocurre cuando aparece en escena Boo Radley, en un principio incógnitamente y después de manera directa, ya que podemos ver claramente la diferencia de relación que existe entre él y Jem, al salvarlo, y la que entabla con Scout, al ser salvado él de un juicio por homicidio. La amistad es la antesala de la caridad, pero sigue siendo particular.

Puede observarse también el principio de lealtad y de confianza verdadera en la amistad de estos niños, así como una gran empatía con ellos y con Boo (finalmente), pues se descubre que la auténtica amistad implica una unión o vínculo interpersonal que supone un intercambio de experiencias y una (en principio) identidad de objetivos.

Esto se ve también en la película francesa *Amigos*, dirigida por Olivier Nakache y Éric Toledano en 2011. En ella, Philippe, un hombre tetrapléjico supera una relación meramente laboral con Driss, su asistente a domicilio de origen senegalés y exconvicto, al convertirse en una verdadera amistad donde ambos aprenden a compartir, aun cuando los objetivos de ambos eran diferentes al principio.

Así se demuestra cómo la amistad, como forma coexistencial, surge después del conocimiento de los dos sujetos implicados y cómo esta puede darse entre personas que provienen de circunstancias totalmente diferentes. La amistad es un asunto meramente humano que, como dijimos, supone un primer escalón para alcanzar la caridad y el reconocimiento de todos los hombres, como podemos ver en el vínculo que se forja entre estos dos seres humanos.

Por supuesto, la amistad no está exenta de problemas, pero persiste más allá de las dificultades. La confianza que Philippe deposita en Driss se ve poco a poco retribuida por este último, quien tiene que aprender a renunciar a sus intereses para reconocer los del otro, con el resultado de la felicidad de las partes implicadas, a través de la ayuda mutua.

Sin embargo, no todo lo que aparenta ser amistad realmente lo es. La amistad debe estar basada en la confianza y la lealtad, pero con miras al perfeccionamiento del otro. Podríamos decir que si no se cumplen con estos requisitos, lo que vemos es solo una amistad inauténtica; mera apariencia. Lamentablemente esto se da mucho en el mundo, y el cine, como forma de expresión de una gran humanidad, nos da también ejemplos de esto.

Una de estas películas, que supone un análisis muy complejo, y de antemano pedimos disculpas al lector por la breve y superficial reflexión que haremos en esta oportunidad, es *If...*, largometraje de 1968 del director británico Lindsay Anderson. En ella, un grupo de jóvenes estudiantes de un internado inglés, con un régimen dictatorial, unen esfuerzos para liberarse del "régimen". Al principio la relación de amistad parece bien encaminada, sin embargo, desencadena algunas reacciones violentas e incluso irracionales, de forma que nos podemos cuestionar si son fruto realmente de la amistad; no porque la amistad no pueda ser el origen de una liberación, sino por la forma en que se desarrolla. Pienso que esto puede ser un ejemplo que puede detonar la reflexión sobre este tema de la amistad, del cual posiblemente es un poco apresurado aventurar conclusiones definitivas.

Al fin y al cabo, lo que podemos decir es que la amistad es importante porque supone un compartir esencial y primario para la constitución y desarrollo de cualquier tipo de comunidad. Tiene como fin salvar la variabilidad óntica con respecto a lo ontológico (Martínez, 1993, p. 141). Recordemos que el derecho tiene como uno de sus fines, el procurar relaciones de amistad y evitar la enemistad entre los hombres, por lo que esta forma coexistencial, en relación con el derecho, permite salvar estos problemas en el ámbito meramente interpersonal.

Política

Llegamos ahora al análisis de la política como forma coexistencial, con una gran expresión a través del cine. Sabemos que la política representa una identidad entre los hombres, que va más allá de lo individual, que es originaria y donde influye el lenguaje y la cultura en general, interviniendo elementos fácticos o de ser (materiales y espirituales) y de deber ser (costumbres morales). Todo esto se manifiesta en un "nosotros", como elemento estructural y fenómeno simbólico de conciencia (Cotta, 1991, pp. 107-122).

De esta manera, el ámbito humano de extensión de la política es la identidad supraindividual que surge del agrupamiento de los que conviven. Su principio constitutivo es el bien común, mientras que la dimensión del movimiento de integración es, igualmente, centrípeto-agregativo, por incluir únicamente ciertos elementos y a determinados individuos. Por su parte, el principio regulativo de la política es la solidaridad (Martínez, 1993, p. 145), por supuesto, entre sus miembros o hacia el exterior, pero como sujeto determinado.

Hay que hacer énfasis en que la política es una forma de coexistencia cerrada y excluyente. Henry Bergson, filósofo que distinguía entre la moral o sociedad abierta y la moral o la sociedad cerrada dirá que en estas últimas "[...] lo esencial en ellas consiste en comprender en cualquier momento de su desarrollo a un cierto número de individuos y excluir a otros" (Bergson, 1997, p. 14). Por eso la política es excluyente: porque promueve la integración solo de individuos con una identidad común excluyendo a cualquier otro que no pertenezca al sistema, cuando menos de las prerrogativas básicas de los que sí son ciudadanos.

El cine nos da, como decíamos, múltiples ejemplos de películas donde se trata el tema de la política. Aquí citaremos solo algunos ejemplos, y para su análisis nos centraremos en el elemento excluyente (aunque integrativo) de la misma, dejando de lado otras características de la misma, que podrían estudiarse en otra ocasión.

Así pues, ya a principios del siglo XX, encontramos películas con tema político, específicamente sobre el comunismo (que no deja de ser política). Una de ellas *es El acorazado Potemkin*, de 1925 y dirigida por Serguéi M. Eisenstein. En ella se narra cómo en un régimen absolutista (en tiempos de la revolución bolchevique de 1905), no puede tolerarse (al igual que ahora) una revuelta que socave los cimientos del sistema.

El pueblo debe hacer caso a la propaganda ideológica que constantemente se le presenta y obedecer al ordenamiento jurídico vigente en el régimen, que no forzosamente por eso es derecho. Debe excluir también toda forma de pensamiento diversa y aceptar su condición de explotados. Es lo que pasa en esta película rusa, donde los marineros del Acorazado Potemkin comienzan una rebelión que no puede aceptarse por parte del gobierno, lo que provoca violencia. En esta película se encuentra una de las más famosas escenas del cine: la Escalera de Odesa, donde los cosacos disparan contra el pueblo sublevado. Es una pieza lenta, pero de gran profundidad si se observa con atención.

La política como forma coexistencial también puede verse reflejada en películas como *El señor Smith va a Washington*, de Frank Capra (1939). En ella, Jefferson Smith es nombrado senador, donde se topa con la corrupción y la forma en cómo se maneja la política en Estados Unidos, donde lo que parece que importa son los intereses tanto de los gobernantes como de los grandes empresarios, y no la de los gobernados. Con su gran idealismo, el Sr. Smith logrará (siguiendo las mismas reglas de la política, claro), convencer a sus colegas y lograr sus objetivos (justos, podríamos decir).

En el largometraje se enfrentan, pensamos, dos manifestaciones de la política: una inauténtica, teñida de corrupción (que curiosamente parece ser la verdadera política hoy en día), y aquella auténtica, representada por el Sr. Smith, donde se defienden propuestas surgidas de la verdad y de la justicia.

El carácter excluyente, pero a la vez esperanzadora de la política puede verse *en La gran ilusión* de Jean Renoir (1937). En esta obra maestra, nos encontramos con el enfrentamiento de dos potencias en la Primera Guerra Mundial: Francia y Alemania. Unos oficiales franceses son encerrados en un campo de concentración alemán, donde tienen que respetar y acatar las órdenes de los oficiales teutones (aun cuando los trataban bastante bien). La política se manifiesta en que unos son franceses y los otros alemanes, es decir, hay ciertas personas que son reconocidas como parte de un Estado, y se excluye a aquellas que no lo son. Propiamente esto es política, no derecho, por lo que vemos presente el tema de la guerra y la violencia.

Posteriormente estos oficiales franceses escapan, pues uno de ellos se "sacrifica" por sus compañeros, pero a partir de ese momento, será la caridad la forma de coexistencia que tendría que analizar la película, como ya veremos. Lo importante es ver cómo los nacionalismos son propios de la política, lo que en principio no está mal. Solamente debemos tomar en cuenta esta situación, para comprender efectivamente que es el derecho, según lo que nos dice Sergio Cotta. En relación con los nacionalismos recomendamos una divertida película española llamada *Ocho apellidos vascos*, dirigida por Emilio Martínez Lázaro, del 2013, donde se reflejan de manera paródica los nacionalismos españoles. Pero recordemos: esto es mera política, y de aquella que excluye a todos los que no integran parte del grupo.

Familia

Por su parte, la fenomenología coexistencial de la familia es compleja, pero muy rica ya que, por un lado, se debe ver a un nivel biológico-naturalístico y por el otro según uno humano-espiritual, así como con relaciones horizontales (conyugales) y verticales, por ejemplo, entre padre e hijo, donde la heterosexualidad supone un factor primordial para reconocer estas formas de relación como familiares auténticamente (Martínez, 1993, pp. 150-151).

Así pues, el ámbito humano de extensión de la familia es personal y se da a través de las relaciones conyugales y paterno-filiales. Su principio constitutivo es el amor personal en la reciprocidad conyugal extendida a los hijos y perpetuada en el tiempo. El movimiento integrativo que le es propio es el unitivo agregativo y su principio regulativo la fidelidad en el cuidado (Cotta, 1991, pp. 122-129).

La familia es una sociedad cerrada, aunque no completamente, porque se abre a la relación con otras familias, así como al ámbito político. A su vez, la familia es una comunidad natural porque es inmanente a la existencia y subsistencia del género humano, está radicada en la afectividad y es originaria, porque surge de exigencias meramente personales (Martínez, 1993, p. 153).

Una película analizada durante el seminario, donde se puede apreciar, de manera muy ejemplificativa el papel de la familia es *Mi vecino Totoro*, una película animada japonesa, dirigida en 1988 por Hayao Miyazaki. En ella, un padre se va a vivir al campo con sus dos hijas, mientras esperan la recuperación de la madre, enferma de tuberculosis. Esto permite que las niñas tengan un gran acercamiento entre sí, descubriendo a los espíritus del bosque, y a un ser magnífico (rey del bosque), de nombre Totoro. Estas criaturas, finalmente lograrán que las hermanas se encuentren con su madre. Además, a lo largo de la película, se ve un gran acercamiento familiar, entre las niñas y su padre. La relación familiar supone, para ser auténtica, la preocupación por el otro, cosa que ocurre siempre a lo largo de toda la película.

Es en otra película japonesa, *El intendente Sansho* de 1954 y dirigida por Kenji Mizoguchi, donde pueden verse también múltiples valores familiares. La trama de la película es larga, pero puede resumirse en que el padre de dos niños y esposo de una mujer es desterrado de la tierra donde era gobernador por tratar de manera justa a los siervos. Este señor siempre se preocupó por formar rectamente a sus hijos (objetivos de la familia), dándoles consejos. Años adelante los hermanos son secuestrados y se les hizo trabajar para el tirano Sansho, y a la mamá la hacen prostituta. La película es la historia de cómo se procura el reencuentro de esta familia (que sigue unida por vínculos a pesar de la distancia). En la misma se encuentra una escena donde la hermana se inmola para lograr el reencuentro del hermano con la madre. Simplemente una película espectacular donde se muestran claramente estos valores familiares (entre otros).

Lo mismo ocurre en otra obra maestra, *El árbol de los zuecos*, película italiana de Ermanno Olmi de 1978 que relata, en tres horas y casi sin diálogos, la vida de un grupo de campesinos lombardos en el siglo XIX. No es lugar, por supuesto, para relatar la película, pero deben destacarse las amplias referencias a la familia. Una de ellas, que le da el nombre a la película, es aquella donde el hijo de una de estas pierde sus zapatos (zuecos), y el padre, por amor al hijo, tala un árbol para hacerle unos nuevos (siendo que estaba prohibido). El jefe de la comunidad (el padrón) expulsa a la familia del lugar. Es una escena conmovedora.

Pasemos ahora a las formas integrativo-incluyentes de coexistencialidad, habiendo visto ya cómo en el cine se manifiestan todas estas, por su eminente carácter humano.

FORMAS INTEGRATIVO-INCLUYENTES

Lúdico

Lo lúdico o el juego es un fenómeno humano universal y por lo tanto integrativo-incluyente, presente en todas las culturas, y capaz de conducir un análisis sobre el alcance de la normatividad propiamente jurídica (Martínez, 1993, p. 154). El juego es anterior a la cultura, y es una función llena de sentido que puede llegar a ser incluso jurídico, como diría Johan Huizinga (1998, pp. 13-14, 96-97), autor que Sergio Cotta toma en cuenta para desarrollar el tema.

Lo lúdico es, entonces, una estructura de sentido e intencionalidad. Se manifiesta en el ámbito interpersonal, pero a la vez es convencional, ya que nadie está obligado a jugar. Para hacerlo se deben unir intereses, sobre todo si se trata de un juego colectivo y competitivo, donde se dan relaciones con posibilidad universal.

El ámbito humano de extensión del juego es variable dependiendo del tipo de juego. En el juego no es necesaria la simpatía o el amor, sino solo el interés por jugar, misma que puede ser cumplida por cualquier persona, lo cual muestra el carácter abierto y universal del mismo. Por otro lado, su principio constitutivo son las reglas necesarias para su consecución, sin las cuales no habría juego y mismas que establecen la situación de paridad entre los participantes. La regla supone que debe ser respetada ella misma, así como a la persona del adversario (Cotta, 1991, pp. 133-137; Martínez, 1993, pp. 154-156).

Esto es lo que parece que sucede en el castillo donde un fin de semana se reúnen ciertas personas de la alta burguesía en *Las reglas del juego* de Jean Renoir, filmada en 1939. En ella parece que esas personas que coinciden en aquel palacio van "jugando un juego", mismo que esconde una cantidad de intrigas y hasta un asesinato, pero siempre respetando las reglas del juego. Es decir, pura apariencia. Recordemos, junto con Francesco D'Agostino que "[...] ninguno ha jugado nunca solamente para respetar las reglas del juego. El juego [...] tiene un sentido que no puede ser deducido únicamente de sus reglas [...]" (D'Agostino, 2007, p. 136).

¿Cuál sería el sentido de ese juego? No lo sabemos. El hecho es que en esta película se manifiesta la importancia de lo lúdico. Solo debemos saber que a aquello hay que encontrarle un sentido, pero el juego es una de las maneras, incluso preculturales de coexistencialidad.

Así, parece que también en la película de Luis Buñuel, *El ángel exterminador*, de 1962, los comensales que se quedan "atrapados" sin razón en la sala de la casa del anfitrión están jugando un juego, cuyo sentido desconocemos, porque es completamente irracional. Parece que el límite de su actuar es la puerta de la sala, y de ahí nadie puede salir: he allí la regla. Y los de fuera también juegan: ellos no pueden entrar. Tanto gustó el juego (o angustió), que lo repiten en la Iglesia del Carmen en San Ángel, una vez que terminó el anterior. La humanidad juega así; a veces de un modo un tanto incomprensible.

Otras tantas películas sobre juegos se han hecho a lo largo de la historia, quizá donde la presencia del elemento lúdico está más clara que en las que acabamos de referenciar, como *Jumanji*, *Space Jam*, y todas aquellas que se han hecho sobre otros juegos como el fútbol, entre otros. Por motivos de espacio no las trataremos en esta oportunidad. Solo reconocer el elemento universal del juego: todos estamos invitados a jugarlo, y quizá lo hagamos incluso sin darnos cuenta. El cine en sí mismo es una forma de juego, a través del contar historias; de la imaginación.

DERECHO EN SÍ

Hemos podido ver que el derecho está presente en la regulación de todas las formas coexistenciales; la política, la familia, la amistad o el juego. Pero para entender al derecho como tal, se le debe analizar en sí mismo, en su ámbito de extensión y aplicación propio, y es lo que haremos ahora.

La primera característica del derecho como forma coexistencial en sí, integrativo-incluyente, será la universalidad, como ámbito humano de extensión, es decir, el derecho en sí mismo es una necesidad para todos los hombres, independientemente de su régimen político de organización (D'Agostino, 2007, p. 136).

Por otro lado, el principio constitutivo del derecho será la norma jurídica, a través de la cual se vuelve posible la cooperación durable y la potencialización de la capacidad del sujeto, así como que permite situar a los hombres en un mismo plano, es decir, en situación de paridad, tanto existencial como ontológica, garantizando la continuidad de la conducta humana (Cotta, 1991, pp. 137-152; Martínez, 1993, pp. 168-171).

El movimiento integrador del derecho es el influjo difusivo de la norma jurídica, lo que quiere decir que esta se extiende fuera del ámbito de una coexistencia limitada, constituyéndose en un mecanismo integrador, abriendo la posibilidad (y necesidad) de la relación jurídica a cualquiera, lo que implica una exclusión de la discriminación y una búsqueda de la pacificación de las relaciones humanas independientemente de los grupos involucrados o de pertenencia (Cotta, 1991, pp. 137-152; Martínez, 1993, pp. 168-171).

Por último, el principio regulador del derecho en sí como forma coexistencial es, fenomenológicamente hablando, el principio de legalidad, no entendido de manera solo formal, porque este es propio de la política, sino tendiente a criterios materiales y de justicia. Su fin es la superación de la particularidad a través de la visión de lo jurídico de manera universal; sobre lo que es común a todos los hombres por lo que son. Así, se observan ya sea la universalidad sincrónica y la permanencia diacrónica del derecho en la historia de la humanidad y no como propio solo de un lugar y momento histórico determinado. El derecho, entonces, para ser tal debe tener ciertas características que no pueden ser desconocidas ni suprimirse sin negar al ser humano mismo (Cotta, 1991, pp. 137-152; Martínez, 1993, pp. 168-171).

El derecho no podrá, como veremos a continuación, alcanzar el nivel coexistencial de la caridad (totalmente universal) de donación a sí mismo y perdón, pero cuando menos puede reconocer:

a) La exclusión de la discriminación, en lo que se refiere a la extensión del vínculo con los otros;
b) La exclusión de la violencia en sus diversas formas, en lo que se refiere a la intensidad del mismo. (Ballesteros, 2007, p. 128)

Así, de acuerdo con Jesús Ballesteros, discípulo de Cotta, lo jurídico comprende que, para ser tal, es necesario reconocer la paridad entre los participantes del mismo, es decir, los seres humanos, por lo que debe ser universal y excluir cualquier forma de discriminación a las personas. También será una realidad que se desvincule de la violencia y, por lo tanto, busque la paz en las relaciones humanas. De forma que, para ser auténtico derecho, se debe reconocer a todos los participantes como tal, así como buscar una intensidad del vínculo jurídico en la paz.

Por eso, el derecho es un elemento que nos ayuda a superar la violencia, tal como la que se observa en la película *Haz lo correcto*, de Spike Lee (1989). Esta es una película sobre la rabia y la ira violenta (Harrison y Sarah, p. 489), lo que está alejado de la racionalidad. Y el derecho es racionalidad.

El largometraje narra un día en un barrio humilde de Brooklyn, Nueva York. En él viven afroamericanos e hispanos. Una familia italoamericana tiene una pizzería allí. Muchos de los habitantes del barrio se sienten discriminados porque en la pizzería hay un muro de la fama donde están colgados cuadros de italoamericanos; ningún negro. Esto desata la rabia de muchos, quienes quieren agredir a los dueños. Mookie, un repartidor afroamericano habitante del lugar, inclina la rabia hacia la propiedad y no hacia las personas. Hizo lo correcto, puede ser. El punto es que ahí no reinó el derecho, porque el derecho no es violencia, sino todo lo contrario. Quizá, si el pueblo hubiera sido escuchado, no se hubiera manifestado el enojo (Harrison y Sarah, p. 496): esto sí es derecho, pues "lo correcto", el objetivo del "orden" hubiera sido el evitar la discriminación y la violencia.

El tema propiamente jurídico se manifiesta también en la película *M, El vampiro de Düsseldorf*, de Fritz Lang (1931), donde se ve que en la ciudad hay un individuo suelto, asesino de niñas. El pueblo está aterrorizado, incluso los criminales están inconformes, porque la policía está pendiente de todas sus actividades. Por eso, estos bandidos se organizan para capturarlo, y lo logran, pero al quererle dar un juicio, lo que hacen es únicamente una apariencia de proceso, donde no se ve presente el derecho, pues no se le estaría aplicando una sentencia justa. El derecho no puede aplicarse violentamente ni con enojo, y así es como estaban estos delincuentes. La suerte hace que finalmente se conduzca al asesino ante una verdadera justicia, que debe tener elementos de caridad y de prudencia, por la misma universalidad de lo jurídico.

Esta universalidad del derecho se contempla también en *Matar a un ruiseñor*, película que ya analizábamos con anterioridad. En ella, se le encomienda a Atticus la defensa de un hombre negro. El pueblo no está de acuerdo en que se le defienda, porque presumían de antemano su culpabilidad, así como que le negaban el derecho a la defensa. Independientemente de estos comentarios, el abogado Finch lo defiende, con una actitud eminentemente jurídica, por reconocer al derecho como un elemento universal, es decir, atribuible a todos los hombres, incluso a los "criminales". Así puede verse que gracias al derecho, se llegó a la verdad de los hechos, un objetivo clarísimo de la justicia. Pero puedo llegarse a esto por reconocer que el derecho implica la no discriminación entre sus destinatarios.

Que el derecho tiene como fin el llegar a la verdad de los hechos y el juzgar con justicia, se puede ver en una extraordinaria película rusa dirigida por Nikita Mikhalkov en 2007, y titulada *12*. En ella, un joven checheno es acusado de asesinato y su culpabilidad debe ser determinada por los 12 miembros del jurado. El voto debe ser unánime, y parece que se va a lograr rápidamente, pero la votación resulta ser de 11 por la culpabilidad y 1 por la inocencia. A la mayoría no le interesaba analizar el caso con detenimiento, pero este uno le dio esperanzas a la verdad y, por lo tanto, al derecho y al abandono de la violencia. Esto llevó a concluir al jurado que efectivamente el joven era inocente y se le había tendido una trampa. Realmente una película esperanzadora.

Pero también hay que ser prudentes y saber qué es la justicia en cada caso, y cuando forzar la maquinaria legal solo con el fin de castigar, no forzosamente es derecho, sino violencia. Es lo que ocurre en *El dulce porvenir*, película canadiense de 1997 de Atom Egoyan, donde aparece la figura de un abogado que se encuentra de paso en un pueblo donde acaba de haber un accidente en el que el camión escolar donde iban prácticamente todos los niños del pueblo se salió de la carretera y se hundió en un lago congelado, lo que provocó la muerte de prácticamente todos ellos. Aprovechando la oportunidad, el "abogado" comienza, a mi modo de ver sin ninguna dignidad profesional, a ofrecerle a todos los habitantes del pueblo (padres de los niños) sus servicios legales para buscar algún responsable y cobrar una indemnización millonaria. Una cosa es, como experto del derecho, el buscar la forma de ganarse la vida, y otra intentar encontrarla donde quizá lo más prudente sería reconocer la posibilidad del accidente e intentar por otros medios que no volviera a ocurrir. Al menos es mi opinión.

Para concluir este apartado hay que enfatizar sobre el carácter universal del derecho: es decir, aplica a todos los hombres. Se debe decir, por un lado, que las reglas propias de un determinado gremio, que supongan excepciones a las reglas generales, y solo apliquen a determinadas personas, no es derecho a mi modo de ver. Me refiero a normas internas de organizaciones criminales que actúen internamente de acuerdo con un código de leyes preciso e ilegítimo, y externamente contra las normas que aplican a todos los integrantes del grupo político. Es lo que ocurre en la película *Nido de ratas*, del año 1954 y dirigida por Elia Kazan. En ella Johnny Friendly dirige un grupo de mafiosos en los muelles neoyorkinos, donde conservan una ley interna que permite incluso matar personas, siempre y cuando no se divulgue al exterior. Terry Malloy, un miembro del grupo, va sufriendo una profunda transformación moral que hará que viole la norma de guardar silencio, para comprometerse con la justicia y hablar en un proceso. Esto al principio provoca que lo repelan sus compañeros, pero finalmente logra convencerlos. Así pues, está persona está actuando justamente, por lo que su conducta estaría justificada (no así la del director Kazan, que lo hacía, pero adhiriéndose a leyes de un régimen dictatorial que, podríamos decir, ni derecho eran). El derecho en sí debe aplicar a todos los seres humanos, y tiene que ser el parámetro para el derecho de los grupos.

Por último, para terminar de reflexionar en sí sobre lo jurídico y sobre su titularidad universal, tenemos que hablar de una gran película de ficción, pero que nos ayuda a ver el lado humano y moral de todos los individuos con las características propias de la especie (aun siendo replicantes): *Blade Runner* es este largometraje, dirigido en 1982 por Ridley Scott. De esta película podemos reconocer cómo Deckard, el Blade Runner, se da cuenta de la irrelevancia de la diferencia que tiene con los replicantes, y así, lo irrelevante de la diferencia que tiene el hombre blanco, por ejemplo, con el asiático o con el africano, porque él es uno como ellos. Este proceso de humanización que se propone en la película nos ayuda a comprender a cabalidad la universalidad del derecho, y cómo este tiene como fin superar la discriminación entre los seres humanos (De Lucas, 2012, pp. 31-33). Este hecho nos lleva a la siguiente forma de coexistencialidad: la caridad.

CARIDAD

Llegamos así a la última forma coexistencial a la que nuestro autor se refiere, siendo por demás la más perfecta, ya que lleva a reconocer al uno en el otro. Las relaciones humanas deben tender a este nivel de convivencia, pero pasando siempre por el derecho y tomando en cuenta las otras formas de coexistencialidad.

Por ser un modo coexistencial integrativo-incluyente, su ámbito de extensión es universal, es decir, debe tender al reconocimiento de todos los hombres, a diferencia de la amistad, donde se excluyen terceros. Su principio constitutivo es el Todo, ya sea la humanidad en sí o Dios para las perspectivas religiosas. El movimiento de la caridad es también difusivo, pues conduce a la aceptación del otro, a través del don y del perdón, mismos que no esperan ser correspondidos (Cotta, 1991, pp. 152-159; Martínez, 1993, pp. 156-162).

Así pues, por un lado, tenemos al derecho como forma coexistencial universal, que reconoce derechos antropo-ontológicos a todos los seres humanos y que ayuda a la pacificación y durabilidad de la humanidad y, por otro, está la caridad como un nivel más perfecto de relación entre los hombres; de amor a todos los individuos por pertenecer al género humano.

Refirámonos a un tema tratado por Cotta para comprender la relación entre derecho y caridad o, podríamos decir, la ética de la justicia y la ética del amor. Este tema es el deber de ayuda a otro. Humanamente podemos tener o sentir un deber de ayudar al prójimo, pero este no tiene un derecho correlativo para exigir la ayuda (Cotta, 1989, pp. 245-246). En el plano jurídico, para hablar de un derecho, siempre debe existir un deber correlativo, aunque sea en el plano ontológico, de forma que son estos los únicos que pueden ser exigidos, según criterios de justicia y no de amor.

A Sergio Cotta le parecerá evidente que "[...] si ninguno puede reclamar el derecho de ser amado, ninguno puede lógica y legítimamente reclamar de los otros que trasciendan los deberes puestos por la justicia" (Cotta, 1989, p. 247). La caridad podría entonces entenderse como una ética de máximos, donde el hombre trasciende los lineamientos establecidos por el derecho, pero sin contradecirlos.

Pero debemos también decir, junto con Cotta, que "[...] la ética del amor no niega ni refuta la ética de la justicia. Al contrario, la primera tiene como presupuesto a la segunda" (Cotta, 1989, p. 247): el derecho es un camino hacia la caridad; no se puede entender esta última sin unos niveles mínimos establecidos para regir la convivencia entre los hombres; estando esto garantizado se podrá proponer ya a los seres humanos las opciones de trascendencia propias del carácter caritativo.

La caridad supone el perdón y la comprensión del otro, así como la memoria como un pasado al que tiene que acudir el derecho (Ost, 2005, p. 109). Una extraordinaria película iraní de 1990 dirigida por Abbas Kiarostami que nos ayuda a comprender esto, es *Close Up*, filme basado en hechos reales, donde incluso aparecen escenas originales de un juicio donde se acusa a un joven de suplantar deliberadamente la identidad de un escritor y director de cine frente a una familia a la que engaña diciéndoles que filmaría una película en su casa haciéndolos fungir como actores. Al descubrir el fraude, comienza un juicio donde se van viendo las intenciones y errores del joven, que en aquel caso, no provenían de la maldad. La familia finalmente lo perdona. Nos podemos dar cuenta de que hay ocasiones en que castigar a una persona, con el objetivo de hacer "justicia", conlleva una mayor injusticia. Debemos ser cuidadosos de no confundir los ámbitos, y reconocer que el primer escalón es el jurídico, pero si este falla o es insuficiente, debe entrar en escena la caridad, que reconoce, de una manera absolutamente universal a todos los individuos del género humano, y nos permite comprender ciertas razones de actuación, y perdonar.

Por eso, la caridad supera fronteras, y permite el encuentro de todos los hombres más allá de las aparentes diferencias que separan (como ocurría en *Blade Runner*). Así, en la película que ya comentábamos, de *La gran ilusión*, los oficiales franceses que se escapan del campo de concentración alemán en la Primera Guerra Mundial se topan con un mundo donde en primer lugar se encuentran entre ellos y se ayudan mutuamente, o también se topan con una chica alemana (en principio del bando enemigo), con la que interactúan y la que los ayuda a recuperarse y salir adelante. Posteriormente en la película, al intentar huir a Suiza dice uno de ellos una frase que nos puede ayudar a comprender mejor cómo la caridad es absolutamente universal y que muchas actitudes en el mundo son irracionales si no se piensa de esta manera: al ver Suiza se preguntan si eso ya será el otro país, y uno responde que las fronteras no existen, que están hechas por el hombre (para separar), pero que la naturaleza no distingue, y la humana menos. Rasgos de caridad y solidaridad se ven también, antes de que esto ocurra, en la actitud del oficial alemán, que reconoce sus errores y pide perdón al francés que está por morir. La caridad permite el arrepentimiento, el perdón y la unión y comprensión entre los semejantes.

El hecho de que Atticus, en *Matar a un ruiseñor* defienda a un hombre aparentemente "distinto", supone también un gran ejercicio de caridad, aun con todas las críticas hechas hacia su persona. Lo mismo ocurre cuando al final de este largometraje, después de que saben que Boo Radley mató al padre de la joven que acusaba a Tom de violación, lo perdonan, ya que la caridad les ayuda a ver que es innecesario castigar o "matar a un ruiseñor". Así, la caridad nos ayuda a comprender mejor el derecho; sus fines y razón de ser. No se puede obligar a nadie a ser caritativo, pero el ejercicio de esta virtud ayuda, sin lugar a dudas, a perfeccionar al ser humano de una forma donde el derecho está simplemente comenzando. Lo jurídico supone una ética de mínimos, mientras que la caridad es una ética de máximos, que ayuda a dar sentido al actuar humano, sin olvidar que debe responder a una base jurídica.

Por eso, ya dirá San Pablo que "[...] el que ama al prójimo ya cumplió toda la Ley" (Rom, 13, 8), y que "[...] el amor es la plenitud de la Ley" (Rom, 13, 10), o posteriormente Santo Tomás, que "[l]a misericordia no termina con la justicia, más bien es la plenitud de la justicia" (S.th., 1, 21, 3 ad 2.). Pienso que estas películas, y muchas otras que por razones de espacio no pueden mencionarse, nos abren la mente a esta situación, a la que deben aspirar todos los seres humanos, para cumplimentar absolutamente la coexistencia entre todos.

CONCLUSIONES

El recorrido que hemos hecho relacionando las formas de coexistencia que reconoce Sergio Cotta en sus libros sobre ontofenomenología jurídica y ciertas películas, enriquece, a nuestro modo de ver, de una extraordinaria manera, la forma en cómo se concibe la existencia humana y particularmente la jurídica. No podemos entender a cabalidad el derecho, si no comprendemos su papel, fines y objetivos dentro del acontecer humano. Para esto sirven las formas de coexistencialidad.

El cine, como un producto cultural eminentemente humano, refleja este acontecer, y se preocupa, de una manera artística, de los principales problemas y contextos de nuestro género. El derecho no es la excepción, y tampoco de lo jurídico relacionado con la caridad. Múltiples son las películas que relatan juicios y procesos, es verdad, pero no solo en esas se ve la presencia del derecho, porque el derecho es orden y no solo conflicto, por lo que puede observarse en prácticamente cualquier producto humano.

Lo importante es reconocer la universalidad del derecho y su esencial referencia a la legalidad y la justicia. El cine sirve, entonces, para abrir la mente del espectador cuidadoso (estudiante o no de esta rama del saber), y le ayuda a comprender de una manera más amplia estos fenómenos humanos. Es, concluyo, una magnífica herramienta para, a través del "juego" y de la imaginación, extender la mente y salir del formalismo en el que la resquebrajada teoría positivista había caído. Es una "alternativa" enriquecedora para la formación del jurista.

REFERENCIAS

Libros

Ballesteros, J. (2007). *Sobre el sentido del derecho. Introducción a la filosofía jurídica*. Tecnos.

Bergson, H. (1997). *Las dos fuentes de la moral y de la religión*. Porrúa.

Cotta, S. (1989). *Diritto, persona, mondo umano*. G. Giappichelli Editore.

Cotta, S. (1991). *Il diritto nell'esistenza; Linee di ontofenomenologia giuridica*, 2ª ed. Giuffré Editore.

D'Agostino, F. (2007). *Filosofía del derecho*. Temis.

De Lucas, J. (2012). *Blade Runner. El derecho, guardián de la diferencia*. Tirant lo Blanch.

Huizinga, J. (1998). *Homo ludens*. Alianza.

Martínez, J. A. (1993). *Ontofenomenología del derecho en la obra de Sergio Cotta*. Universidad Complutense de Madrid.

Ost, F. (2005). *El tiempo del derecho*. Siglo XXI.

Hemerografía

Carcaterra, G. (1991). Cotta, Sergio, *Enciclopedia Italiana - V Appendice, Roma*, Istituto dell'Enciclopedia Italiana. http://www.treccani.it/enciclopedia/sergio-cotta_(Enciclopedia-Italiana)/

Harrison, J. L. y Wilson, S. E., Law and Rage in Do the Right Thing.

Santos, J. A. (2007). Sergio Cotta y la filosofía del derecho española, *Persona y Derecho*, (57).

Filmografía

Anderson, L. (1968). *If...* [Película]. Reino Unido.

Buñuel, L. (1962). *El ángel exterminador* [Película]. México.

Capra, F. (1939). *El señor Smith va a Washington* [Película]. Estados Unidos.

Eisenstein, S. M. (1925). *El acorazado Potemkin* [Película]. Unión Soviética.

Egoyan, A. (1997). *El dulce porvenir* [Película]. Canadá.

Kazan, E. (1954). *Nido de ratas* [Película]. Estados Unidos.

Kiarostami, A. (1990). *Close up* [Película]. Irán.

Lang, F. (1931). *M, el vampiro de Düsseldorf* [Película]. Alemania.

Lee, S. (1989). *Haz lo correcto* [Película]. Estados Unidos.

Martínez, E. (2013). *Ocho apellidos vascos* [Película]. España.

Mikhalkov, N. (2007). *12* [Película]. Rusia.

Miyazaki, H. (1988). *Mi vecino Totoro* [Película]. Japón.

Mizoguchi, K. (1954). *El intendente Sansho* [Película]. Japón.

Mulligan, R. (1962). *Matar a un ruiseñor* [Película]. Estados Unidos.

Nakache O. y Toledano, E. (2011). *Amigos (intocables)* [Película]. Francia.

Olmi, E. (1978). *El árbol de los zuecos* [Película]. Italia.

Renoir, J. (1937). *La gran ilusión* [Película]. Francia.

Renoir, J. (1939). *Las reglas del juego* [Película]. Francia.

Scott, R. (1982). *Blade Runner* [Película]. Estados Unidos.

~

LA INEXISTENCIA ONTOLÓGICA DE LA DIGNIDAD HUMANA A TRAVÉS DE PELÍCULAS ANIMADAS

Javier de Jesús Domínguez González
Universidad Panamericana

*¿Quieres que se lo muestre al gato y el gato
te diga lo que es? Porque hasta el gato lo sabría [...]
¡Dignidad! ¡Ah! ¿No conoces la dignidad cuando la ves?*
Milhouse Divided, The Simpsons (1996)

Incautos ante a la pregunta, la mayoría puede tambalear al no reconocer la dignidad en la sala de la familia Simpson. La dignidad es un concepto jurídico y filosófico de dificilísima acotación, el cual no ha podido ser definido de manera unívoca en ningún momento de la historia y a la fecha sigue conteniendo múltiples nociones, acepciones y aproximaciones. No cabe duda, no hay propuesta que se asemeje a la de Kirk Van Houten, que en un pequeño juego para distraer la velada, plantea una de las preguntas más trascendentales del ser humano, ¿qué es la dignidad? ¿Cómo reconocer la dignidad? Y aún con mayor profundidad, en efecto, ¿podría el gato decirnos qué es?

INTRODUCCIÓN

La dignidad es una noción que ha transitado desde los inicios de la humanidad, pasando por la Grecia antigua y el Imperio Romano, hasta los más modernos instrumentos internacionales de protección a los derechos humanos, en el camino, el concepto se ha moralizado, universalizado y hecho atemporal, pero a pesar de establecerle múltiples calificativos, principios y consideraciones, ningún ser humano escapa a la experiencia de la dignidad; aunque no podamos decir qué es, todos la hemos percibido.

La dignidad es un valor que encontramos en cualquier acción social, pero, pese a vivirla, no es sencillo acotarla y definirla; múltiples intentos se han realizado a lo largo de la humanidad, en sus inicios como una distinción o un estatus diferente de la generalidad, incluso derivada de un ser superior, y recientemente entendida como inherente al ser humano en cualquier tiempo y contexto; sin embargo, la dignidad es un concepto candente que solo puede ser conocido originalmente de forma vivencial.

Ante la inhumana pretensión de establecer medidas vivenciales y experimentos para explorar los linderos de la dignidad, lo cual *per se* ya contaría como una trasgresión al objeto de estudio; el arte, como materialización y representación de la vida misma, es un terreno fértil para representar, indagar y criticar las nociones de la dignidad, en especial, el más cercano y representativo de cualquier escena diaria, el cine, pues finalmente "Todo en el cine es falso y, sin embargo, real" (Solorzano, 2020, p. 13).

El cine es una gran muestra de cómo representar y presenciar la dignidad y sus frecuentes violaciones. Es imposible no reflexionar sobre el método Ludovico aplicado en *Naranja mecánica*, donde por más que hemos observado las atrocidades que realiza Alex DeLarge, interpretado magistralmente por Malcolm McDowell, por más que hayamos sido cómplices de las violaciones y vejaciones al ritmo de *Singin in the Rain*, sabemos que el Estado está violando su dignidad al torturarlo para intentar curar su exceso de violencia. Aun sabiendo todo lo que ha hecho, sentimos empatía y no ponemos en tela de juicio su dignidad, pues somos humanos y nos vemos reflejados en él (Kubrick, 1971).

Esta empatía no se limita a la plena identidad con el sujeto en pantalla, pese a distinguirnos del otro, siempre tendemos a sentir empatía, tal es el caso de *The Elephant Man*, donde un hombre enfermo que luce de manera monstruosa, sufre por la crítica y el prejuicio social, así como el repudio y la soledad que su deformidad le acarrean; nos encontramos frente a un hombre anómalo con diferencias físicas marcadas, y aun así, sufrimos y padecemos su dolor al ser reificado, esclavizado y explotado. No podemos dudar si este ser cuenta con dignidad, estamos seguros de que posee un valor intrínseco con independencia de su físico y sus malformaciones, algo que es reafirmado a través de su amigo el Doctor Treves que permite a John Merrick, el hombre elefante, liberarse de su prisión interna y poder gritar que es un ser humano (Lynch, 1980).

De este modo, la dignidad se reconoce como una noción perceptible, algo que podemos sentir y que nos encoge el corazón unas cuantas tallas. La idea de la dignidad nos obliga a reflexionar acerca de cómo tratamos al otro y cómo queremos ser tratados, pero no nos permite fundamentarla ni encontrar su causa eficiente; esto ha sido motivo de anales filosóficos y jurídicos que no han podido limitar su concepto y a falta de una determinación más clara vale la pena intentar recurrir a formas de cine que rompen las ataduras y prejuicios de la identidad con el sujeto en pantalla, ya que la empatía se siente al vernos en los ojos de Alex DeLarge y el dolor de John Merrick, pero si la barrera física se rompe, esto nos permite reflexionar desde otros puntos el concepto de dignidad, una oportunidad que nos brindan las películas animadas.

Estas películas son un espacio que, como las fábulas, permiten transmitir máximas éticas, consejos de vida o fracciones de sabiduría que informan la vida y permiten a los niños abstraer formas de comportamiento que les faciliten su desarrollo, les otorguen un beneficio y les permitan vivir en sociedad, a la par de establecer ideas complejas y críticas para los ojos maduros.

Son estas películas las que nos permiten vislumbrar un nuevo parámetro reflexivo a partir del cual poder discernir sobre conceptos que los adultos damos por sentado, tal es el caso de conceptos jurídicos fundamentales, que son abordados de manera distinta en las películas animadas, como el atinente de la Dignidad Humana.

ONTOLOGÍA DE LA DIGNIDAD HUMANA

La noción de dignidad humana comúnmente se ha dividido en la dignidad derivada de un estatus y la dignidad inherente al ser, la primera deviene de un nivel, compromiso, norma, acción, o mérito que otorga a una entidad o ser, un valor distinto y relativo que se encuentra en función de la relación con algo o alguien más, la segunda es una dignidad que posee el ser con independencia de cualquier relación o acción realizada, es un valor que tiene por el mero hecho de ser y que por lo mismo no puede abstraerse, eliminarse u omitirse (Valentini, 2017).

La segunda noción es la idea que ha imperado a nivel mundial en los últimos años. La tradición democrática y liberal estableció a la dignidad como el valor que tiene el ser humano por el simple hecho de existir, una dignidad de carácter ontológico que es intrínseca al ser, irrenunciable, indivisible y universal.

> La dignidad ontológica es una cualidad inseparablemente unida al ser mismo del hombre, siendo por tanto la misma para todos. Esta noción nos remite a la idea de incomunicabilidad, de unicidad, de imposibilidad de reducir a este hombre a un simple número. Es el valor que se descubre en el hombre por el sólo hecho de existir. En este sentido, todo hombre, aun el peor de los criminares, es un ser digno y, por tanto, no puede ser sometido a tratamientos degradantes, como la tortura u otros. (Adorno, 1998, p. 57)

La ontología de la dignidad, es decir, su inmanencia a la existencia es un criterio erigido a nivel mundial con base en un consenso para reconocer los derechos inalienables e intrínsecos al ser humano, derechos que se le debe reconocer independientemente de la nación, el género, las preferencias o la raza, ya que los seres humanos tienen igual dignidad y los mismos derechos por el único y temporal hecho de existir.

Fundado en lo anterior, los derechos humanos, como dogma jurídico moderno, son una base inatacable e inquebrantable del Estado Democrático posterior a la Segunda Guerra Mundial. Frente a las atrocidades sufridas, los Juicios de Nuremberg desterraron al derecho positivo para que nadie se atreviera, nuevamente, a violar la dignidad humana de cualquier congénere fundamentándose en la Ley; así, el derecho natural vinculó objetivamente los derechos innatos que tienen los hombres por el simple hecho de existir, los cuales se basan en un origen interior del ser, su valor por el hecho de ser humano.

Ante el riesgo de una raíz positiva producto del consenso social, las baterías jurídicas reformularon el origen del merecimiento de cualquier ser humano para transfigurar el concepto metafísico e histórico de dignidad y poder brindar una base objetiva y "ética" para fundamentar universalmente los derechos humanos. El concepto jurídico de la dignidad humana, en congruencia con el discurso político, estableció un límite infranqueable al poder, con una base objetiva en la Fundamentación de la Metafísica de las Costumbres del filósofo de Königsberg, quien, partiendo del imperativo categórico, señala varios principios para la convivencia y ética de la humanidad:

> Obra sólo según una máxima tal que puedas querer al mismo tiempo que se torne ley universal [y] Obra de tal modo que uses a la humanidad, tanto en tu persona como en la persona de cualquier otro, siempre como un fin al mismo tiempo y nunca solamente como un medio. (Kant, 2016, p. 95)

La segunda máxima referida es la que con frecuencia se utiliza como fundamento de la dignidad humana inherente, ya que nos obliga siempre a tratar al otro como fin y nunca como medio, un principio que da pie al desarrollo de la sociedad y nos permite confiar unos en otros, ya que reconocemos en el otro un cierto valor desde nuestro fuero interior para tratarlo, siempre, en tanto el valor que representa y no utilizarlo como un medio o mecanismo para obtener nuestros propios fines.

La dignidad como fundamento ontológico de los derechos humanos únicamente tiene su origen en el propio hombre que es al mismo tiempo principio, fundamento y causa eficiente y suficiente de esta, pero aseverar que el hombre tiene dignidad por el simple hecho de existir o de ser persona puede acarrear múltiples conflictos.

En principio, la idea de una dignidad ontológica del ser humano implica que existe algo que hace ser a los seres humanos lo que son, un "algo" que se repite en todos sin importar el sexo, la raza, la condición social o el contexto y época en que se desarrollan, esto es, establecer una naturaleza metafísica del hombre, que no atiende a su condición, sino a su excelencia y honor que tiene por ser el mismo quien se anima y sostiene (Torralba, 2005, p. 86).

Este supuesto obliga a establecer características con las que debe empatar el ser para acreditar su condición y tener dignidad, pues todas las personas tienen dignidad, pero no necesariamente todos los seres humanos son personas; para Joseph Fletchers existen 15 indicadores con características específicas para determinar quién es y quién no, una persona. (Collste, 2002), este criterio es muy peligroso y precisamente es el que dio origen a una idea ontológica y universal de la dignidad, pero no se limita al ser humano ni prevé que solo este cuente con dignidad, pues si algún otro ser alcanza tales indicadores, tendría que reconocérsele como persona y, por ende, como sujeto con dignidad.

Eso ocurre cuando una abeja, Barry, empieza a hablar y relacionarse con una mujer en *Bee Movie* (Smith y Hickner, 2007) dándose cuenta de la explotación que sufren las abejas en grandes y degradantes campos apicultores para manufacturar miel sin recibir nada a cambio; Barry logra ganar un juicio contra toda la industria de la miel que reconoce su valor como abeja y sujeto de derechos, ahí se reflexiona por qué valdría más la vida de un humano que de una abeja, si ambos, en este caso, viven en sociedad, trabajan, son racionales, y tienen sueños y deseos, esta es una muestra clara de lo indeterminado que es el concepto de la dignidad humana como una cuestión intrínseca al ser humano.

Una limitación por características propias de una "naturaleza humana", es contraria a cualquier idea de evolución o progreso de la propia humanidad, ya que no podemos conceptualizar una esencia metafísica e inamovible del ser humano, "Si la dignidad de la persona ha de ser universalmente comprensible, habrá que exigir que el discurso que la fundamente tenga validez intercultural" (Andrade, 2005, p. 20); la humanidad no cuenta con una serie de características específicas estáticas, por el contrario se encuentra en constante cambio y evolución "Uno de los principales propósitos de la obra de Darwin consistía en liberar al pensamiento moderno de la ilusión de las causas finales" (Cassirer, 2016), al no poder conseguir una naturaleza humana expresa y directa sobre la cual fundamentar el análisis, es necesario encontrar esa característica que hace al ser humano portador de la dignidad, aunque sea distinta de su naturaleza, sea por una cuestión intrínseca al ser o devengada del exterior.

ANÁLISIS DE LA FUNDAMENTACIÓN ONTOLÓGICA DE LA DIGNIDAD HUMANA

Durante gran parte de la historia de la humanidad, la dignidad no era un rasero mínimo para todos los seres, sino una característica que distinguía a alguien con cierta calidad u honor que, derivado de sus acciones y labores, podía hacerle digno o indigno.

Tal es el caso de Hércules, no el mitológico, sino el de Disney (Musker y Clements, 1997), el cual tras haber sido convertido en mortal por los celos y molestia de su tío Hades, no puede vivir en compañía de los demás dioses en el Monte Olimpo. Hércules no alcanza a tener la dignidad suficiente para poder cohabitar con su familia ya que, al ser mortal, es indigno de las deidades. Este es un concepto de dignidad ligado a las acciones externas del ser, y asociado a ciertas características y valores de personas con posiciones o investiduras de rango que se distinguían por la calidad o el honor con el que se desempeñaban. Este tipo de dignidad no era inalienable ni universal, es más bien una prerrogativa política y un reconocimiento general (Schroeder y Bani-Sad, 2017).

Hércules no tiene una dignidad intrínseca ni puede ser conferida por su padre Zeus, por el contrario, el primero de los dioses le remarca que no es digno y que solo él mismo puede realizar las acciones suficientes para convertirse en un héroe de verdad y con esto, vencer su mortalidad, estas acciones no implican proezas, ni fama o fortuna, las cuales obtiene desde el inicio, sino el sacrificio pleno, que únicamente logra al entregar su propia vida a cambio de Megara, solo así se hace merecedor del brillo resplandeciente de su dignidad divina.

Durante la Edad Media, la idea de dignidad se entremezcló con un origen divino y la predestinación, ya que el respeto y consideración hacia los demás derivó de la identificación de todos como hijos de Dios, lo cual se sumó a la idea de la dignidad como distinción o merecimiento, algo que sin duda se puede observar en la reformulación del mítico relato del Rey Arturo en *La espada en la piedra* (Reitherman, 1963) donde un simple sirviente, aprendiz de escudero, logra sacar la espada incrustada en la piedra, siendo merecedor de la más alta dignidad del Reino, abriendo los cielos para iluminarlo y poder coronarlo.

Esta dignidad ya no depende por completo de las acciones de la persona, pues, aunque atienden a un fuero interno que reconoce su inocencia, valentía y nobleza, no deja de lado su destino final; en la reinterpretación del viejo relato, el Mago Merlín desde la primera escena de la película predice que llegará a su hogar un joven destinado a la grandeza a quien debe enseñar y cuidar, el cual, después de un largo andar, realiza su destino.

Una idea similar se integró en la conformación de la nobleza y los reyes, ya que la dignidad implicaba un alto rango y honor derivado de su familia de origen, sangre o casa. Los nobles tenían una dignidad que los distinguía del pueblo por ser portadores de su nacimiento y destino con independencia plena de sus acciones. Esta dignidad es la misma que reina durante la lucha entre la familia de los Increíbles y Síndrome (Bird, 2004). Robert Bob Parr, alias Mr. Increíble, es un superhéroe nacido con fuerza sobrehumana, que la utiliza para el bien y la protección de la sociedad, una sociedad a la que pertenece a regañadientes, y que le cuesta sobrellevar al retirarse y tener que vivir lo que cualquier humano vive en su día a día.

Para Mr. Increíble su naturaleza es distinta a la de los demás y cuando uno de sus más grandes admiradores se acerca a él para ayudarlo, un niño común y corriente, la única respuesta que obtiene el menor, es el menosprecio y desdeño por su normalidad. El niño crece siguiendo su sueño y utilizando todos sus inventos para poder asemejarse a un superhéroe, pero pese a toda su intención para alcanzar la excelencia y demostrar su superioridad, la película de Pixar restriega en nuestra cara el fracaso que tiene cualquier persona normal que intente hacerse pasar por algo que no es. Solo quienes han nacido con esa nobleza y dones pueden ser merecedores de un nivel superior.

Ese es el lugar de Síndrome, un ser un humano que nunca podrá alcanzar la excelencia, ya que solo está predestinada a aquellos con una sangre especial, y cuya intención de democratizar los superpoderes es rápidamente desestimada y combatida (*si todos fueran súpers, nadie sería súper*). Así, como Prometeo que entrega el fuego a los humanos, Síndrome es castigado por los superhumanos que buscan refrendar su superioridad, incluso al interior de la misma sociedad, donde reclaman su lugar en la cima, tal como hace Dash, el segundo hijo de Mr. Increíble, en la escuela, quien compite en carreras atléticas que domina por completo gracias a su velocidad sobrehumana, pero que pierde a propósito para no ser evidente en su superioridad.

RACIONALIDAD COMO FUNDAMENTO DE LA DIGNIDAD

Este paradigma cambió a partir de la Revolución Científica, donde la idea de dignidad como una característica distinta entre los seres humanos empezó a desmoronarse. Descartes, en su ánimo crítico, planteó un método para que los seres humanos escapemos de cualquier mentira o engaño de los sentidos, ya que, a través del pensamiento, cualquier ser humano puede tener una prueba objetiva de su existencia; así el "pienso, luego entonces, existo" permite que caigamos en una tabula rasa donde todos podemos acceder a una reflexión interna que nos asegura tanto la existencia, como un mínimo democrático de racionalidad igual para todos los seres humanos, evidenciando a la racionalidad como la primera base de una naturaleza humana y, por ende, de la dignidad.

La reflexión interior cartesiana abre la puerta a la primera gran característica que se ha utilizado para fundamentar la dignidad de la persona. Boecio definió al ser humano como una sustancia individual de naturaleza racional, y es, en principio, esto último lo que nos define, es decir, la capacidad de discernimiento que podemos comunicar para establecer los mejores medios para lograr nuestros fines e incluso utilizar métodos deductivos o inferencias, esa es la gran característica que nos distingue frente a los animales y las cosas.

En la psicodélica visión del *Planeta salvaje* de René Laloux (1973), la racionalidad no es apreciada a simple vista como una característica para dignificar a los seres humanos. En un universo donde los Oms (humanos) han sido extraídos de la tierra para vivir como animales o simples mascotas con los Draags (una especie extraterrestre de dimensiones gigantes para la humanidad), la capacidad superior física y mental de los extraterrestres marca un punto de partida para demeritar y conquistar la libertad y propiedad de los Oms. Los seres humanos, pese a tener racionalidad, no son considerados seres dignos, pues la idea de supremacía racional que distingue a los Draags como seres más capaces e iluminados justifica las acciones que realizan para controlar, enjaular y tratar como objetos a los Oms.

En la primera escena de esta obra, una madre con un bebé en brazos corre atemorizada de un grupo de jóvenes Draags, los cuales juegan con ella como si fuera un simple insecto, que acaban matando; el pequeño huérfano es tomado como mascota por una joven Draag, quien intenta bautizarlo con su propio nombre, Tiva, sin embargo, su padre le reprime y le hace evidente que el nombre de un Draag no es digno para un Om, son seres de naturalezas distintas que no pueden ser nombrados de manera similar, por eso le acaba llamando Terr. Tiva lo domina y utiliza para su diversión, aunque finalmente se encariña con él.

Terr se encuentra solo y a merced de sus amos, pero poco a poco empieza a despertar su espíritu crítico y su capacidad racional, se pinta como un Draag e incluso le juega bromas a su amo, así como empieza a tomar clases con Tiva escuchando lo que le transmite una diadema que educa a todos los jóvenes Draags, esto genera incertidumbre en el padre de Tiva y le prohíbe seguir tomando clases con su Om; a la par existen discusiones en los círculos "políticos" de los Draags, quienes inician un debate acerca del trato que deben dar a los Oms.

En una especie de diputación Draag, con el fin de evitar impactos económicos negativos, los Draags acuerdan establecer medidas para controlar el crecimiento de la plaga de Oms, sin embargo, la decisión no se toma tan a la ligera y se discute cuál es la inteligencia y capacidad de estos Oms; hay quien refiere que se adaptan bien, pero no pueden concretar si esto implica tener inteligencia, otros más señalan que si tienen un nivel de inteligencia este no puede ser comprobado, así como muestra un breve documental sobre la capacidad de los Oms en el planeta Terra, donde han logrado establecer un nivel amplio y desarrollado de sociedad.

Esta discusión es similar a la que hoy podemos encontrar en cualquier mesa de análisis sobre los derechos y deberes que tenemos los seres humanos con los animales. No podemos, por lo menos no con facilidad, establecer un lindero entre los seres racionales y los no racionales para limitarles respeto o protección; al contrario, la racionalidad nos obliga a protegerles, pero siempre nos permite obviar el imperativo categórico kantiano, para utilizar a los animales como meros medios para satisfacer nuestros deseos o necesidades, sin respetarlos como fines en sí mismos.

Esto, está claro, no puede fundamentarse en la racionalidad, pues como en la adaptación de la novela de Stefan Wul, los Oms salvajes que logran utilizar una diadema educadora de los Draags, acceden a un nuevo grado de racionalidad gracias al conocimiento, la lectura y la educación. El grupo de Oms aprende, conoce y amplía sus capacidades, al punto de sobrevivir a las medidas de exterminio de los Draags y huir, en naves espaciales, construidas por ellos mismos, al Planeta Salvaje, donde destruyen los mecanismos de meditación de los Draags por medio de los que se reproducían, y solo ahí, una vez que han amenazado la existencia misma de los Draags, estos los reconocen y les permiten vivir en paz.

Esto refleja que la racionalidad no es una característica acabada de la humanidad, muchos animales son partícipes de distintos grados de racionalidad e inteligencia, por lo que no es una distinción específica que nos brinde superioridad sobre los demás seres. La racionalidad es un músculo que puede acrecentarse y desarrollarse, con ejercicios, reflexiones y conocimiento, la racionalidad puede crecer y desenvolverse, así como también limitarse y perderse.

El grado de racionalidad no puede ser el fundamento para una dignidad ontológica, ya que existen muchos seres humanos que no han podido conformar una racionalidad específica o un alto nivel de la misma, ya sea por cuestiones biológicas, sociales o, incluso, económicas, así como existen animales que logran cierto tipo de inteligencia y pueden incluso desarrollar niveles superiores a los de algunos humanos, sin que les reconozcamos tal dignidad. Al respecto, sirve como acotación aclarar que Kant en sus distintas referencias a la racionalidad próxima al imperativo categórico, hace referencia a los seres racionales, quienes pueden ser sujetos de moralidad para observar tales máximas, por lo que la racionalidad es una condición necesaria pero no única del ser humano, pues si mañana encontráramos a otros seres racionales o si los animales despertaran un nivel superior, nuestra dignidad ontológica se desmoronaría.

La racionalidad como fundamento de la dignidad no puede reflexionarse únicamente sobre el acto cognitivo de pensar, integrar medios respecto a fines o encontrar soluciones a conflictos; el ser humano, no solo es un ser que piensa cosas, sino que es un ser que puede pensar acerca de las cosas, lo que implica contar con capacidad de abstracción sobre ciertos conjuntos o relaciones; esta es una de las principales diferencias de la racionalidad del ser humano, a quien algunos autores califican como un animal simbólico (Cassirer, 2016) que dota de valor o significado a las cosas. Las cosas no valen por sí mismas para el hombre, valen en cuanto lo que representan para él.

Al poder pensar acerca de las cosas, el hombre, también puede pensarse a sí mismo, y es precisamente la autorreflexión la que permite al ser humano ser un sujeto moral, que puede posicionar sus ideas y acciones frente al plano ético para determinar si su actuación es conforme a principios.

El ser humano es el único sujeto que puede autopensarse, lo cual se traduce en una autoconciencia de sus actos que implica su responsabilidad sobre los mismos. Aunque puede parecer una tautología, la racionalidad en su base más pura no implica la autoconciencia, este es el caso de neófito mitómano de palo, *Pinocho* (Sharpsteen y Luske, 1940), un muñeco de madera que gracias a un deseo de su manufacturero cobra vida, no obstante, al tornarse un ser vivo y racional, el Hada que lo despertó le advierte que solo siendo bueno, sincero y generoso podrá volverse un niño de verdad.

Para poder convertirse en un niño de verdad le remarcan que tiene que distinguir lo bueno de lo malo y para eso le otorgan una conciencia, Pepe Grillo, quien será su guía. La propuesta parece sencilla, pero implica una contradicción en sí misma. A Pinocho se le encomienda la labor de poder distinguir el bien del mal en orden a ser verdadero, esto considerando como característica primigenia de las personas de verdad la diferencia ética y su correcta elección, pero al muñeco le cortan las manos al separar su razonamiento y su capacidad reflexiva interna; Pinocho es un ser vivo y racional que no tiene conciencia en su razón, ya que está en otro ser externo así, por lo que no existe una reflexión en el fuero interno que le permita internalizar sus actos y sobre todo, vivir la culpa.

Pinocho, de inicio, está destinado a no poder ser de verdad, ya que nunca podrá decidir sobre el bien o el mal si siempre su información reflexiva es externa. Es claro que Pepe Grillo puede informar a Pinocho y en múltiples ocasiones le avisa de los peligros y consecuencias que tendrá faltar a clases, irse con el Honrado Juan, trabajar con el titiritero e incluso viajar a la isla de la diversión; en ninguna de sus acciones Pinocho alcanza a comprender la trascendencia de sus actos ya que toma todas sus decisiones con inocencia, pues está plena y completamente imposibilitado para entender el bien y el mal.

El muñeco de madera sabe que algo no va bien cuando el titiritero restringe su libertad, lo encierra en una jaula y empieza a sentir miedo, pero es un sentimiento derivado de la incertidumbre de su restricción a la libertad, más no es un criterio de reflexión interior acerca de sus malas elecciones. Pinocho es visitado nuevamente por el Hada quien le pregunta sobre cómo llego ahí, a lo que este responde mintiendo, pero aún ante el evidente crecimiento de su nariz, Pinocho está absorto de la moralidad de su acto y únicamente se preocupa por su cambio físico, en ningún momento reflexiona lo que ha hecho, aunque promete no volver a mentir y ser bueno, ni siquiera entiende lo que implica una mentira o sus efectos.

Pinocho al no tener conciencia, carece por completo de la idea de culpa. Él no es responsable de sus actos, es un objeto de palo, víctima de las circunstancias en que se encuentra y conforme a las cuales se han aprovechado de él, pero al no poder reflexionar y no tener responsabilidad, no se le puede exigir nada. Es la angustia la que nos puede identificar como seres humanos, ese sentir reflexivo de la decisión que estamos tomando que nos hace atemorizarnos y avergonzarnos. Como es planteado por Søren Kierkegaard, "Si no existiera una conciencia eterna en el hombre [...] ¿qué otra cosa podría ser la existencia sino desesperación?" (Kierkegaard, 2014, p. 11). El mismo autor, escondido en su redacción, establece el valor principal del hombre para actuar pese a la angustia que le generan sus decisiones, lo cual ejemplifica a través del pasaje bíblico en el que Abraham se encamina a sacrificar a su hijo, la acción no es menor, ya que en lugar de resolver lo solicitado por Dios de inmediato, Abraham debe caminar a la par de Isaac, conociendo su decisión y mintiendo directamente a su hijo acerca del sacrificio que harían; este es el gran sentimiento que embarga la conciencia del ser humano, la angustia previa al acto y la vergüenza o culpa posterior al mismo, algo que Pinocho nunca pudo tener.

Ambas posibles fuentes, razón y conciencia, son causas necesarias más no suficientes para establecer un fundamento ontológico de la dignidad. Tal como Pinocho o Abraham, para poder ser sujetos de moralidad, la conciencia no solo debe informarse y reflexionarse, sino que debe permitir el paso a la acción, la decisión, pero poder decidir, además del concepto de racionalidad, implica precisamente una capacidad volitiva para optar por una u otra opción, lo cual implica forzosamente libertad y deseo.

LA AUTONOMÍA DE LA VOLUNTAD COMO FUNDAMENTO DE LA DIGNIDAD

De acuerdo con Kant el fundamento de la dignidad está en la autonomía de la voluntad, lo cual representa que el ser humano tiene libertad, entendida como la "facultad de determinarse uno a sí mismo a obrar conforme a la representación de ciertas leyes" (Kant, 2016), que incluye obrar también respecto a ciertos fines.

La libertad humana no se limita a tomar una decisión, ya que la autonomía implica la autodeterminación, así como la independencia de ser constreñido, que está fundada en la capacidad del ser humano de ser dueño de sí mismo, con capacidad para tomar sus decisiones. Lo anterior significa que el ser humano es libre y que aun cuando sea coaccionado u obligado externamente a tomar cierta decisión, el único que puede determinar en su fuero interno la acción que realizará es el mismo hombre y solo él.

Esta es una de las premisas principales de la saga de *Toy Story* (Lasseter, 1995), una historia que, además de los logros tecnológicos y la revolución tridimensional que acarreó al mundo de la animación, plantea preguntas existenciales sobre la libertad y el determinismo. La primera entrega nos presenta a un niño y sus juguetes, los cuales cobran vida cuando el menor no está vigilándolos; el *statu quo* de su sociedad secreta se rompe cuando llega un nuevo muñeco, un guardián espacial llamado Buzz Lightyear, quien al despertar integra la narrativa de su personaje y se cree realmente en el papel de un guardián, esto contrasta con los juguetes preexistentes quienes saben, conocen y dominan su naturaleza como juguetes que están hechos para ser utilizados por los niños y jugar con ellos. En ninguno de los casos podemos hablar de una libertad anterior, tanto los juguetes son creados con el fin de jugar con ellos, tanto el guardián no puede decidir sobre sus acciones ya que está predeterminado a luchar por la alianza galáctica.

El mundo de Buzz Lightyear se cae cuando se enfrenta a un comercial en la casa del vecino, que le revela su naturaleza, ahí reflexiona que se trata de un juguete de acción creado para ser utilizado por los niños y jugar con ellos, no tiene un destino ni una determinación mayor, es un simple juguete. Darse cuenta de que su esencia estaba predeterminada y que su fin no se extendía más allá del cuarto en que vivía lo lleva a cuestionar su realidad en un intento suicida para comprobar que efectivamente podía volar.

Esta es la gran diferencia entre los seres humanos y los objetos, como lo señala Jean Paul Sartre (2006), ante la falta de certeza divina, "El hombre está condenado a ser libre", somos seres arrojados a la existencia sin conocer el fin expreso y determinado para nosotros, existimos en el mundo intentando encontrar nuestro sentido y causa. A diferencia de los objetos que hemos creado, de los cuales, primero determinamos su finalidad y luego son creados, en ese caso, su esencia (su fin y causa) precede a su existencia, la cual está determinada previamente.

En contraposición a los objetos, el hombre es libre para autodeterminarse, lo cual es tomado en cuenta en la última entrega de la saga, *Toy Story 4* (Cooley, 2019), donde el juguete principal de todas las películas y líder de su sociedad, Woody, experimenta la pérdida de valor frente a la niña que ya no quiere jugar con él, cuestionando si su existencia está únicamente determinada con el fin de jugar con un niño.

La trama principal aborda a un nuevo juguete manufacturado por la niña que juega con ellos, quien lo hace a partir de basura, este nuevo juguete es una cuchara-tenedor de plástico con brazos de limpia pipas y pies de palitos de madera llamado Forky. Ante su reciente existencia, Forky rechaza a la sociedad de juguetes que le intentan explicar el motivo de su creación (su esencia) como juguete, pero este no se considera así, pues sabe que su composición es de basura y cree firmemente que no tiene libertad ya que está predeterminado por su naturaleza de basura.

A la par, Woody experimenta su libertad al encontrar a otros juguetes que han rechazado tener un dueño y jugar con ellos, para establecerse de manera salvaje haciendo lo que les venga en gana; aquí rompe con su esencia determinada y opta por no seguir siendo más un juguete para una niña. Tanto Woody como Forky cambian su predestinación, Forky que fue creado para ser un juguete reniega de su naturaleza material como basura para aceptar su esencia y finalidad, mientras que Woody se libera de la cadena de servidumbre con su niño, humanizándose y experimentando por primera vez la angustia de la libertad.

Solo cuando estamos frente a seres racionales, conscientes y libres podemos encontrar un coto de ética, es decir, requerimos que haya seres que piensan sobre sus acciones y pueden decidir sobre las mismas para responsabilizarlos de estas. Para algunos autores como Dussel (2016) esto es una tautología, pues "el ser humano es inevitablemente y desde siempre moral, ético, porque es parte de su definición como ser humano [...] La ética, esa dimensión humana esencial, es en primer lugar una práctica" y aunque lo damos por hecho como algo inherente en cualquier acción humana como lo referimos en Alex DeLarge y John Merrick, no es necesariamente algo exclusivo de la humanidad y mucho menos inherente a la misma.

Que exista la dignidad de forma derivada de la autonomía de la voluntad acarrea que haya relaciones entre los seres racionales, que deben comportarse y tener reciprocidad unos con otros, lo cual se observa siempre que existen en conjunto y no de manera individual; la dignidad se actualiza en relación con el otro y siempre derivado de la ética existente.

LA INEXISTENCIA ONTOLÓGICA DE LA DIGNIDAD

Después de haber encontrado algunos de los fundamentos básicos de la dignidad humana, es necesario preguntar si efectivamente la dignidad corresponde como algo inherente e intrínseco al ser humano como se plantea en la tradición jurídica del derecho natural posterior a la Segunda Guerra Mundial.

Una dignidad humana ontológica debe existir en el ser previo a cualquier reconocimiento o con independencia de ser descubierta o entendida, al ser intrínseca debe ser indisociable, lo cual nos debe permitir asegurar que todo hombre tiene dignidad o de una manera cartesiana, "existo, luego entonces, soy digno", lo cual será una idea *a priori*, libre de cualquier experiencia. Si el ser humano tiene dignidad por el mero hecho de existir, esto debe preverse universalmente y en todos los casos, sin ningún tipo de actuación fuera del ser, como en el método reflexivo de Descartes, la dignidad debe poder descubrirse en el fuero interno de la persona.

Es necesario que se encuentre la dignidad en cualquier punto de la humanidad y en cualquier individuo bajo la circunstancia que sea, algo que no es fácilmente identificable, como en el caso de *Tarzán* (Lima y Buck, 1999), quien fue un bebé criado por un grupo de monos a raíz del naufragio y muerte de sus padres; Tarzán crece a la par de los animales y convive con ellos, pero nunca logra ser parte de su grupo, sigue siendo durante toda su vida un externo, con piel distinta y poco pelo. Este es el mismo caso de Adán o de cualquier náufrago, que son seres humanos arrojados entre animales, lo cual nos obliga a preguntarnos si estos hombres solos, por el hecho de existir, cuentan con dignidad.

Aunque Tarzán cuenta con racionalidad, conciencia y voluntad, esto no implica que haya un concepto de dignidad, adicionalmente vence al jaguar que acecha a su manada y aun realizando acciones heroicas, este sigue siendo un externo, que no puede equipararse a los de la manada, ni ser parte de una dignidad compartida con ellos, pues está a merced de cualquier animal, que incluso si lo matara o lastimara, en ningún momento violaría su dignidad.

Para que exista una violación a la dignidad, como lo hemos señalado, necesitamos de seres cognoscentes capaces de moralidad, pues solo otro ser ético puede violar nuestra dignidad. Un animal que nos muerde no atenta contra nuestra dignidad, eso no quita el daño que nos pueda realizar, pero no es propiamente un atentado contra nuestro valor intrínseco, ya que no habría un responsable ni un sentido de culpa, porque el animal no sabría si lo que está haciendo está bien o mal. Pese a tener cierto tipo de racionalidad, el animal no determinará sus acciones conforme a fines mediando las acciones más allá de su simple instinto.

Esto se encuentra en dos vías, ya que, así como ellos no violan nuestra dignidad, nosotros podemos valernos de aquellos animales que no son fines en sí mismos para lograr nuestras metas, a los animales los usamos como medios y no les reconocemos un fin en sí mismo a diferencia de los hombres; explotamos a las abejas, pero repudiamos la explotación del hombre.

Queda claro que la dignidad requiere, como causas necesarias, que existan seres dotados de razón, conciencia y autonomía de la voluntad, pero aun contando con estos supuestos no se materializa una causa suficiente para develar la dignidad humana.

Retomando al eslabón perdido, Tarzán no devela una dignidad propia sino hasta conocer a Jane, un ser de su misma naturaleza racional, consciente y libre, el cual no da cuenta de la similitud entre ellos hasta que le retira el guante y empalman sus manos para reconocer, el uno en el otro, a un ser digno.

De este modo reconocen a un similar a quien no podrán tratar como medio, ya que es un ser que enfrenta objetos en la realidad y por vez primera, se topa con otro ser que también lo puede reificar o cosificar, por eso debe tratarlo como fin, y así esperar ser tratado de la misma manera.

Aunque se puede asegurar que el valor del ser humano nunca se ha omitido y existe donde haya un humano, este valor no se asemeja a una dignidad o un mayor valor por excelencia, pues la diferencia con los demás objetos y animales será nula; únicamente cuando el ser moral se encuentra frente a otro ser moral se actualiza y reivindica su dignidad como un valor entre los seres conscientes de sus acciones, capaces de limitarse recíprocamente y utilizarse como medios y, también, como fines.

La dignidad no es intrínseca u ontológica del ser humano, ya que si así fuera esta existiría aun con un humano en soledad y no sería replicable para otros seres. Por el contrario, la dignidad solo se actualiza cuando hay dos o más seres que pueden verse recíprocamente y cosificarse o utilizarse, solo cuando estamos frente a la mirada de otro ser moral se actualiza nuestra dignidad, no como algo inherente, sino como propio de la relación entre sujetos morales que no deben transgredir la autonomía de la voluntad del otro.

CONCLUSIONES

El acuerdo mundial posterior a la Segunda Guerra Mundial ha trascendido el concepto de dignidad para refrendarlo en múltiples instrumentos internacionales; so pena de ser violado nuevamente, se ha reconocido de manera tajante y democrática una dignidad humana en todos los seres que pertenecen a la raza humana, sin embargo, pese a ser un concepto universal no es inherente o propio de la naturaleza humana.

La dignidad es un concepto que existe forzosamente en la acción, está circunscrito a la ética y la moralidad, no puede existir en un plano distinto de la actividad y solo se actualiza frente a otros. Para poder contar con dignidad es necesario que el sujeto tenga racionalidad, consciencia y autonomía de la voluntad, lo cual implica que el ser, se torne un ser moral, capaz de acciones éticas. Solo un ser moral puede violar la dignidad de otro ser moral.

En este sentido, no es sencillo vislumbrar las distintas características o medidas que se pueden aplicar para reconocer la dignidad entre los seres humanos, por lo que las películas animadas son un gran recurso que brindan una mirada distinta para la dignidad y su configuración.

La dignidad no es inherente al ser humano, ni ontológica, ni intrínseca, la dignidad es una noción que deviene de una relación social entre dos seres morales que se enfrentan y reconocen, ya que cada uno puede tratar al otro como medio, y a la par reconocen que también es un fin en sí mismo, lo que implica que al tratarlo como medio estaría vulnerando su dignidad.

Solo ante la mirada del otro reconocemos nuestra propia dignidad y reivindicamos el valor que tenemos, no por existir o ser persona, sino por establecernos en una sociedad con moralidad y ética en la que no debemos ser instrumentalizados ni hacer lo mismo para los demás.

REFERENCIAS

Artículos y libros

Adorno, R. (1998). *Bioética y dignidad de la persona*. Tecnos.

Andrade, B. (2005). ¿Cuál dignidad humana? Algunas aclaraciones antropológicas y teológicas. *Revista Iberoamericana de Teología*, (1).

Cassirer, E. (2016). *Antropología Filosófica, Introducción a una Filosofía de la Cultura*. Fondo de Cultura Económica.

Collste, G. (2002). *Is Human Life Special?* Peter Lang.

Kant, I. (2016). *Fundamentación de la Metafísica de las Costumbres*. Austral.

Kierkegaard, S. (2014). *Temor y Temblor*. Tecnos.

Sartre, J. P. (2006). *El Existencialismo es un Humanismo*. Universidad Nacional Autónoma de México.

Schroeder, D. y Bani-Sad, A. (2017). *Dignity in the 21st Century, Middle East and West*. Springer.

Solorzano, F. (2020). *Misterios de la sala oscura. Ensayos sobre el cine y su tiempo*. Debolsillo.

Torralba Roselló, F. (2005). ¿Qué es la dignidad humana? Ensayo sobre Peter Singer, Hugo Tristram Engelhardt y John Harris. Herder.

Valentini, L. (2017). Dignity and Human Rights: A Reconceptualisation, *Oxford Journal of Legal Studies*, 37(4), 862-885.

Filmografía

Bird, B. (Dir.). (2004). *Los increíbles* [Película]. Estados Unidos: Walt Disney Pictures.

Cooley, J. (Dir.). (2019). *Toy Story 4* [Película]. Estados Unidos: Walt Disney Pictures.

Dean Moore, S. (Dir.). (1996). *Milhouse Divided, The Simpsons*, 6º capítulo, 8ª temporada [Serie]. Estados Unidos: Gracie Films 20th Television.

Kubrick, S. (Dir.). (1971). *La naranja mecánica* [Película]. Reino Unido: Warner Bros., Hawk Films.

Laloux, R. (Dir.). (1973). *El planeta salvaje* [Película]. Francia: Argos Films.

Lasseter, J. (Dir.). (1995). *Toy Story* [Película]. Estados Unidos: Walt Disney Pictures.

Lima, K. y Buck, C. (Dirs.). (1999). *Tarzán* [Película]. Estados Unidos: Walt Disney Pictures.

Lynch, D. (Dir.). (1980). *El hombre elefante* [Película]. Estados Unidos: Paramount Pictures.

Musker, J. y Clements, R. (Dirs.). (1997). *Hércules* [Película]. Estados Unidos: Walt Disney Pictures.

Reitherman, W. (Dir.). (1963). *La espada en la piedra* [Película]. Estados Unidos: Walt Disney Pictures.

Sharpsteen, B. y Luske, H. (Dirs.). (1940). *Disney's Pinocho* [Película]. Estados Unidos: Walt Disney Pictures.

Smith, S. J. y Hickner, S. (Dirs.). (2007). *Bee movie* [Película]. Estados Unidos: Paramount Pictures.

~

TRES PROBLEMAS Y TRES PELÍCULAS PARA ABORDAR EL POSITIVISMO NORMATIVISTA

Ana Lucía Gutiérrez Cervantes
Universidad Panamericana

INTRODUCCIÓN

El cine y el derecho comparten un parecido asombroso, mientras que uno puede centrarse exclusivamente en los efectos especiales, la dirección y la edición, nadie, ni siquiera un cinéfilo, se centraría únicamente en los elementos estéticos de las tomas, sino en lo que hay dentro. Un abogado incapaz de pensar no puede resguardarse exclusivamente en la estructura lógica de las normas, sino que debe enfrentar el desafío de mirar los datos empíricos y formular una respuesta, desvinculándose de las condiciones preexistentes de un ordenamiento jurídico.

El positivismo normativista, así como el formalismo, han sido dos concepciones que históricamente han privilegiado el contenido normativo del Derecho frente a otras fuentes. Aunque para muchos, los argumentos de esta corriente de pensamiento han quedo superados, en la actualidad todavía existen situaciones en las que se apremia esta visión y subsisten problemáticas asociadas con la misma. El objetivo del presente trabajo es criticar el resguardo de un sistema que privilegia aspectos de forma frente a aspectos de sustancia con la ayuda del método de Cine y Derecho, ofreciendo una forma novedosa de concebir esta discusión.

UN ANÁLISIS DE DERECHO Y CINE

El objetivo de un análisis de Derecho y Cine debería de tener como presupuesto mínimo la claridad del significado que se va a emplear del derecho, lo que se entiende por el cine y las aportaciones de la fenomenología del Derecho y Cine. En ese sentido y como propone Pérez Triviño (2007, 69), el derecho no puede reducirse simplemente a un conjunto de normas positivas, sino que debe de entenderse bajo una concepción amplia y "que está en continua y compleja relación con otros fenómenos".

El cine tiene una potencialidad contextual al mostrar distintas aristas de las que se integra el derecho y sirve para interrelacionarlo con otros ámbitos con los que interactúa, es decir, la moral, la política, la sociedad, etc. (Pérez Triviño, 2007, p. 69). El cine toma un cúmulo de hechos y los cuenta a través de la visión de un director que, mediante su punto de vista, busca darle vida a una historia.

En el pasado han existido ciertas corrientes que han aislado el estudio del derecho del estudio de la moral, la política y, así, de la sociedad. Esta concepción reduccionista del derecho ha resultado en planes de estudio en los que lo jurídico se analiza a través de una perspectiva estrictamente descriptiva y formalista (Pérez Triviño, 2007, p. 70).

En las aulas de derecho en las que se privilegia una visión formalista, se enfatiza únicamente un carácter estructural y se atiende superficialmente a las normas jurídicas de determinados ámbitos (civil, penal, mercantil). El aprendizaje del derecho, bajo esta concepción, limita el estudio a las normas e instituciones jurídicas sin hacer una conexión con la realidad de las sociedades en las que se desarrollan y existe un distanciamiento respecto de los valores que las normas tratan de realizar (Pérez Triviño, 2007, p. 70).

En ese sentido, dicha forma de describir el derecho era propia de concepciones como el formalismo y el positivismo normativista de Kelsen bajo su teoría pura del derecho. Partiendo de la suposición de que el derecho comprende un conjunto de reglas racionales, precisas y coherentes que puede suministrar una respuesta a los distintos problemas jurídicos (Pérez Triviño, 2007, p. 70).

Los juristas no deben ser meros autómatas en la comprensión, interpretación y aplicación de las normas jurídicas, ya que estas están inmersas en contextos sociales, políticos y morales, y además porque su aplicación puede suponer repercusiones importantes en la vida de las personas (Pérez Triviño 2007, p. 72).

En ese sentido, Pérez Triviño señala que:

> Si un estudiante de Derecho sólo recibe una formación estrictamente descriptiva de lo que es un ordenamiento jurídico, si únicamente aprende a interpretar las normas jurídicas en abstracto, despegadas del contexto en el que se aplican, si los estudiantes no han tenido o no han comprendido todas estas variadas repercusiones en las personas, tendrán un injustificable déficit como juristas. Precisamente una de las críticas que se vierte a la formación que reciben los jueces radica en su insuficiente comprensión de la realidad social. (2007, p. 70)

En ese sentido, la propuesta del análisis que ofrece el movimiento de Derecho y Cine es tan importante al aportar un enfoque que pueda no solo transmitir, sino representar y exaltar los valores sociales que integran nuestra realidad. De este modo, buscar acercarse a los hechos que tan apremiantemente necesitan una regulación puede impulsar a los juristas a ofrecer soluciones más acordes y en apego a nuestra realidad social.

Remontándonos a los comienzos de la cinematografía, la primera sesión pública de los hermanos Lumière se celebró en París el 28 de diciembre de 1895. Aunque la primera película que se proyectó en esa sesión no despertó grandes cuestiones intelectuales, tampoco era su intención hacerlo. A pesar de ello, el cine no tardó en emular al teatro o a la pintura y comenzó a desarrollar una estética y un lenguaje propio (Carrière, 1995, p. 6).

No fue hasta después de la Segunda Guerra Mundial que el cine logra su verdadero progreso 'cultural', una nueva generación de cineastas que aspiran expresar la búsqueda de un nuevo humanismo, tal y como se entrevé en películas tales como *Ladri di biciclette* de Vittorio De Sica (De

Sica, 1948), *La strada* de Federico Fellini (Fellini, 1954), *Rashōmon* de Akira Kurosawa (Kurosawa, 1950) y *Smultronstället* de Ingmar Bergman (Bergman, 1957) (Carrière 1995, 8).

Aunque la premura por llegar rápidamente a discutir el Derecho y el Cine como una entidad ya constituida pudiera parecer atractiva, es importante advertir dos cuestiones generales (i) el discurso jurídico no emula al cinematográfico, aunque este último puede ayudarnos a producir un análisis desde una nueva perspectiva, los hechos no pueden ser analizados de forma comparativa entre uno y otro método, y (ii) el cine, como formato artístico, sirve para estimular y desafiar nuestra comprensión jurídica, pero no es el único tipo de arte que pueda emplearse para ello.

Al analizar el Derecho bajo el contexto de distintas narrativas, las películas y las representaciones digitales que le dan significado, este se convierte no solo en un sistema de reglas que hay que observar y deja de ser simplemente una representación del mundo en el que vivimos, sino en muchos mundos diferentes, cada uno de los cuales reflejan estructuras profundas dentro del sistema operativo (Sherwin, 2009, p. 2).

A través del cine se pueden construir 'conceptos-imagen' que complementan a los 'conceptos-idea' (entendidos como una idea propia del Derecho), siendo los primeros capaces de transmitir sentimientos y emociones a través de la comprensión de experiencias visuales que dan respuestas abiertas a problemas reales. La conexión entre el cine y el Derecho radica en que ambos tratan de representar e interpretar una realidad compleja (Ruiz Sanz, 2010, pp. 3-4).

El cine aporta una capacidad de sensibilización y de inspiración de modelos de comportamiento que hace que el público sea testigo de las historias que aparecen en la pantalla, revelando patrones de acción y puntos de vista sobre los hechos y actos humanos. Además, no hay que perder de vista que, como señala Ruiz Sanz (2010, pp. 5-6), el cine es un arte constructivo y no debe verse como una mera herramienta auxiliar, sino como un medio para consolidar el conocimiento, para hacer pensar y sentir.

Ahora bien, atendiendo al relato fílmico, el director y la producción encargada de una película recurren a estrategias narrativas para crear o recrear su relato en función del tipo de discurso que se quiera construir, ya sea una representación de la realidad o suplantar la realidad a través de la ficción (Ruiz Sanz, 2010, p. 8).

El movimiento de Derecho y Cine es un resultado natural de los desarrollos culturales y tecnológicos. Lo anterior se evidencia con el número cada vez mayor de facultades de derecho que incluyen cursos de Derecho y Cine. Además de que es un tema que ha dado fruto a múltiples conferencias, presentaciones académicas y publicaciones (Ruiz Sanz, 2010, p. 14).

La vida del Derecho en la pantalla se convertirá sin duda en parte integrante de la pedagogía, práctica y desarrollo teórico del propio derecho. Cada vez más las historias y narrativas que rodean a los abogados llevan arraigados signos de una cultura cinematográfica o audiovisual global (Ruiz Sanz, 2010, p. 14).

El derecho y el cine son disciplinas narrativas y por ello, "el carácter retórico y argumentativo del Derecho, su lenguaje, sus razones" se pueden explicar gracias a distintos medios visuales o representativos (es decir, el cine, la literatura o el teatro). Sobre todo, si se puede aceptar que el Derecho consiste en la acción e interpretación, la creación de una experiencia jurídica por los juristas y los ciudadanos (De Lucas, 2013, p. 44).

Ahora bien, el cine permite tener un acercamiento con las historias que aparecen en la pantalla y contribuye a la sensibilización de los problemas para el espectador. Por ello, a través de los siguientes apartados se expondrán los aspectos formales, rígidos y estáticos que caracterizan una visión positivista o formalista del Derecho y posteriormente los demás apartados buscarán argumentar cómo el cine, a través de distintas películas, permite que nos enfoquemos en la realidad social que es dinámica y cambiante.

EL POSITIVISMO Y EL POSITIVISMO NORMATIVISTA

Una de las concepciones más difundidas del siglo XX es la idea de que el derecho consiste fundamentalmente en normas a través del normativismo. En este sentido, se señalan predominantemente dos tipos de normativismo: el formalismo propuesto por Hans Kelsen (1881-1973) y el normativismo (o positivismo) analítico representado por Herbert L.A. Hart (1907-1992) (Atienza, 2001, p. 274).

Dichas concepciones del normativismo difieren en varios aspectos, pero también hay coincidencias que les distinguen tanto de los iusnaturalistas como de los realistas. Tanto Kelsen como Hart son autores que parten de la idea que una cosa es describir el derecho y otra es valorar moralmente. Lo que los distingue del iusnaturalismo, es la idea de que el Derecho es creado y modificado exclusivamente por actos humanos (Atienza, 2001, p. 274).

Un argumento que representó un profundo desafío para la teoría jurídica durante el siglo XX fue definir el concepto de derecho sin recurrir a ingredientes morales de ningún tipo. Especialmente a la luz del normativismo, que propulsó la teoría de que lo que define al derecho y lo que identifica como jurídica a una norma no es un componente ético ni una cualidad moral (Laporta, 2007, p. 12).

No obstante, como señala Laporta (2007, p. 14), si existe un pensador contemporáneo que personifica una "tiránica voluntad" de dar una respuesta satisfactoria a ese planteamiento es sin duda Kelsen. Kelsen, pretendió dar respuesta a esta interrogante presentando al Derecho como "una estructura formal que se explica cómo jurídica desde sí misma, sin recurrir a ingredientes sociales empíricos ni a rasgos ideológicos o morales de ningún tipo; una teoría 'pura' para dar cuenta del Derecho en estado 'puro'".

Para Kelsen el derecho es un universo de normas válidas interrelacionadas que organizan la aplicación de actos coactivos a determinadas conductas humanas. Esto supone que toda su teoría gira en torno a la tentativa de conferir a la noción de validez de las normas un significado estrictamente jurídico, un significado que no esté impregnado de consideraciones empírico-sociales ni de connotaciones ideológicas y/o morales (Laporta, 2007, p. 14).

Para Kelsen, las normas jurídicas tienen que estar dotadas de una dimensión objetiva de validez que posibilite su fuerza general en una determinada sociedad, según la teoría pura del derecho, una norma jurídica solo existe si es válida, y es válida cuando ha sido creada de conformidad con un procedimiento previsto por otra u otras normas jurídicas válidas (Laporta, 2007, p. 14).

Estas normas jurídicas ulteriores serían válidas porque una norma superior les habría conferido su validez. En este orden de ideas, ascendiendo en una especie normativa de carácter piramidal llegaríamos a una primera norma o la Constitución, respecto de la cual, Kelsen afirma que podemos suponer que por encima de la misma se encuentra una 'norma hipotética fundamental' que es presuntamente válida y una condición de validez de todo el sistema jurídico (Laporta, 2007, p. 14).

La formulación de la norma hipotética fundamental, mediante la cual se entiende el Derecho Positivo como válido, establece que "se debe de obedecer la Constitución", pero si nuestro empeño consiste precisamente en establecer el significado de validez y validez es equivalente a vinculatoriedad, o al "deber de obediencia", entonces lo que estamos buscando es exactamente una respuesta a la pregunta de por qué se debe obedecer la Constitución y Kelsen diría que al hablar de derecho válido presuponemos que debe de obedecerse y no podemos ir más allá (Laporta, 2007, p. 16).

La visión de Kelsen se diferencia del formalismo en la manera de entender la interpretación y la aplicación del Derecho, dado que el componente fundamental del derecho son las normas, y de forma más precisa, las normas coercitivas. Las normas no pertenecen al mundo del "ser" sino del "deber ser", toda vez que la estructura de la norma jurídica es de tipo condicional o hipotético "si es A, entonces debe de ser B" (Atienza, 2001, p. 288).

La visión del derecho de Kelsen está ligada a la defensa del Estado democrático, y en este sentido la teoría pura del derecho constituyó una respuesta frente a los distintos totalitarismos del siglo XX, desde los fascismos al estalinismo. Por su parte, la importancia que Hart atribuye a lo que concibe como "norma secundaria" está conectada con la defensa del valor de autonomía (Atienza, 2001, p. 291).

La concepción de Hart puede considerarse en muchos sentidos como una superación del normativismo formalista de Kelsen y el empirismo de los autores realistas. Hart propone elaborar una teoría del Derecho que él define como "sociología descriptiva", en virtud de la cual recurre a instrumentos de la filosofía analítica, para examinar el funcionamiento de las instituciones sociales y, así, al Derecho (Atienza, 2001, pp. 291-292).

La obra más representativa de Hart es *El concepto de Derecho* (1961), que expone por qué el derecho no puede entenderse simplemente como un conjunto de órdenes respaldados por amenazas. En cambio, introduce el concepto de norma social, en el que coinciden dos elementos, un comportamiento regular y la aceptación de dicho comportamiento (Atienza, 2001, pp. 291-292).

Hart, en ese sentido señaló que la estructura propuesta por las teorías de Austin-Kelsen solamente responden bien a una serie de normas jurídicas (como las penales y algunas civiles), sin embargo, no atienden a la mayoría de las normas jurídicas que otorgan potestades (Nino, 2003, pp. 88-89).

Para Hart, resulta errónea la concepción en virtud de la cual se reduce el Derecho a un solo tipo de reglas, por lo que propone considerar el ordenamiento jurídico como una unión de diferentes tipos de normas o reglas, clasificándolas en normas primarias y secundarias. Las reglas primarias, son aquellas que prescriben a los individuos realizar determinados actos, se dirigen a los súbditos para indicarles las conductas que se consideran deseables (Nino, 2003, p. 91).

Las reglas secundarias, se ocupan de las reglas primarias y se distinguen tres tipos: las reglas de reconocimiento, que se utiliza para identificar qué normas forman parte de un sistema jurídico y cuáles no; las reglas de cambio, que permiten dinamizar el ordenamiento jurídico indicando procedimientos para la modificación de las reglas primarias; y reglas de adjudicación, que otorgan competencia a ciertos individuos (Nino, 2003, p. 92).

En consecuencia, como se puede ver en este apartado, el problema de una visión formalista, o incluso de un positivismo normativista, se relaciona principalmente con tres problemas específicos que se abordarán en este trabajo: a. siempre hay lugar a que surja un problema de vaguedad o indeterminación del lenguaje, por lo que atender solo al texto de la norma puede ser insuficiente; b. una visión del derecho desprovista de la moral puede perder de vista las necesidades o demandas sociales; y c. el apego a una estructura rígida de la norma jurídica dificulta abordar plenamente los problemas.

a. Un problema de vaguedad o la indeterminación del lenguaje

La vida se rige por normas, hay normas que dirigen nuestras acciones, lo que debemos dejar de hacer y lo que debemos de hacer. Sin embargo, estudiamos la norma jurídica como un producto casuístico y, así, su eficacia a partir del resultado de efectos en concreto. Sin embargo, rara vez analizamos la estructura normativa sin la concurrencia de los hechos circundantes de la norma.

Sabemos tan poco de las normas porque estamos más preocupados de justificarlas que de entenderlas. Esta falta de entendimiento se evidencia cuando intentamos comparar la manera en la que interactuamos a través de formulaciones lingüísticas (las oraciones) vs. las normas; nuestro entendimiento de los primeros atiende a un modelo gramático, por lo que "no es casualidad que la proposición sea la unidad de análisis más fundamental en la filosofía del lenguaje. No existe una forma homóloga en la teoría de lo normativo" (Möllers, 2020, p. ix).

En consecuencia, cualquier intento de vincular órdenes, reglas, juicios o razones para llevar a cabo una acción como elemento fundamental de la normatividad se encuentra con una resistencia. La estructura básica de una oración o un enunciado permite evaluarlos a través de diferentes ópticas, ya sea bajo la lógica, el análisis del lenguaje o la gramática, pero no disponemos de los mismos instrumentos para las normas, sino que a lo mucho podemos analizarlas bajo modelos y estructuras deónticas (Möllers, 2020, p. x).

Los tipos de normas son tan variados que no parece posible reducirlos a un número manejable de formas y criterios correctos. Lo anterior puede explicarse por dos motivos (i) las normas aparecen más como artefactos, producto de progresos sociales y culturales, y menos como hechos; y (ii) los enunciados normativos atienden a una doble exigencia, ya que se basan en hechos, pero operan simultáneamente en un nivel normativo. Bajo el primer punto, parece ignorarse la posibilidad de la fabricación de los hechos, sino que los mismos parecen ser algo que pueden encontrarse o descubrirse (Möllers, 2020, p. xi).

Tal como señala Christoph Möllers (2020, pp. xii-xiii), al pretender "entender las normas como posibilidades marcadas positivamente. La calificación positiva de una posibilidad indica que debe realizarse". La atención que Möllers presta a las normas no se enfoca en validar ciertas acciones o estilos de vida, sino que busca distinguir entre lo que es y la norma.

Además, enfatiza que uno de los problemas de la teorización de la normatividad, se centra en querer llegar de forma muy expedita a desarrollar formas en las que resulta más apropiado la aplicación de una norma. Möllers (2020, p. xiv) indica que, esto se piensa así, "porque bajo ciertas circunstancias, podemos lidiar mejor con la vaguedad de una oración descriptiva que con un estatuto vago".

En ese sentido, resulta propicio comparar las problemáticas prácticas de enfrentarse a una vaguedad de una formulación lingüística (que en este supuesto es prescriptiva) y posteriormente, la vaguedad de un estatuto. El primer supuesto se analizará a través del debate de 1958 entre Lon Fuller y Herbert L. A. Hart que desencadenó uno de los hitos de la jurisprudencia moderna, que abordó la memorable controversia sobre la norma ficticia que 'prohibía los vehículos en el parque' (Schauer, 2008, p. 1109).

Hart utilizó el ejemplo para sostener que las reglas tienen un núcleo de aplicación clara, pero se encuentran rodeadas de una penumbra de incertidumbre. Fuller, por su parte, ofreció un contraejemplo para insistir en que el lenguaje de una norma, por sí sola, nunca podría determinar ningún resultado jurídico. Por lo tanto, en un nivel superficial, el debate se centró en la importancia relativa del lenguaje y el propósito de aplicar una regla general a una cuestión particular (Schauer, 2008, p. 1109).

No obstante, en un sentido más profundo, el debate se refería a la formalidad de la ley y a la posibilidad de variar los compromisos de formalidad en distintos sistemas jurídicos. Examinando este debate, y apartándolo en gran medida de la controversia circundante sobre el positivismo y el derecho natural, podemos obtener valiosos conocimientos sobre las normas jurídicas y la interpretación jurídica (Schauer, 2008, p. 1109).

El ejemplo de Hart de una norma que prohíbe los vehículos en un parque fue concebido principalmente como una respuesta a las afirmaciones de los realistas jurídicos sobre la indeterminación de las normas jurídicas. A través del ejemplo, Hart esperaba diferenciar las aplicaciones directas de una regla en lo que Hart llamó el "núcleo" de la regla, de los casos difíciles al margen de la misma, lo que denominó la "penumbra" (Schauer, 2008, p. 1110).

En la medida en que las decisiones judiciales en la penumbra impliquen forzosamente la determinación de 'lo que debe ser' la ley, es importante para Hart subrayar que la interconexión entre 'lo que es' la ley y 'lo que debe ser' la ley en la penumbra no es una caracterización exacta de cómo funciona la ley en el núcleo, donde aún puede obtenerse la separación entre el "es" y el "debe", entre la ley y la moral (Schauer, 2008, p. 1110).

Pareciera que Hart apuntaba a que la ley en el núcleo sí equivale una concepción clara de lo que 'es' y 'debe de ser' la ley. Luego entonces, en una opinión personal, el simple hecho que se dé cabida a esta discusión, evidencia que al no poder formular una respuesta culminante de lo que constituye la ley en su núcleo, nos enfrentamos constantemente a las zonas de penumbra. En este sentido John Austin (1790-1859) señaló lo siguiente:

> En todos los casos en que tratamos de regular, en forma no ambigua y por adelantado, alguna esfera de conducta por medio de criterios o pautas generales, para ser utilizados sin nuevas directivas oficiales en ocasiones particulares, nuestro empeño halla dos obstáculos conectados entre sí. El primero es nuestra relativa ignorancia de los hechos; el segundo, nuestra indeterminación de propósitos. (Hart, 1961, p. 125)

Si bien el ejemplo propuesto por Hart estaba encaminado a refutar las críticas de los realistas, Fuller (sin ser un realista) señaló que la afirmación de que el núcleo de la regla está determinado por el significado ordinario de las palabras que integran la regla, si un automóvil encuadra bajo el concepto de un vehículo, luego entonces, el automóvil se subsumiría al ámbito de la regla (Schauer, 2008, p. 1110).

La intervención de Fuller exaltó, a través de la variación de distintos conceptos, que el núcleo de la regla parecía no ser tan preciso. Fuller no refuta el concepto de 'penumbra', sino que quiso probar que no era posible determinar si una regla debía aplicarse sin entender el propósito que la regla debía de servir (Schauer, 2008, p. 1111).

Si se entiende que la ley no incorpora necesariamente criterios morales para la validez jurídica como pone de relieve Hart, entonces deben existir normas en algún sistema jurídico que puedan identificarse como legales sin recurrir a criterios morales. Para ello, Hart tendría que ser capaz de identificar un ejemplo en concreto en el que recurrir a la moralidad sea innecesario (Schauer, 2008, p. 1113-1114).

La importancia del debate de los vehículos en el parque se centra en las posibilidades que siempre están presentes entre lo dispuesto por la letra de la ley y la solución más justa o sabia de una cuestión jurídica. En ese sentido, Schauer plantea la duda ¿si la lectura de la ley produce un resultado ridículo o meramente deficiente, se requiere o se permite que los actores alcancen el resultado correcto en lugar de lo exigido por el mero uso del lenguaje? (Schauer, 2008, p. 1116).

Lo que es realmente interesante del ejemplo utilizado por Hart de "no se permiten vehículos en el parque" es su explicación de la 'penumbra' y su problema central, que atiende a la vaguedad. Hart define la penumbra como las aplicaciones anticipadas de un término que ahora sabemos que presentará incertidumbres o indeterminaciones (Schauer, 2008, pp. 1124-1126).

Ahora bien, siguiendo la estructura propuesta por Möller, centrémonos, desde la perspectiva del Derecho y el Cine, en la vaguedad de un estatuto que se entrevé a través de la película *Roma città aperta* de Roberto Rossellini, que ofrece una visión del panorama político y social en Italia durante 1943 y 1944.

Antes de abordar la problemática anunciada, ya que no pretendemos utilizar el cine como una mera herramienta para elaborar conexiones, sino aprovechar su riqueza artística, exploraremos brevemente algunas características importantes de dicha película.

Roma città aperta

Ficha técnica
Director: Roberto Rossellini.
País: Italia.
Título en español: *Roma ciudad abierta.*
Productora: Excelsa Films.
Año de estreno: 1945.
Guión: Sergio Amidei, Federico Fellini.
Fotografía: Ubaldo Arata (blanco y negro, 100m).
Música: Renzo Rossellini.
Idioma: italiano.
Duración: 100 min.
Protagonizada por: Anna Magnani (Pina), Aldo Fabrizi (don Pietro Pellegrini), Vito Annichiarico (Marcello) y Marcello Pagliero (Ing. Manfredi).

Roma città aperta (Rossellini, 1945), es una de las grandes películas pertenecientes al cine neorrealista. Para acercarnos a comprender el significado de un cine neorrealista, Lozano Aguilar (2011, p. 42) señala que se trata de un 'cine de miseria', en blanco y negro, en escenarios naturales con gente común y en ocasiones se filma sin guion.

El neorrealismo de *Roma città aperta* es tan visible como la búsqueda de un nuevo sentido moral que permeó en Europa después de la Segunda Guerra Mundial. Esta búsqueda no solo se entrevé en cuestiones culturales, sino que la cinematografía tenía la gran tarea de reconciliar la narrativa del cine y la visión del público (particularmente, en este caso, del público italiano) (Lozano, 2011, p. 42).

El cine se ha convertido en un instrumento de conocimiento y aprendizaje que ha permitido comprender el significado de los hechos sociales y desarrollar nuevas posturas éticas que continúan trabajándose en las nuevas sociedades democráticas. La recreación de estos eventos a través de las películas amplifica el significado ideológico de esta toma de conciencia. La importancia de esta película merece y justifica su conocimiento y su estudio por parte de las nuevas generaciones (La Ley, 2013).

La historia en *Roma città aperta* se desenlaza en Roma de 1943-1944 y aunque la trama sonora y la producción atraen a la historia de los personajes, el film no deja de recordar el contexto sociopolítico de la época. Poco después de que Mussolini fuera destituido, Pietro Badoglio declara la ciudad de Roma como una 'ciudad abierta'. Lo anterior conduce a que el 8 de septiembre de 1943, cuando el nuevo gobierno italiano permitió a los aliados desembarcar en Salerno, en su intento de hacer retroceder a los alemanes en la península (D' Este y Katz, 2004).

La película comienza con una advertencia general, los hechos y los personajes de la película, aunque están inspirados en hechos reales ocurridos durante los nueve meses de ocupación nazi, son imaginarios. No obstante, fiel al movimiento neorrealista, Rossellini logra capturar una mirada de los tormentos de la guerra. *Roma città aperta*, está motivada por el conflicto entre el nazismo y el fascismo, por un lado, y, por otro, la resistencia partisana italiana. Manfredi, un líder de la Resistencia comunista, y Don Pietro, un valiente sacerdote, encarnan la lucha contra un régimen totalitario.

Roma città aperta, es una invitación a analizar los acontecimientos que tuvieron lugar en Italia al final de la Segunda Guerra Mundial. Para entender el desarrollo de la película, es importante recordar la participación de Italia en dicha guerra. La Segunda Guerra Mundial abrió el camino a diversas cuestiones de teorización del derecho, en las que se cuestionó la legitimidad de las normas.

Un simple vistazo al número de víctimas de la guerra nos da a entender que no había una delimitación clara entre los objetivos militares de la guerra como hoy en día se ha desarrollado a través del Derecho Internacional Humanitario (DIH). Si nos atenemos a los postulados básicos del DIH, observamos que, cuando se trata de la guerra, el derecho no puede ignorar los hechos simplemente porque sus resultados no son deseados por ningún Estado. Así, su regulación y su integración en cualquier sistema jurídico, incluso supranacional (Derecho internacional), implica la aspiración a respetar las reglas mínimas para su realización con el fin de dotarlo de un grado mínimo de humanidad.

La evolución y los objetivos del DIH, como resultado de nuevos planteamientos no solo lleva a la existencia del combate y la confrontación, sino que permite la configuración de conceptos tales como el de una 'ciudad abierta' que buscan garantizar un grado de inmunidad ante la guerra.

De 1942 a 1944, el Vaticano lideró distintos esfuerzos para que a Roma se le considerará como una 'ciudad abierta'. Para lograr lo anterior, fue necesario que en el contexto de la guerra distintos países involucrados en la misma interpretaran o modificaran las leyes existentes. Antes del inicio de las hostilidades en 1939, los principales esfuerzos de codificación de la existencia de las ciudades abiertas eran las Reglas de la Haya de 1907 y 1923 (Elkin, 1980-1981).

En esencia, existe un reglamento de objetivos militares según el cual se establece que una ciudad abierta, al cumplir ciertos requisitos, recibe tal estatus legal que exime a una ciudad de bombardeos legales. Este estatus legal, plantea interrogantes complejas, como si un país puede declarar unilateralmente una ciudad bajo dicho estatus. Tal como lo describe Elkin (1980-1981) para el caso de Roma, ni jurídica ni materialmente representó una decisión unilateral para el gobierno italiano.

La aportación jurídica de este acontecimiento dio lugar a reflexiones de gran interés. Durante la Segunda Guerra Mundial, dado el carácter ambiguo de la ley que regulaba las ciudades abiertas, su aplicación era poco clara y permitía diversas interpretaciones, sin que se pudiera llegar a un acuerdo. En ese sentido, nos encontramos frente a un estatuto vago. Una de las conclusiones más interesantes que señala Elkin (1980-1981) es que la guerra no se decidió únicamente sobre la base de construcciones militares o políticas, sino que "en última instancia, la adhesión a estos principios jurídicos internacionales y su interpretación configuraron de forma significativa el desarrollo de la guerra".

Atendiendo a este ejemplo, el problema jurídico en concreto no era que no existiera un supuesto que diera lugar a la aplicación del concepto de ciudad abierta, sino que no existían elementos claros o definitorios que hicieran coincidir la propia norma y la realidad. En este caso, la imposibilidad de llegar a un acuerdo respecto de la interpretación dio lugar al 'bombardeo jurídico' de una ciudad.

Por ello, tal como se aduce en el debate sobre la norma ficticia, este acontecimiento suscita la pregunta de si es posible que se varíen los compromisos de forma en los sistemas jurídicos o, tal como lo señala Schauer, ¿si la lectura de la ley produce un resultado deficiente, se requiere o se permite que los actores alcancen el resultado correcto en lugar de lo exigido por el mero uso del lenguaje?

La trama de la película demuestra una realidad que se aleja de los efectos deseados por la norma que conceptualizaba una 'ciudad abierta', nos muestra los resultados de los nueve meses de ocupación nazi, así como diferentes relaciones que reflejan el frente unido que se desarrolló entre los miembros del movimiento de resistencia en su lucha contra los nazis.

Es importante aducir a las limitaciones conceptuales que ofrece un análisis de Derecho y Cine, aunque hemos hecho mención que la película parte de una narración ficticia de los hechos, el análisis a través de esta práctica puede ayudar a entender o acercarse a los acontecimientos para encontrar los elementos que pueden ser corregidos e incluso articulados en un sistema jurídico vigente.

Según Möllers (2020, p. xv) la experiencia común atendiendo a la norma puede ser relativizada al esperar que las normas se validen a sí mismas por sus efectos, es decir, si fallan en arribar a un determinado resultado, parecen ser simplemente ficticias. Sin embargo, las normas al fijarse en posibilidades conllevan consistentemente consecuencias inciertas.

Desde las investigaciones pioneras de von Wright sobre la teoría de las normas y la distinción entre una norma y una formulación lingüística, podemos concebir que, la forma lingüística (el texto de la norma) debe o debería tener una identidad abstracta como tipo. Sin embargo, la norma puede materializarse en diferentes formatos (e.g. una gaceta jurídica, inscripciones en una tabla, un manual), pero estos "no son" la norma, sino simplemente copias del texto normativo (Möllers, 2020, p. 16).

Al definir el espacio de lo normativo de tal manera que la materialización de la misma se convierte en un mero efecto secundario, en un ínfimo fenómeno, cuando las normas se describen de manera que "realmente" se ven como razones que luego se "encarnan" mal en el lenguaje y en otros objetos. "Este punto de vista crea una gradación ontológica a favor de una concepción de la norma no material, perteneciente al ámbito de las razones, que obstaculiza la captación de las normas sociales" (Möllers 2020, p. 16).

Cualquier formulación lingüística y en cualquier contexto pueden derivar en una multitud de interpretaciones o en un error, esto se sustenta con lo que señala Schauer:

> Se trata de un error sobre las relaciones entre el lenguaje y la comunidad y entre el lenguaje y las reglas, pero no es un error que desvíe el problema básico: a veces el lenguaje simplemente dará la respuesta equivocada, y el problema para el Derecho es el problema de qué hacer al respecto, si es que hay algo (2004, p. 1124).

Contrastando la idea formulada por Möllers de la posición de la vaguedad de una oración descriptiva, e incluso prescriptiva, frente a la vaguedad de un estatuto, atendiendo a lo que señala Schauer, podemos concebir que ambos resultan de una indeterminación del lenguaje. No obstante, las consecuencias entre uno y otro son radicalmente distintas. Como se mencionó, si bien existen distintos instrumentos para evaluar una oración como el análisis del leguaje o la gramática, no existen elementos correlativos equiparables para analizar las normas jurídicas.

b. Una visión del Derecho desprovista de moral

Un criterio esencial de valoración de las normas jurídicas, obligado por las exigencias de la realidad social, debe ser la concepción de la moral. El problema de un positivismo normativista no solo se centra en la rigidez del contenido de la norma, sino que también puede ser problemático al disociar el derecho de la moral. En este sentido, con base en la película *Dogville*, de Lars von Trier, se demostrará cómo el Derecho no puede desvincularse de las cuestiones morales y que, en su afán por orientar el comportamiento, no se puede obviar la interacción entre los debates sobre el bien y el mal.

Dogville

Ficha técnica
Director: Lars von Trier.
País: Dinamarca.
Título en español: *Dogville.*

Productora: Zentropa Productions.
Año de estreno: 2003.
Guión: Lars von Trier.
Fotografía: Anthony Dod Mantle.
Música: Antonio Vivaldi.
Idioma: inglés.
Duración: 2 horas 58 minutos.
Protagonizada por: Nicole Kidman (Grace Margaret Mulligan), Paul Bettany (Tom Edison), Lauren Bacall (Ma Ginger) y Harriet Andersson (Gloria).

Dogville (Von Trier, 2003) es una película que se desarrolla en un pueblo ficticio. Esta producción se desarrolla en un escenario en el que no hay edificios y cuyos espacios son divisiones que se crean por medio de trazos en el suelo. Grace, la protagonista de la película, llega a este pueblo desolado después de huir de la persecución de unos gánsteres. Tom Edison, un joven que se hace pasar por la autoridad moral del pueblo convence al resto de los habitantes de esconder a Grace porque era lo correcto.

Tal como lo señala Christopher Orr (2004) escritor colaborador de The Atlantic:

> La historia se desarrolla en un único y gran escenario, vacío salvo por los muebles dispersos; las calles y las casas del pueblo están dibujadas en el suelo como si se tratara de una pizarra. Los actores entran y salen de habitaciones imaginarias a través de puertas imaginarias, y pasan por delante de un perro imaginario y de arbustos de grosellas imaginarias, todo ello dibujado en el suelo y etiquetado en consecuencia ('Elm Street', 'Ma Ginger's Shop', etc.). [...] Von Trier y su director de fotografía, Anthony Dod Mantle, ofrecen momentos de verdadera brillantez visual. En ocasiones, la cámara observa la ciudad como si estuviera a gran altura, con todos los personajes visibles haciendo su vida como piezas de un juego de mesa.

Esta película, que brinda considerables aportaciones al género de *avant-garde*, hace una reflexión de los valores de la moral y de la condición humana. *Dogville* cuestiona muchas situaciones que consideramos normales y pone en tela de juicio los valores establecidos por el statu quo. Al momento de que esta joven llega al pueblo, no solo pone en prueba la moral de los habitantes de Dogville, sino también exterioriza los valores de la condición humana que muchas veces se reprimen por motivos sociales.

La sociedad está compuesta de leyes que regulan nuestro comportamiento y gracias a ellas constreñimos muchos de nuestros instintos y creamos reglas a través de las cuales decidimos que es lo bueno y lo malo. Dentro de la película podemos observar como la función de Grace es pedagógica, en la cual podemos observar una sociedad que pretende enseñarle los valores de la moral que se presentan como un dogma y como esos valores cambian vertiginosamente a medida que se desenvuelve la historia.

La crítica de von Trier estaba focalizada a los Estados Unidos e incluso formaba parte de una trilogía que buscaba lograr su cometido. Sin embargo, acorde con el objetivo del presente artículo, no puede desperdiciarse el uso de elementos alegóricos de una estructura social superpuesta dentro de un set vacío en el que se representan no solo una figura de autoridad sino también de moralidad y el juego que el director de cámara crea con los planos en los que nos hace preguntarnos si la propia cámara representa una visión moral más elevada que la de los actores en el set.

En relación con el debate de la fundamentación moral del orden jurídico Pérez Luño (2010, pp. 139-141) alude a que atender precipitosamente a todas las demandas éticas que hoy pugnan por reconocerse en normas constitucionales puede dejar de lado que las normas son y deben seguir siendo "constituciones de juristas y no de sacerdotes" (Denninger 1994, p. 70) y pueden peligrar las garantías de la seguridad jurídica que son irrenunciables en un Estado de Derecho. Por el otro lado, de rechazar estas tendencias moralizadoras se estarán desatendiendo algunas de las demandas más urgentes de las sociedades actuales.

Pérez Luño (2010, p. 141) señala que "no se debe de inferir conclusiones precipitadas e ilusorias sobre los beneficios de una moralización del derecho a cualquier precio". Lo anterior en el entendido en el que existe el peligro de confundir como principios de moralidad válidos lo que en realidad representa un sistema de creencias e intereses de quienes detentan el aparato jurídico y político.

Lo que recoge en ese sentido Pérez Luño (2010, p. 141) de forma muy acertada es:

> Abogar por un intersubjetivismo axiológico cifrado en el reconocimiento de la posibilidad de que la razón práctica llegue a un consenso, abierto y revisable, sobre el fundamento de los valores ético-jurídicos. Consenso que, por otra parte, lejos de traducirse en fórmulas abstractas y vacías, recibe su contenido material del sistema de necesidades básicas o radicales que constituyen su soporte antropológico.

En este sentido, Pérez Luño llega a la conclusión de una forma de integrar una condición de moralidad a la visión del derecho, buscando alejarse de una visión que respalde las creencias e intereses de quienes detentan el aparato jurídico y político, por ello propone o pone hincapié en que la razón práctica llegue a un consenso sobre los valores ético-jurídicos que encuentran apoyo en aspectos antropológicos.

Así, una vez analizadas las posibles desviaciones de los objetivos deseados de la norma por cuestiones lingüísticas, y considerando que la moral puede contribuir a algunas de las demandas más urgentes de las sociedades actuales, como señala Pérez Luño (exceptuando aquellos entendimientos incorrectos del concepto de la moral), conviene abordar la rigidez de los planteamientos del positivismo normativista.

c. El apego a una estructura rígida de la norma jurídica

Schauer establece que las reglas cobran relevancia por dos motivos principales, por un lado, por el papel que desempeñan en nuestras vidas al estar presentes en todas las esferas de la conducta, ocupando un lugar central en las discusiones en torno al Derecho y la moral, el lenguaje, la lógica e incluso los juegos (Schauer, 2004, p. 13).

Por otro lado, por su funcionamiento para orientar las acciones, se destaca el problema fundamental de la justificación racional del seguimiento de las reglas. En este sentido, Schauer (2004, p. 13) establece que: "una regla prescriptiva destaca como relevantes ciertas circunstancias para calificar normativamente una acción como obligatoria, prohibida o permitida". Además, que, al hacer esto se pone en duda otras circunstancias que se pudieran dar, es decir, todo posible factor que pudiese tener incidencia en la determinación de nuestras obligaciones.

No obstante, una regla no debería de sujetarse a factores que pudieran tener una incidencia en nuestras obligaciones, si las reglas se interpretaran y aplicaran de modo que fueran "transparentes" frente a la evaluación del resultado que ofrece el balance de todas las razones en juego (en cada caso), las reglas como herramientas serían inútiles (Schauer, 2004, p. 13).

Dicha formulación es relevante, ya que conduce a un dilema muy importante, se acepta la orientación que ofrecen las reglas, lo cual resultaría en una forma de descalificar de forma anticipada ciertos factores potencialmente relevantes; o dejamos de lado la guía que nos ofrecen las reglas y nos concentramos en lo particular de cada situación "de conformidad con el plexo completo de razones en juego" (Schauer, 2004, p. 14).

Bajo el primer planteamiento, dilucidar por anticipado lo que se debe de hacer o determinar cuáles son los factores relevantes, puede dar como resultado una irracionalidad. Por su parte, bajo el segundo planteamiento, atender a lo particular de cada situación, podría tornar a las reglas de irrelevantes (Schauer, 2004, p. 14).

Dicho esto, la siguiente película de Luis Buñuel servirá para poner de manifiesto la dicotomía entre ceñirse a la norma o tener en cuenta todas las particularidades que puedan llegar a ser relevantes, algo que servirá como un elemento para la discusión entre la naturaleza estática y dinámica del Derecho.

El ángel exterminador

Ficha técnica
Director: Luis Buñuel.
País: México.
Título en español: El ángel exterminador.
Productora: Producciones Alatriste.
Año de estreno: 1962.
Guión: Luis Buñuel, Luis Alcoriza.
Fotografía: Gabriel Figueroa.
Música: Raúl Lavista.
Idioma: español.
Duración: 1 hora 35 minutos.
Protagonizada por: Silvia Pinal (Leticia 'La Valkiria'), Jacqueline Andere (Alicia de Roc) y Enrique Rambal (Edmundo Nobile).

Luis Buñuel realizó esta película al final de sus dieciocho años en México, y fue su única obra de esa época en la que tuvo total libertad artística. En 1946, cuando fue contratado por el productor ruso Óscar Dancigers para dirigir una película en México, Buñuel era ya un hombre de mediana edad, con esposa y dos hijos y sin trabajo (Kinder, 2009).

Aunque Buñuel estaba a punto de obtener la nacionalidad estadounidense, acababa de ser despedido por el Museo de Arte Moderno de Nueva York por ser supuestamente comunista. Se trasladó con su familia a México y, desde 1946 hasta 1964, realizó veinte películas, todas con limitaciones tales como presupuestos reducidos y calendarios de rodaje ajustados (Kinder, 2009).

El argumento de *El ángel exterminador* es fácil de resumir, aunque las motivaciones de sus personajes son misteriosas y enigmáticas. En ella, vemos cómo una trivial infracción de la etiqueta se transforma en la destrucción de la civilización. Esta historia no solo menoscaba nuestra confianza y entendimiento de nuestras instituciones sociales, sino que desafía nuestros poderes de cognición y percepción, que se ven distorsionados por narraciones poco fiables (Kinder, 2009).

A medida que la situación se prolonga durante varios días, los modales dan paso al instinto de supervivencia más primitivo y brutal. La imposibilidad de los invitados de abandonar el comedor del anfitrión es una metáfora evidente de la tendencia burguesa a emular ciegamente al vecino y de la reticencia a ser vistos rompiendo cualquier norma de etiqueta. Los invitados de la película son prisioneros de un mal de su propia creación.

Al analizar *El ángel exterminador*, resulta tentador analizar la rigidez normativa con la idea que provoca el enunciado "prisioneros de un mal de su propia creación". Según lo que señala Schauer, si nos encontramos ante una norma que no prevea una respuesta adecuada, sino una respuesta equivocada o incluso desproporcionada, ¿nos permite eso desapegarnos de los compromisos de forma y atender a las particularidades que motivan una solución?

Esta idea puede llegar a ser central en la forma de concebir el derecho y de determinar que un precepto perteneciente a un sistema jurídico debe permanecer o cambiar. Por lo tanto, se plantea la discusión entre un sistema estático y uno dinámico.

Prieto Sanchís (2007, p. 106), partiendo de la concepción de una sistematización del derecho, señala que concebir al derecho como sistema puede atribuir a comprender como opera realmente un sistema jurídico y, así, entender más sobre su identidad, sus lagunas y sus antinomias. Bajo este entendimiento, es posible analizar la realidad del derecho y predicar sobre su racionalidad. No obstante, el derecho positivo no es fruto de la razón, sino de la voluntad, "un mal de su propia creación".

La relación que existe entre los elementos que componen el sistema jurídico reside en las normas jurídicas, sin embargo, el derecho no está compuesto únicamente por dichas normas. Como señala Prieto Sanchís (2007, p. 105), aludiendo a la definición de Alchourrón y Buylygin, la idea del Derecho como sistema normativo puede expresarse de la siguiente manera: "El Derecho es un sistema de enunciados entre los que hay al menos una norma, es decir, un enunciado que correlaciona un caso determinado con una solución normativa".

Prieto Sanchís (2007, p. 107) señala que la dinamicidad del derecho o, por el contrario, su dimensión estática puede explicarse a través de la relación que guardan las normas independientes o primitivas (axiomas) y las dependientes (teoremas). Relación que fue particularmente empleada por Kelsen para abordar la distinción entre sistemas morales y jurídicos.

Decimos que un sistema es estático cuando sus normas dependientes pueden obtenerse mediante una deducción lógica de las independientes, siendo así un sistema coherente. Las normas contradictorias, bajo este modelo, se consideran como normas falsas, deducidas erróneamente. La denominación de un sistema estático se sostiene bajo la idea de que el sistema lógicamente no sufre transformación alguna mientras no se alteren sus normas axiomáticas.

Por el contrario, el sistema dinámico se caracteriza por la relación que guardan las normas independientes y las dependientes, que se describe mediante una relación genética o de habilitación. La pertenencia al sistema no viene dada por su contenido, sino por el hecho de que su producción se ha verificado de acuerdo con lo señalado en otra norma del sistema.

Se entiende que la relación que caracteriza un sistema dinámico es de habilitación porque se confiere una habilitación o autorización para crear otras normas. La designación de dinámico se caracteriza porque cambia, a diferencia del estático que siempre es igual (mientras no cambien sus normas independientes).

Prieto Sanchís (2007, pp. 110-111) afirma que existe una concurrencia entre lo estático y lo dinámico, incluso en un Estado constitucional. No obstante, esto provoca una tensión porque las normas formuladas dentro de un criterio dinámico no deben existir bajo el criterio estático, lo que puede generar antinomias, y las normas que se exigen desde una perspectiva estática pueden no terminar nunca de ser formuladas por las autoridades, lo que puede dar lugar a lagunas. Así mismo, la tensión que existe entre lo estático y lo dinámico se asemeja a la tensión entre la Constitución y lo que Prieto Sanchís resume bajo el término de democracia.

La discusión entre un carácter estático o dinámico del sistema jurídico comparte su relevancia ante la discusión entre el positivismo normativista de Kelsen y aquellas formulaciones que superaron esa visión como el positivismo analítico de Hart. Mientras la visión estática del sistema puede resultar similar a los criterios de validez previamente referidos de Kelsen, la relación de habilitación de un sistema dinámico tiene un parecido a las normas secundarias de Hart. Con ello, Hart logra dotarle a una concepción positivista de una dimensión social.

En ese sentido, en virtud de la visión propuesta por Atienza y Ruiz Manero, a través del excesivo énfasis sobre el contenido prescriptivo de la norma jurídica del positivismo jurídico se deja de lado su carácter valorativo y obstaculiza la consideración de un orden jurídico constitucional; el positivismo ha agotado ya su ciclo en la historia, al no reconocer al Derecho como una práctica social compleja (Atienza y Ruiz Manero, 2007, p. 1).

Aun cuando parezca que todas las discusiones e interrogantes relacionadas con el positivismo jurídico ya se encuentran resueltas, vale la pena inmiscuirse en ellas, ya que tiene una repercusión en casi todas las cuestiones de la teoría del derecho, y –más que sobre la teoría del derecho– sobre la metateoría jurídica (Atienza y Ruiz Manero, 2007, p. 2).

En su momento, el positivismo jurídico contribuyó eficazmente a la renovación de la filosofía del derecho en los países de habla hispana, al orientar la dogmática y la práctica del derecho carente de los vestigios del derecho natural tradicional. A pesar de que el positivismo tenía un propósito en el pasado, Atienza y Ruiz Manero plantean la cuestión de si todavía cumple un propósito en la actualidad (Atienza y Ruiz Manero, 2007, p. 13).

Ante la visión del Derecho en un Estado constitucional, el positivismo normativista no es la teoría correcta para dar cuenta u operar en él, "porque tiene (en todas sus variantes) un enfoque exclusivo en el Derecho como sistema, y no (también) en el Derecho como práctica social" (Atienza y Ruiz Manero, 2007, p. 26).

En ese sentido, cobra relevancia preguntarse si el positivismo jurídico bajo el enfoque normativista de Kelsen o las concepciones formalistas del Derecho siguen respondiendo a un propósito en la actualidad, si continúan siendo eficaces o si existen enfoques alternativos que puedan aportar soluciones más claras y mejores a los problemas sociales.

CONCLUSIONES

La tendencia de privilegiar una visión formalista en el estudio del derecho únicamente atiende al carácter estructural del mismo y no logra resaltar una conexión con la realidad de las sociedades en las que se desarrollan las normas jurídicas. El análisis bajo la perspectiva del Cine y Derecho puede ofrecer un método no solo de transmisión, sino de representación de los valores sociales que conforman nuestra realidad.

A través del cine es posible construir conceptos-imagen que complementan las ideas que hemos formulado sobre el derecho, estos "conceptos-imagen" transmiten sentimientos y emociones a través de experiencias visuales que dan respuestas abiertas a problemas reales.

A pesar de que la narrativa del cine es distinta de la narrativa jurídica, ambas pueden emplear creaciones o construcciones de una realidad con el fin de relatar un discurso. En ese sentido, para el discurso jurídico habrá una necesidad imperiosa de que la narración sea lo más coherente con la verdad.

El cine logra acotar la distancia entre los aspectos de forma y los hechos al permitir analizar el derecho bajo el contexto de las narrativas y las representaciones digitales que le dan significado. Las películas consiguen su propósito sensibilizando y generando una relación empática entre el espectador y la historia, lo que posee un gran valor jurídico y meta-jurídico al poder influir en una mejor comprensión de los hechos.

En el marco de una de las concepciones más difundidas durante el siglo XX, el positivismo normativista de Kelsen se entendía que el derecho se compone fundamentalmente de normas. Kelsen pretendió concebir una teoría pura para dar cuenta del derecho en un estado puro, la tentativa de conferir a la noción de validez de las normas un significado estrictamente jurídico.

El problema de una visión formalista, o incluso de un positivismo normativista, se relaciona principalmente con tres problemas: siempre hay lugar a que surja un problema de vaguedad o indeterminación del lenguaje, por lo que atender solo al texto de la norma puede ser insuficiente; una visión del Derecho desprovista de moral puede perder de vista las necesidades o demandas sociales; y el apego a una estructura rígida de la norma jurídica dificulta abordar plenamente los problemas.

Respecto de la primera problemática, existen parámetros fiables para evaluar el contenido de un enunciado, no tan fiables cuando nos enfrentamos a un problema de vaguedad o indeterminación frente a una norma jurídica o un estatuto. Lo anterior se evidencia a través del debate entre Fuller y Hart (1958) al analizar la posibilidad de los sistemas jurídicos de variar los compromisos de forma y la vaguedad de un estatuto a través de la película *Roma città aperta* de Roberto Rossellini.

En este sentido, Schauer expresa que cuando existe un error sobre las relaciones entre el lenguaje y las reglas, lo anterior no debe desviar la atención del problema básico, en ocasiones será posible que el lenguaje atribuya a un resultado erróneo, pero la tarea del derecho será identificar qué hacer al respecto.

En segundo lugar, atendiendo a la moral, identificamos la importancia de la moral y su interrelación con el derecho atendiendo a la película de Lars von Trier, *Dogville*. Tal como señala Pérez Luño, la necesidad de incorporar ingredientes morales en la formulación y el estudio del Derecho recibe su justificación a través de las necesidades básicas o radicales que constituyen el soporte antropológico del derecho. No obstante, se evidencia los peligros de idolatrar un sentido equivocado de la moral.

Por último, Luis Buñuel en *El ángel exterminador* nos evoca intencionadamente a contemplar un escenario en el que un grupo de burgueses prisioneros de un mal de su propia creación se encuentran encerrados dentro de sus propias limitaciones, hecho que puede ser paralelo a los problemas prácticos atribuidos a una concepción formalista o del positivismo normativista.

Lo anterior, al interrelacionarse con la relación que existe entre la atribución de un carácter estático y dinámico del derecho, tal como decidir cuáles son los axiomas y los teoremas del Derecho, distinguir entre la regla en su núcleo y en la penumbra, y si efectivamente pudiera ser posible discernir entre lo que señala la ley y lo que es.

Aunque un análisis no formalista del derecho contribuye a una mejor comprensión de los problemas sociales, no se niega que hay componentes formales ineludibles que subyacen bajo el concepto de Derecho.

Esto implica que el presente trabajo no pretende argumentar que el derecho no deba tener un carácter formal, sino que siempre debe buscar tener un sentido. Por tanto, los postulados de Atienza y Ruiz Manero, sin descalificar las aportaciones del positivismo jurídico cuestionan si esta visión todavía cumple un propósito en la actualidad.

REFERENCIAS

Artículos, capítulos y libros

Atienza, M. (2001). *El sentido del Derecho*. Ariel.

Atienza, M. y Ruiz Manero, J. (2007). Dejemos atrás el positivismo jurídico, *Isonomía*, (27), http://www.scielo.org.mx/scielo.php?script=sci_arttext&pid=S1405-02182007000200001&lng=es&tlng=es

Carrière, J. C. et al. (1995). Un siglo de cine, *El Correo de la Unesco: una ventana abierta sobre el mundo*, *48*, (7-8), https://www.biblioteca.org.ar/libros/323607.pdf

De Lucas, J. (2013). El Derecho, a través del cine, *Revista de Ciencias de la Educación Academicus*, *1*(3), http://www.ice.uabjo.mx/media/15/2017/05/academicus3.pdf

Hart, H. L. A. (1961). *The Concept of Law*. Oxford University Press.

Laporta, F. (2007). *Entre el Derecho y la moral*, 3ª ed. Fontamara.

Möllers, C. (2020). The Possibility of Norms. Oxford University Press.

Nino, C. (2003). *Introducción al análisis del Derecho*, 11ª ed. Ariel.

Pérez Luño, A. E. (2010). *Teoría del Derecho*, 9ª ed. Tecnos.

Prieto, L. (2007). *Apuntes de teoría del derecho*, 2ª ed. Trotta.

Ruiz Sanz, M. (2010). La enseñanza del Derecho a través del cine: implicaciones epistemológicas y metodológicas, *Revista de educación y Derecho*, (2), https://revistes.ub.edu/index.php/RED/article/view/2320/2459

Schauer, F. (2004). *Las reglas en juego. Un examen filosófico de la toma de decisiones basada en reglas en el Derecho y en la vida cotidiana*. Marcial Pons.

Schauer, F. (2008). A Critical Guide to Vehicles in the Park, *New York University Law Review*, *83*(1109), 1109-1134, www.nyulawreview.org/wp-content/uploads/2018/08/NYULawReview-83-4-Schauer.pdf

Sherwin, R. K. (2009). An Introduction: Imagining Law as Film (Representation without Reference?). En Sarat, A., Anderson, M. y Frank, C. (Eds.), *Law and the Humanities*. Cambridge University Press.

Filmografía

Bergman, I. (Dir.). (1957). *Smultronstället* [*Las fresas silvestres*, título en español] [Película]. Svensk Filmindustri (SF), Suecia.

Buñuel, L. (Dir.). (1962). *El ángel exterminador* [Película]. Producciones Alatriste, México.

De Sica, V. (Dir.). (1948). *Ladri di biciclette* [*Ladrones de bicicletas*, título en español] [Película]. Produzioni De Sica, Italia.

Fellini, F. (Dir.). (1954). *La strada* [*La calle*, título en español] [Película]. Ponti-De Laurentiis Cinematografica, Italia.

Kurosawa, A. (Dir.). (1950). *Rashômon* [*Rashomon*, título en español] [Película]. Daiei, Japón.

Rossellini, R. (Dir.). (1945). *Roma città aperta* [*Roma ciudad abierta*, título en español] [Película]. Excelsa Films, Italia.

Von Trier, L. (Dir.). (2003). *Dogville* [*Dogville*, título en español] [Película]. Zentropa Productions, Dinamarca.

Recursos electrónicos

D' Este, C. y Katz, R., (2004, enero 11). 'The Battle for Rome': Open City, *The New York Times*, http://faculty.washington.edu/ewebb/Rome/Open%20City.html

IMDb. (2023). Página web oficial, https://www.imdb.com/

Elkin, J. (1980-1981). Application of the "Open City" Concept to Rome 1942-1944 22 A. F. L., *The Air Force Law Review*, Air Force Judge Advocate General School (LMDC/JAL).

Kinder, M., (2009). The Exterminating Angel: Exterminating Civilization, *The Criterion Collection*, https://www.criterion.com/current/posts/1012-the-exterminating-angel-exterminating-civilization

Orr, C., (2004). The Movie Review: 'Dogville'. *The Atlantic*, https://www.theatlantic.com/entertainment/archive/2004/08/the-movie-review-dogville/69537/

La Ley. (2013). *Guías jurídicas Wolters Kluwer. Roma, ciudad abierta*, https://guiasjuridicas.wolterskluwer.es/Content/Documento.aspx?params=H4sIAAAAAAAEAMtMSbF1jTAAAQsDS0sLtbLUouLM_DxbIwNDYwNDAyOQQGZapUt-ckhlQaptWmJOcSoAHUwPTzUAAAA=WKE

Lozano, A. (2011). *Básicos Filmoteca. Una introducción a la historia del cine, Dossier nº19*. Instituto Valenciano del Audiovisual y de la Cinematografía. https://issuu.com/cinetecanacional/docs/pm_cnabril2018_digital

Pérez Triviño, J. (2007). *Cine y Derecho. Aplicaciones docentes, Universidad Pompeu Fabra, Barcelona*, https://rua.ua.es/dspace/bitstream/10045/11378/1/Quaderns_Cine_N1_08.pdf

Rohter, L., (2010, mayo 5). Footage Restored to Fritz Lang's 'Metropolis' (Published 2010). *The New York Times*, https://www.nytimes.com/2010/05/05/movies/05metropolis.html

The Criterion. (2023). Página web oficial, https://www.criterion.com/

The New York Times. (2023). Página web oficial, https://www.nytimes.com/

EL MITO ENRAIZADO DE LA DEMOCRACIA

Daniel Haro Garza
Universidad Panamericana

RESUMEN

Históricamente, se nos ha enseñado que la democracia es la conquista política, económica y social más importante de la actualidad. Sin embargo, este concepto practicado desde la antigüedad ha sido simplificado por la sociedad actual, en el sentido de que únicamente importe su aspecto formal (es decir, la capacidad de los gobernados de elegir a sus representantes), dejando a un lado por completo su definición material, que gira en torno al respeto de valores y principios internacionalmente reconocidos, que generalmente no están contenidos en leyes escritas.

El presente texto es un intento de demostrar cómo es que nuestras sociedades han sido engañadas a partir de la creencia de que la democracia y, sobre todo, el principio de mayorías, siempre deben ser las responsables de guiar el progreso humano. Asimismo, el presente texto tiene el objetivo de demostrar, a través de ejemplos históricos concretos, las múltiples atrocidades cometidas al amparo de estos dos conceptos, y la poca o nula capacidad de la ley escrita para impedir que las mismas sigan sucediendo, incluso siendo esta, cómplice del poder en turno para cumplimentar perversas agendas políticas.

El cine ha demostrado ser uno de los mejores instrumentos al alcance del ser humano, no solo para reflejar los valores de la sociedad de momento en momento, sino de demostrar verdaderamente por donde debe transitar el progreso humano. En esta medida, en estas líneas se utiliza al cine como una herramienta para acreditar el por qué la democracia es un mito, y por qué está tan enraizada en nuestras sociedades, a tal grado de cegarnos y estancarnos hacia el mejoramiento de nuestras sociedades humanas.

INTRODUCCIÓN

Para introducir el presente texto, informo al lector que nos encontramos frente a uno de los conceptos más difíciles de conceptualizar, mismo que generalmente es utilizado por nuestras sociedades en general desde una perspectiva estrictamente política, sin que su uso conlleve un estudio filosófico o doctrinal a fondo que, nos clarifique a cabalidad que es lo que debemos entender por democracia (Waldron, 2017, pp. 148, 153). El contenido o el significado de este concepto (al igual que sucede con otros conceptos equívocos como justicia y derechos), es tan complejo que es utilizado indiscriminadamente sin un escrutinio académico o social profundo. Esto es impresentable cuando hablamos de una conquista política que, al menos en apariencia, pareciera ser la más importante de años recientes.

Concebimos a la democracia, en términos generales, como un derecho político que permite a los ciudadanos elegir periódicamente a sus representantes, pasando por alto que esta concepción –meramente formalista– ignora una de las exigencias más importantes que la verdadera práctica de este principio impone a autoridades y particulares de manera indiscriminada: el respeto de derechos humanos y de principios intangibles consagrados más allá de lo dispuesto por nuestras leyes y constituciones.

Esta se agrava importantemente cuando logramos advertir que, en el foro internacional, muchas veces el solo hecho de contar con un sistema de alternancia periódica en el poder, permite a estas naciones consideradas como "democráticas", percibir ciertos beneficios comerciales y políticos. Si bien es cierto la alternancia ha sido una conquista histórica a nivel mundial de importantes consideraciones (pues ahora es posible el cambio de representantes de tiempo en tiempo), es una mentira que –dicho sea de paso– mucho daño nos causa, creer que este sistema de gobierno es la solución a todos los problemas modernos que se suscitan por la tan compleja relación entre autoridades y particulares. Ciertamente nuestra concepción de este principio debe dejar de ser tan ingenua y, por ende, debe ser modificada para resolver la problemática en cuestión, de raíz y de forma irreversible.

Como fue anticipado en líneas anteriores, la propia historia nos ha demostrado que ciertamente, la democracia tiene un trasfondo más complejo que la simple alternancia de los gobernantes en el poder. Nuestros estándares políticos presentes se han desarrollado a tal grado, que nos debería resultar imposible sostener una definición categórica de democracia que, por ejemplo, no incluya factores como el bienestar público, el respeto a derechos humanos y el progreso económico, sin mencionar por supuesto las garantías de no repetición y prohibición de regresividad que nos obligan a no repetir los mismos errores del pasado. Desafortunadamente nuestras legislaciones no han sido garantes materiales de estos principios, pues la ley ha demostrado ser un instrumento perverso, al servicio del gobierno en turno, para imponer su autoridad dentro de una jurisdicción determinada. Poco consuelo nos brinda saber, que nuestras constituciones prohíban acciones que repitan estos errores, cuando la realidad es que, en muchas ocasiones, su contenido no trasciende a la realidad.

Las dificultades actuales, son principalmente generadas por nuestro carente entendimiento del concepto equívoco y complejo que la democracia encarna, algo que lleva a la sociedad en general a pensar que dicho principio, solo se encuentra encaminado a la elección y rotación de los representantes de una sociedad determinada, mentira que, en mi opinión, es uno de los responsables del estancamiento político que nos ha apresado desde hace ya algunos años. Incluso esta creencia, fervientemente defendida por un gran número de personas, ha servido como base crítica, para denostar a cualquier país que adopte una forma distinta de gobierno, en la que, a pesar de que se respeten estos principios y derechos intangibles a los que haga referencia, no sea posible la alternancia en el poder. Vaya mentira, propia del modernismo, circunscribir a la democracia al derecho de selección y alternancia en el poder.

Esto se debe principalmente a una rotunda inflexibilidad en nuestras concepciones políticas modernas, que nos llevan indebidamente a pensar que toda definición política vinculada con la democracia es inflexible, y que no permite ni debe permitir cambio alguno, mucho menos tratándose del derecho –en toda circunstancia legítimo– de los gobernantes para elegir a sus representantes. Solemos creer en esto, como si históricamente las mayorías no hayan sido las indirectamente responsables de los movimientos sociales más sangrientos y perturbadores de los que tengamos memoria. Simplemente no hemos aprendido de nuestros errores pasados.

Como ya fue establecido, por creer en esta inflexibilidad, la humanidad ha cometido una serie de atrocidades que han dejado una huella imborrable en nuestra memoria. La inflexibilidad en cuanto a nuestras concepciones democráticas ha sido ciertamente defendida a ultranza, generando múltiples retrocesos económicos, políticos y sociales considerables. Nuestras estructuras mentales no pueden basarse solo en la alternancia gubernamental para definir a un concepto tan complejo como la democracia, pues como será demostrado en líneas y apartados siguientes, las mayorías no siempre tienen, ni tendrán la razón tratándose de decisiones que conciernan a la colectividad en general.

La complejidad en las relaciones humanas, así como la existencia de nuevos problemas políticos, sociales, culturales y geopolíticos de nuestro mundo, hacen que sea impensable sostener a la alternancia en el poder como la única clave para atender y resolver a detalle todas las problemáticas anteriormente enunciadas. Ciertamente el hecho de "participar en las decisiones de gobierno", aún en los países más civilizados y cultos, ha demostrado ser insuficiente y, por el contrario, ha propiciado mucha violencia reciente causada por el odio que las mayorías suelen tener en contra de las minorías.

Mi intención no es criticar a la democracia fuera de límites, ni mucho menos imponer o proponer una forma de gobierno que resuelva estas problemáticas. Ni un filósofo de la talla de Aristóteles tenía una respuesta a esta problemática. Sin embargo, ciertamente es mi intención demostrar que, desde la Antigüedad, hemos podido percibir que la democracia cuenta con múltiples vicios que han causado diversos problemas humanos como el odio, la intolerancia, la discriminación y la guerra, todos propiciados por creer que la voluntad popular –esa que nos dice que las mayorías nunca se equivocan– es la mejor brújula para la toma de decisiones políticas con repercusiones nacionales o internacionales.

Incluso desde nuestros orígenes más remotos, hemos adquirido conocimiento de múltiples aniquilaciones en masa, que han sido propiciadas simplemente al amparo de la mayoría de los seguidores o de especímenes pertenecientes a un determinado grupo. Al respecto, Harari (2013) ha comentado que, desde nuestros orígenes, la especie humana es responsable por aniquilaciones masivas, como aquellas perpetradas por el *Homo Sapiens* en contra de las minorías raciales de aquella época. Con este pensamiento en mente, podemos desde ahora afirmar que, la puesta en práctica del principio de mayorías en nuestros sistemas políticos, humanos y sociales no siempre es una sabia decisión.

Es ahí precisamente el punto específico en el que radica el problema actual de nuestras concepciones democráticas, pues creer que las mayorías nunca se equivocan, y que las minorías, por este simple hecho, no tienen posibilidad, aun teniendo concepciones más sabias o atinadas, de tomar las riendas de las decisiones políticas de una colectividad, representa uno de los riesgos de marginación más importantes que, en mi opinión, azota silenciosamente a nuestros Estados modernos.

A nivel mundial, quizá hoy más que nunca, presenciamos un clima político de incertidumbre, en el que varios líderes, al amparo de las mayorías, generan un daño importante a sus respectivos países, pasando incluso por encima de logros históricos, como principios legales y constitucionales inmersos en ellos, que mucho trabajo nos han costado en materias como la ambiental, social y jurídica en general. Esto es algo ciertamente inquietante, pues aunque la ley sea el azote de estos autoproclamados líderes democráticos, esta tampoco es la respuesta para frenar las decisiones políticas de las mayorías. Recordemos que la ley, puede ser modificada, revisada o revocada por la voluntad popular, criterio adoptado a nivel internacional por muchos países para la enmienda de sus cuerpos legales.

Por estas consideraciones, que serán nutridas a profundidad a lo largo del presente texto, concibo a la democracia como un mito enraizado, pues al amparo de este principio cada vez más internacionalizado, deseado y fomentado, se han generado múltiples injusticias sociales, que efectivamente nos hacen pensar si realmente hemos evolucionado o involucionado como raza humana, como señala atinadamente Harari

(2013). Sostengo que hemos involucionado en la medida de que no hemos podido ampliar nuestra concepción de democracia más allá de la simple alternancia en el poder político y la intervención de las mayorías, en las decisiones políticas de un país.

LA DEMOCRACIA COMO UN MITO ENRAIZADO

La democracia ha sido definida por la Real Academia Española (2020a), como un "sistema político en el cual la soberanía reside en el pueblo, que la ejerce directamente o por medio de sus representantes". Si bien es cierto esta concepción ha sido un logro fundamental para prohibir que los gobernantes afiancen su poder de forma perpetua o indefinida, no es suficiente para impedir que los principios más importantes de un determinado país –esos que no necesariamente se encuentran codificados en un determinado texto– sufran modificaciones que más allá de incentivar el cambio positivo, sean únicamente la conquista y propaganda política, del gobierno en turno.

Para aquellos no juristas, en el Derecho Romano, época de mayor auge para nuestra ciencia, era común que los Principios Generales del Derecho (normas no necesariamente escritas), fueran las responsables de guiar el actuar de aquellos que impartían justicia, y que incluso fuera difícil, por no decir imposible, que las leyes escritas fueran en contra de estos mismos principios intangibles. En aquella época sería impensable, incluso hubiere estado sujeto a revisión y revocación, que, en el foro político o jurídico, se tomaran decisiones que fueren en contra de estos principios no escritos. Hoy en día, simplemente no hay certeza de que las leyes sean modificadas por los gobernantes en turno, sin importar si estas representan un avance, o si, por el contrario, representan un retroceso ambiental, económico o social. Hoy por hoy, abundan determinaciones judiciales y reformas legales que transgreden cada vez más, estos principios que han normado nuestra conducta desde nuestro mismo origen.

La democracia ha llegado a ser un mito, en medida de que, si bien es cierto es un estándar importante en la calificación política de todo Estado, es también insuficiente para medir el desarrollo y progresividad de un país determinado. Cuántos años de retroceso no hemos tenido por las incesantes reformas legales y constitucionales que acompañan el inicio de todo mandato, sobre todo en países con leyes y constituciones escritas. El problema es todavía peor en países con estructuras federales, municipales y estatales, en las que es posible que estas reformas legales, puedan suceder aún en periodos más cortos que los reconocidos a nivel federal para la elección del próximo gobierno.

Sostengo que la democracia, junto con la ley escrita supeditada al poder público y al servicio de este, son instrumentos poco útiles para evitar o impedir que se repita cualquiera de las atrocidades que históricamente, se han gestado al amparo de las mayorías sociales. Desde la antigüedad, el propio Sócrates se cuestionaba si las mayorías eran las correctas para tomar decisiones con repercusiones importantes para una colectividad (The School of Life, 2016). Incluso dicho filósofo utilizaba una metáfora interesante, preguntando si en un barco que atravesare una tormenta, sería inteligente nombrar a los no experimentados –aun representando estos a la mayoría de los tripulantes– para llevar a buen destino el navío, o si, por el contrario, debieran ser los adiestrados en el arte de la navegación los responsables de atravesar por dicha tempestad, en transgresión del principio democrático objeto de estas líneas.

La democracia es un mito precisamente por qué las mayorías sociales –aún en la actualidad– creen que el simple hecho de que cuantitativamente representen un número mayor de personas los tripulantes de aquel barco, estos deben ser los responsables de tomar las decisiones respecto a la salvaguarda de este. Esto no siempre es cierto, y la respuesta, ciertamente no puede ser tan sencilla y rudimentaria como la pretendida por las mayorías. Además, la democracia es un mito enraizado en medida de que, desde aquellas épocas, se consideraba como un tirano, por no decir además un arrogante, a aquel que, en contrario a la opinión particular, tuviera una solución diferente a aquella aclamada por la voluntad popular. Nunca nos ha gustado que alguien sostenga una opinión distinta a la de las mayorías. En la actualidad, tendemos a tachar a cualquiera que se atreva a ir en contra de las mayorías como un personaje político indeseable en medida de que no respalde y aplauda la toma de decisiones por virtud del ejercicio del principio de mayorías.

EL AMBIVALENTE RESULTADO HISTÓRICO
DE LA DEMOCRACIA

Maurizio Fioravanti (2014), ha referido a Jean Jacques Rousseau como una de las figuras más prolíficas de la Ilustración. De este gran pensador, ha rescatado la idea de que no debemos confiar en nuestros representantes debido a que, por su propia naturaleza humana, antepondrán mayormente asuntos de índole personal antes que el bien común, sin mencionar que como ya ha sido explorado en líneas anteriores del presente texto, estos no siempre poseen la verdad absoluta. Esta falsa creencia –diría yo medieval–, consistente en que los gobernantes poseen todo el conocimiento, no es más que una de las razones por las que creamos que, las mayorías políticas siempre tienen la razón y que sigamos absolutamente cegados de las atrocidades cometidas al amparo de este principio, desde los tiempos más remotos de nuestra humanidad, algo que brillantemente rescata Harari (2013) dentro de su libro denominado "De Animales a Dioses".

A pesar de que no comparto en su totalidad esta crítica sumamente profusa hecha por Jean Jacques Rousseau, pues creer fervientemente en la misma nos llevaría ciertamente a la anarquía perpetua, es importante tener en cuenta que, por regla general, estos representantes que casi siempre representan mayorías políticas, no deben poseer el control absoluto sobre nuestras sociedades, sino que por el contrario, en aquellas situaciones en las que el poder político se encuentre concentrado en mayorías, la revisión, escrutinio y análisis de su rumbo político, debe ser la regla general para impedir el ejercicio desenfrenado del poder.

Como ejemplos de los muchos errores que las mayorías han cometido con el paso del tiempo, podemos mencionar a las diversas guerras a lo largo del mundo que, en su generalidad, han implicado una gran pérdida humana en el nombre de la alternancia y representación en el poder. A la fecha, muchos desconocen si estos movimientos valieron la pena, teniendo en cuenta tanta pérdida humana, sin embargo, concuerdo con Fioravanti (2014) cuando menciona que todos estos se gestaron por el actuar de gobernantes que no supieron afirmar la superioridad de los derechos humanos sobre la política, priorizando la elección de futuros gobernantes y remoción de los actuales como el único estandarte de estos movimientos bélicos, prescindiendo de la importancia de materializar estas conquistas en instrumentos no sujetos a modificación, que impidan, por ejemplo, que se repitan las causas que en un inicio, dieron origen a las mismas.

Sin embargo, ciertamente no todo ha sido negativo tratándose de estos movimientos sociales, y por supuesto que los mismos han valido la pena en medida de que nos han enseñado lecciones muy valiosas tratándose de nuestra capacidad de influir en las decisiones políticas de un determinado país. El simple hecho de tener la posibilidad de elegir y cambiar a los representantes de un Estado es ya una conquista de dimensiones gigantescas, que ha sido el parteaguas incluso, para el ejercicio de nuestros deberes y obligaciones como ciudadanos, que –debo reconocer– brinda identidad y diversidad a las naciones que integran nuestro heterogéneo mundo.

Sin embargo, enfatizo en que ni la democracia, ni la ley escrita (producto de estos movimientos), son la respuesta para evitar que estos sucesos vuelvan a ocurrir, ni que los principios conquistados a través de estos sean de nuevo transgredidos. Salvo ciertas excepciones en las que estos principios se encuentran consagrados en constituciones rígidas no sujetas a modificación, no tenemos la certeza de que los gobernantes del futuro, al amparo del principio de mayorías que tanto aclamamos, vuelvan a pasar encima de los principios de no discriminación, equidad, igualdad y justicia, por mencionar solo algunos ejemplos.

Es cierto que, para proteger la verdadera supremacía de nuestros principios y valores, se deben establecer procesos complejos en cuanto a la enmienda de textos legales, con la finalidad de eludir el latente peligro de que nuestras normas fundamentales, pierdan precisamente ese carácter supremo. La rigidez constitucional y legal es uno de nuestros medios de protección en contra de reformas frecuentes provenientes de la mala técnica legislativa, así como otros medios que actualmente degeneran nuestros principios fundamentales por ser utilizados como propaganda política que generalmente, tiene la misma vigencia de un mandato presidencial o gubernamental, que mucho daño y destrucción nos ha causado.

Aquí yace la esencia de mi argumentación, pues la democracia simplemente no nos ha proporcionado mecanismos de certeza, que aseguren que criminales pasados y futuros, no sean confiados de nuevo, con el poder absoluto para determinar lo socialmente correcto o incorrecto en un determinado momento histórico. No tenemos forma de determinar si gobernantes que se asemejen con Robes Pierre, Hitler, Stalin o Mussolini, serán capaces de corromper de nuevo, nuestros valores humanos a futuro, como sucedió con la sociedad alemana en años pasados (Riefensthal, 1935).

Para el caso alemán en la Segunda Guerra Mundial, esta pequeña deficiencia dentro del proceso democrático casi significa la extinción del mundo como actualmente lo conocemos. Afortunadamente tenemos al cine para recordarnos los horrores que esta guerra mundial –con pérdidas humanas masivas– causó en el foro mundial para que no volvamos a cometer los mismos errores (Resnais, 1955).

En la película *Triumph of the will* (Riefensthal, 1935), cuya traducción literal es "el triunfo de la voluntad", podemos apreciar las devastantes consecuencias que se verificaron por el triunfo de la voluntad de la mayoría de los alemanes en 1933 al colocar a Hitler en el poder. No hace falta describir las consecuencias negativas que esta decisión causó a nivel mundial. En esta película podemos visualizar un despliegue masivo de apoyo –absolutamente cegado– a favor del criminal más prolífero que el mundo haya visto, Hitler, dictador que llegó al poder en parte gracias a la democracia. Para efectos de este análisis, a la luz de este evento histórico, me permito afirmar de nuevo, que las mayorías, no siempre tienen la razón.

VALIDEZ LEGAL DE LA DEMOCRACIA

Como mencioné anteriormente, la democracia tiene una definición formal que se reduce a la elección y alternancia periódica de los gobernantes en sus puestos de gobierno. Esta doctrina ha sido sostenida por autores como Hart o Bobbio (citados en Ferrajoli, 2010, p. 23), para tildar de democrático o antidemocrático a un Estado determinado. Sin embargo, la definición material, que sin duda es la que mayor relevancia tiene, coloca una gran importancia no solo a la representación popular a través de mayorías, sino en la observancia y respeto de los derechos humanos. Esto es lo que nos puede ayudar a dilucidar, por ejemplo, el por qué resulta obvio que la simple facultad de los ciudadanos de elegir a sus gobernantes no otorgue a dicha nación la condecoración de ser una nación democrática, pues si este fuere el único contenido formal del concepto democracia, no tendríamos argumentos para argüir los mil motivos por los que hoy en día, sabemos que la Alemania Nazi no puede ser considerada como democrática.

Tratándose de ejemplos radicales y extremistas como el anteriormente citado, la respuesta es a todas luces sencilla. Sin embargo, de una forma muy desafortunada, no todos nuestros paradigmas legales se enfocan en el aspecto material de la democracia, e intencionalmente hacen a un lado a los verdaderos aspectos de esta. Si a esto sumamos la falsa creencia popular –profundamente arraigada– de que la "ley es buena por el simple hecho de ser realizada por la voluntad popular", el resultado en cuanto a derechos humanos es caótico. No me cansaré de repetir la opinión de un sinfín de autores de talla mundial que –atinadamente– señalan que la ley no puede ser nuestra única solución, principalmente por su maleabilidad, para regular a la siempre cambiante naturaleza de las relaciones y problemáticas humanas actuales (Ferrajoli, 2010).

Es particularmente importante que no depositemos nuestra fe ciega en las mayorías políticas, y que no ofrezcamos nuestros deseos enteros a las mismas. El desgarrador mensaje que nos deja la Segunda Guerra Mundial en cuanto a la capacidad de propaganda engañosa, hecha desde las mayorías políticas y sociales, para engañar a la humanidad respecto a que la mayoría política tiene la razón (Lubitsch, 1942), es y debe ser un motivo histórico que nos inhiba hoy en día, de actuar como máquinas manipulables, que creamos que, desde el poder, todo sea válido siempre que venga respaldado por mayorías apabullantes. Sin lugar a duda, debemos comenzar a actuar más como humanos y menos como máquinas como desde 1940 nos decía Charlie Chaplin.

Para demostrar el punto anterior, podemos tomar como ejemplos los mensajes contenidos dentro de la película *The great dictator* (Chaplin, 1940) del mencionado cineasta, que simplemente resultan fundamentales para demostrar la fragilidad de la democracia. Tomemos como ejemplo la siguiente cita textual de la mencionada película:

> Soldiers, don't give yourself to brutes, men who despise you, enslave you, who regiment your lives, tell you what to do, what to think and what to feel. Don't give yourself to these unnatural men, machine men with machine minds and machine hearts. (Chaplin, 1940)

La ley no puede ir por encima de estos valores humanos intangibles, aun cuando las mayorías nos hagan creer (ya sea pacíficamente o por vía de la fuerza), que, por ejemplo, hay cierta vida humana que no merece ser respetada. Actualmente hemos perdido nuestro rumbo, y creemos que, si un principio es compartido o solicitado por las mayorías, o peor aún, si el mismo se encuentra reconocido en una ley, es y debe ser, perfectamente obligatorio, aunque implique una falta de respeto a la vida humana, la libertad, la propiedad, o cualquier otro de los derechos humanos que tanto trabajo nos ha costado obtener. A casi cien años de este movimiento bélico devastador que marcó un parteaguas en nuestros pensamientos como humanos, esto es impresentable.

LA LEY: RESPUESTA INSUFICIENTE

No hay forma de negar que la ley es el mecanismo por excelencia que regula la conducta humana, siendo la encargada de delinear lo socialmente adecuado en un momento histórico determinado. Si no hubiéramos sido testigos de las múltiples atrocidades causadas en el pasado, sería válido concluir que la ley es un mecanismo fenomenal, que nos permite como humanos ir perfeccionando nuestras reglas de conducta para el mejoramiento humano. Tristemente, también sabemos que la ecuación perfecta para el desastre legislativo es la mayoría política, por ejemplo, en el Congreso (cuestión abiertamente criticada por diversos expertos), pues no hay nada que separe a un discurso político –por más irresponsable que sea– de convertirse en una ley obligatoria en una jurisdicción determinada.

Considero que la ley por su carácter cambiante, y por ser generalmente un instrumento al servicio de los funcionarios públicos, no atiende a las exigencias de la sociedad, y es un medio peligroso para hacer legítimas acciones gubernamentales que ética o moralmente, pudieren no ser las correctas. La ley escrita, no es el instrumento más idóneo para resolver las problemáticas propias del siglo actual, que cada vez son más heterogéneas y complejas. La razón es muy sencilla, los gobernantes piensan que, si la ley es un obstáculo para el cumplimiento de sus fines políticos, la ley será modificada proporcionalmente para permitir aquello que impide el cumplimiento de sus deseos. La propia democracia está en riesgo con esto en mente, pues son pocos los candados que en muchos países separan de la democracia a la tiranía, pues la diferencia entre uno y otro es simplemente un grupo de palabras en un ordenamiento escrito, modificable a través de las mayorías políticas abiertamente criticadas en estas líneas.

Por este motivo, pienso que debemos depositar nuestras expectativas en valores supremos que, en contraste de las leyes escritas, no estén sujetas al cambio humano. La democracia debe seguir la misma suerte, pues no podemos seguir permitiendo que un grupo de legisladores nos digan, con una visión más política que natural, lo que debe o no hacerse en un momento histórico particular. Tengamos muy presente que lo que es importante para la ley escrita hoy, por el frecuente cambio al que se sujeta toda ley con el proceso legislativo, puede ya no serlo mañana. Por eso necesitamos reafirmar más que nunca, los principios humanos naturales y los derechos inherentes a la raza humana como supremos, por encima de cualquier instrumento que directa o indirectamente, esté a merced de las mayorías, o sea simplemente propaganda para conseguir o mantener seguidores.

La base de todo esto radica simplemente en tener presente que la ley no puede ni debe pedir obediencia irrestricta o consenso general, sino adherencia a formas no escritas (Sbriccoli, 2004) que han sido pasadas de generación en generación simplemente por tener contenido que, en esencia, es considerado como valioso, práctico y aplicable por nuestra sociedad general de momento a momento (Glenn, 2008).

En la película *Blade Runner* (Scott, 1982), podemos constatar la capacidad de la ley escrita de obligar, e incluso recompensar, el exterminio de un determinado espécimen (aun cuando tenga rasgos comunes al ser humano), por el simple hecho de que sean diferentes, o vayan en contra de algún objetivo establecido por los gobernantes de dicha época. La línea es ciertamente delgada tratándose del ejemplo expuesto en dicha película, pues la protección a la vida resulta incongruente cuando es a medias, y cuando requiere elementos sumamente formalistas para su reconocimiento o protección.

Si de nueva cuenta creemos que la ley debe ser la responsable para distinguir qué tipo de vida debe ser protegida, y cuál no debe serla, quizá no hemos aprendido nada del evento tan catastrófico que representó la Segunda Guerra Mundial, que como podemos apreciar en la película *The Grave of the fireflies* (Takahata, 1988), a pesar de generar una pérdida masiva de vida humana, nos demostró que la supervivencia de nuestra raza, sin importar el principio o la ideología que profesamos, es lo más importante y quizá lo único que tenemos en común como seres humanos. Sin importar las circunstancias, debemos recordar que todos los individuos somos iguales, y que con independencia de las ideologías o creencias que defendamos, ciertamente podemos aprender a coexistir en una forma pacífica.

De ahí que no sea extraño ver esta película y llegar a las lágrimas, aún sin tener el más mínimo punto de contacto con la ideología japonesa, y a pesar de ser dicha nación parte del eje que, en unión con Hitler, buscaba la supremacía de una determinada raza sobre de otras. Es esta inocencia humana la que, a mi consideración, no podemos perder para jamás volver a cometer este tipo de crímenes de lesa humanidad en contra de aquellos que, simplemente piensen diferente o representen minorías políticas o sociales.

La inocencia mostrada por ejemplo por Charles Foster Kane en la película *Citizen Kane* (Welles, 1941), ciertamente puede haber desaparecido para muchas personas o naciones poderosas, pero somos aún más los que creemos que las mayorías –esas que nos hacen creer que el dinero, la fama o el poder son más importantes que nuestra unidad como raza humana– no tienen la razón, ni el poder, para imponer su pensamiento sobre el nuestro. Reafirmó que el restablecimiento de la ingenuidad, y sobre todo la educación y la cultura, puede ser la diferencia entre gobiernos que respeten derechos naturales aún por encima de la ley, y gobiernos que repitan los mismos errores que nos han caracterizado durante toda nuestra historia. La siguiente cita de George Monbiot demuestra que, para eliminar la necesidad de poder, la ingenuidad y la educación es requerida:

> *Why shouldn't every child spend a week in the countryside every term, why shouldn't everyone be allowed to develop the kind of skills the children I met were learning: rock climbing, gorge scrambling, caving, night walking, rope work and natural history. Getting wet and tired and filthy and cold, immersing yourself metaphorically and literally in the natural world: surely by these means you discover more about yourself than you do during three months in a Classroom.* (Monbiot, 2016, p. 27)

Hay ciertos intangibles que deberían ser responsables del robusteci-miento de una verdadera cultura democrática (que como ya fue dicho, no solo giren en torno a la elección popular, sino la observancia y respeto de las leyes no escritas). El fervor con el que las personas defienden a la democracia, es y ha sido responsable de diversas violaciones a derechos humanos que, en su generalidad, nos han abierto los ojos en el sentido de entender que el extremismo en formas de gobierno, no tiene repercu-siones positivas, sino que afecta nuestra naturaleza y genera una pérdida de nuestra inocencia por creer que existen razas o ideologías superiores a otras, en medida de que son respaldadas por las mayorías.

LA EXISTENCIA DE PRINCIPIOS SUPERIORES A LA LEY ESCRITA

Me parece que, de recobrar esta ingenuidad, educación y cultura, el esta-blecimiento de naciones virtuosas, que no cometan los mismos errores del pasado, no es del todo imposible. No tenemos que crear un mítico lugar como Shangri-La (Capra, 1937), lugar en el que todos los sueños a los que pudiéramos llegar a aspirar como nación fueran realidad, para transformar nuestras sociedades y culturas de una forma positiva.

La internacionalización de valores y principios es simplemente un principio básico sobre el que debe ceñirse nuestra democracia, aleján-dose cada vez más de la falsa definición que nuestros propios dicciona-rios proponen, en torno a la capacidad de los gobernados para elegir a sus representantes. Si logramos internacionalizar estos principios (bajo la simple base de que, todos somos seres humanos con la misma indivi-dualidad), podremos entonces aspirar a vivir en sociedades realmente democráticas. En palabras de Alexis de Tocqueville:

> *In lack of dead languages, democratic civilizations obtain words from live languages, for they communicate between them incessantly and men from different countries imitate themselves because they are similar.* (2007, p. 595)

Sin embargo, no nos olvidemos que la democracia es *per se*, un mito. El Diccionario de la lengua española (2020b) define a la palabra mito como "una persona o cosa a la que se le atribuyen cualidades o excelen-cias que no tiene". Esta definición demuestra perfectamente la necesidad de encontrar nuevas virtudes y principios sobre los que nos rijamos, principalmente porque generalmente creemos que la democracia es la panacea del mundo moderno, y la conquista más importante de nuestra época, cuando ni siquiera se ha demostrado que esto sea correcto. Aún el propio Alexis de Tocqueville reconocía que la democracia no era igualmente practicada en Estados Unidos, y en otros países como Francia, por el diferente origen que había llevado a cada una de estas Naciones, a su vida independiente.

Es cierto que pequeños desperfectos en esta forma de gobierno han llevado al borde a la extinción de la raza humana. Ciertamente hemos subestimado las otras formas de gobierno de Aristóteles, que si bien es cierto también tienen diversos defectos, nunca han sido del todo instrumentados. Mentiría si dijera que conozco la forma política que, por excelencia, debe ser instrumentada a futuro, pero si tengo la seguridad de que depende mucho de la ciudadanía, y poco de los funcionarios públicos (y todavía menos de la ley escrita), alcanzar un verdadero cambio en cuanto nuestros actuales estándares democráticos, que tristemente se complacen con la posibilidad de nombrar y remover a funcionarios gubernamentales.

Como atinadamente señala Alexis de Tocqueville, la solución radica en el desarrollo de un sentido común de pertenencia que arrastre a los hombres de diferentes religiones, países y culturas al establecimiento de un concepto de democracia más amplio que el que actualmente defendemos, y que contrario a la tendencia actual, se enfoque más en la protección de derechos humanos. De acuerdo con Aristóteles (2013, p. 133), este pensamiento común, si es realmente defendido con fuerza, no puede desvanecerse: *"No voice, uttered by many nations, can completely perish"*.

EL NUEVO PARADIGMA DE LA DEMOCRACIA

Nos cuesta trabajo crear unidad en relación con este concepto, debido a la disparidad política y cultural de nuestras sociedades, que por supuesto, impacta nuestra concepción de democracia, como atinadamente señala Alexis de Tocqueville (2007, p. 595). Sin embargo, la creación de un nuevo paradigma de democracia, basado en el respeto de estas Naciones a los derechos humanos, así como a principios y valores internacionales (de los que tenemos conocimiento desde el nacimiento del Derecho natural), harán de la democracia un mejor mecanismo de convivencia y de ejercicio del poder.

Es una pregunta frecuente por múltiples autores, creer que quizá no sea más importante un nuevo reconocimiento de este concepto de democracia en nuestras sociedades. Quizá sean estos mismos autores los que se pregunten si el enfrentamiento del régimen nazi era necesario si esto implicaría la pérdida masiva de humanos. En respuesta a lo anterior, reafirmo que la vida solo tiene sentido si hacemos frente y cuestionamos a estos movimientos que parecen contar con la mayoría de sus Naciones, pues como ya dije, las mayorías pueden resultar perversas y sumamente dañinas para el ser humano de no ser enfrentadas con vigor por las minorías sociales.

Quizá sea también este el motivo el por qué en la película *Fury* (Ayer, 2014), aún reencarnando dicha película una historia particular con rasgos exagerados, un pequeño batallón de soldados del Ejército de los Estados Unidos de América enfrentó valientemente a un centenar de soldados alemanes, aun cuando esto los llevó a su muerte. Claramente es el resultado de entender que las mayorías, cuando profesan ideas de odio y violencia, deben ser enfrentadas a costa de todo, para precisamente impedir que nuestras concepciones sean modificadas a capricho de ellas, a través de su mecanismo favorito para hacerlo: la ley.

La vida humana, voluntariamente sacrificada para obtener un mejor ambiente político y social, es y debe ser honrada, como apreciamos en la película *The Untouchables* (Palma, 1987), en la que este sacrificio, en aras de un bien mayor, es de igual forma bien visto. Los derechos humanos, de igual forma son más importantes que la democracia, por lo que resulta necesario, por no decir obligatorio, que modifiquemos nuestro pensamiento rupestre en cuanto a este principio para dotar de mayor importancia a la definición material del mismo, por sobre de su definición formal, que si bien es cierto ha sido una conquista importantísima, nos ha llevado a un estancamiento político sin precedentes por creer que posee todas las cualidades a priori, para el mejoramiento de nuestros órganos públicos.

CONCLUSIONES

La democracia ha secuestrado nuestros sistemas legales y políticos. Como menciona Boaventura de Sousa Santos (2014), nos enfocamos demasiado en las estructuras occidentales y hacemos menos, cualquier concepción fuera de nuestra área de confort que no se acople a nuestros pensamientos. Necesitamos reconocer que la real concepción de la democracia a futuro es precisamente la democracia material y no tanto, la definición formal.

De igual forma, necesitamos establecer derechos internacionales y principios con este mismo carácter, que enaltezcan nuestra verdadera naturaleza, y que no dejen duda de que hay ciertos bienes y derechos intangibles, que no están abiertos a modificaciones a través de procesos legislativos. Consecuentemente, la democracia material nos apoyará en asegurar que ninguna persona, sin importar su poder político, o el número de seguidores que tenga, pueda unilateralmente corromper nuestras instituciones o determinar nuestras libertades como ha ocurrido en el pasado, en perjuicio de toda la raza humana.

Para que estas aseguraciones mínimas sean establecidas, debemos adquirir conciencia de nuestro presente y nuestro pasado, pues es la historia el mejor instrumento que nos sirve como guía, para cumplir con las garantías de no repetición que tanto aclamamos y que nuestras constituciones mundialmente reconocen. Recordemos en la película *Cinema Paradiso* (Tornatore, 1988), que la importancia de conocer el pasado, es precisamente para no cometer los mismos errores del pasado (Johnson, 2012): *"Those who don't know history are destined to repeat it"*.

Debemos despojarnos de la falsa creencia de que la democracia es la solución a todos los problemas, pues como la historia nos ha enseñado, las mayorías no siempre tienen la razón. Son precisamente estas mayorías, quienes, en nombre de la democracia o la soberanía, realizan múltiples violaciones de derechos que, sin duda alguna, han marcado la mentalidad de cada uno de nosotros de una forma triste y negativa.

La verdadera naturaleza humana, no puede ser determinada por una ley escrita realizada, modificada o adicionada por un gobernante con ambiciones y pensamientos políticos, que cambian al son de las tendencias sociales. Una ley simplemente no puede ser la encargada –al menos en definitiva– de determinar lo correcto e incorrecto en cada momento particular, simplemente por el hecho de que estas leyes son creadas por hombres que, en muchos casos, no tienen la razón. Lo mismo puede decirse de la democracia, instrumento que, por la reverencia ciega que le solemos tener, nos hace creer en el mito, de que quien obre al amparo de las mayorías, obra siempre en beneficio de la sociedad.

Culmino reiterando que mi intención no es desvirtuar por completo las virtudes de la democracia, pues es innegable que la misma ha demostrado, cuando se implementa adecuadamente, que tiende a evolucionar los regímenes comerciales, políticos y sociales de una determinada nación. Sin embargo, en los casos en los que se implementa inadecuadamente, quizá también aunado al hartazgo que ha caracterizado a muchos países a lo largo del mundo, esta ha resultado insuficiente para garantizar que un líder, por más popular que sea, destruya por completo un país entero. Espero que a futuro superemos esta falsa creencia y desvirtuemos este mito, para de una vez por todas romper con el dicho popular de que los humanos somos los únicos animales que tropezamos con la misma piedra dos veces.

REFERENCIAS

Artículos y libros

Aristóteles. (2013). Ética Nicomaquea. Porrúa.

Ferrajoli, L. (2010). *Derechos y Garantías: La ley del más débil*. Trotta.

Fioravanti, M. (2014). *Constitucionalismo: Experiencias Históricas y Tendencias Actuales*. Trotta.

Glenn, H. P. (2008). *Legal Traditions of the World*. Oxford University Press.

Harari, Y. N. (2013). *De animales a dioses: Breve historia de la humanidad*. Penguin Random House.

Hobbes, T. (1994). *Leviatán*. Gernika.

Monbiot, G. (2016). ¿How did we get into this mess? Verso.

Santos, B. de S. (2014). *Si Dios fuese un activista de los derechos humanos*. Trotta.

Sbriccoli, M. (2004). Justicia Criminal: la Ley. En Fioravanti, M. (ed.), *El Estado Moderno en Europa*. Trotta.

Tocqueville, A. de (2007). *La democracia en América*. Akal.

Waldron, J. (2017). Dignity and Human Rights: A reconceptualisation, *Oxford Journal of Legal Studies*.

Zagrebelsky, G. (2011). *El derecho dúctil: ley, derechos, justicia*. Trotta.

Filmografía

Ayer, D. (Dir.). (2014). *Fury* [Película]. Estados Unidos: Columbia Pictures.

Capra, F. (Dir.). (1937). *Lost Horizon* [Película]. Estados Unidos: Columbia Pictures.

Chaplin, C. (Dir.). (1940). *The great dictator* [Película]. Estados Unidos: Charles Chaplin Film Corporation.

Lubitsch, E. (Dir.). (1942). *To be or no to be* [Película]. Estados Unidos: Metro-Goldwyn-Mayer Studios, Inc.

Marker, C. (Dir.). (1962). *La Jetée* [Película]. Francia: Argos Films.

Palma, B. de. (Dir.). (1987). *The Untouchables* [Película]. Estados Unidos: Paramount Pictures.

Resnais, A. (Dir.). (1955). *Night and Fog* [Película]. Francia: Argos Films.

Riefenstahl, L. (Dir.). (1933). *Der Sieg des Glaubens* [La Victoria de la fe, título en español] [Película]. Alemania.

Riefenstahl, L. (Dir.). (1935). *Triumph of the will* [Película]. Alemania: Reichsparteitag-Film.

Scott, R. (Dir.). (1982). *Blade Runner* [Película]. Estados Unidos: The Ladd Company, Shay Brothers, Blade Runner Partnership.

Takahata, I. (Dir.). (1988). *Grave of the fireflies* [Película]. Japón: Studio Ghibli.

Tornatore, G. (Dir.). (1988). *Cinema Paradiso* [Película]. Italia: Ariane Films.

Welles, O. (Dir.). (1941). *Citizen Kane* [Película]. Estados Unidos: Mercury Productions.

Recursos electrónicos

Johnson, J. (2012, junio 10). Be Responsible, don't repeat mistakes, *The Columbia Daily Tribune*, https://www.columbiatribune.com/article/20120610/Lifestyle/306109802

Real Academia Española (RAE). (2020a). 'Democracia', *Diccionario de la lengua española*, 23ª ed. Madrid, https://dle.rae.es/democracia

Real Academia Española (RAE). (2020b). 'Mito', *Diccionario de la lengua española*, 23ª ed. Madrid, https://dle.rae.es/mito

The School of Life. (2016). Why Socrates Hated Democracy, *The School of Life, Londres*, https://www.theschooloflife.com/thebookoflife/why-socrates-hated-democracy

~

LEGITIMACIÓN CONSTITUCIONAL Y CONVICCIÓN SOCIAL: LA UTILIZACIÓN DEL CINE DURANTE EL TERCER REICH COMO UN INSTRUMENTO PROPAGANDÍSTICO

Carmen Hernández Gutiérrez
Universidad Panamericana

> *En la tierra de Mordor, en los fuegos del Orodruin,*
> *el Señor Oscuro Sauron forjó en secreto un anillo maestro,*
> *para controlar a todos los demás.*
> *Y en este anillo vertió su crueldad,*
> *su malicia y su voluntad de dominar toda la vida.*
> *Un anillo para gobernarlos a todos*
> Jackson (2001).[1]

El presente artículo tiene por objetivo demostrar que durante el periodo del Tercer Reich el gobierno alemán decidió utilizar el cine como un

---

[1] El diálogo original dice: "*In the land of Mordor, in the fires of Mount Doom, the Dark Lord Sauron forged in secret a master Ring, to control all others. And into this Ring he poured his cruelty, his malice and his will to dominate all life. One Ring to rule them all*".

medio propagandístico, no solo para legitimar su actuar, sino también para preparar a la sociedad ante un nuevo régimen constitucional, consonante a los principios rectores del nacionalsocialismo.

La razón por la cual decidí abordar un tema que a primera vista parece ser únicamente el análisis histórico, bajo una perspectiva constitucional de Alemania desde enero de 1933 hasta abril de 1945 se debe a la relevancia actual que considero que temas como la historia, el cine y la propaganda tienen. Asimismo, pienso que la importancia de hacer un ejercicio interdisciplinario, aunque parezca en este caso frívolo y obvio, radica en que estimo que es así como opera nuestra realidad. Es decir, si bien se puede abordar la historia y el Derecho como disciplinas separadas, también es lógico estudiarlas de manera conjunta, pues es así como su contenido y estudio tienen más sentido.

Además, considero de gran interés poder analizar el presente y el futuro cercano, a través de unos binoculares que nos peritan observar el pasado.

Para entender que la propaganda cinematográfica del Tercer Reich fue utilizada como un medio para legitimar ante la sociedad el régimen constitucional de la época solo es posible si de antemano el lector tiene una noción básica respecto de lo que implicó dicho sistema jurídico, por esta razón, el primer apartado de este artículo se enfocará en hacer una breve explicación de lo que supuso la destrucción y reconstrucción a la que se enfrentó el Estado Alemán de Weimar, seguida por la exposición de dos principios fundamentales del nacionalsocialismo: el *Führerprinzip* y el *Volksgemeinschaft*.

En cuanto al segundo apartado, este se enfocará en evidenciar de manera concreta cómo el cine del Tercer Reich estuvo infundido con principios que descansaban en la ideología nacionalsocialista, haciéndolo así, una herramienta propagandística acorde a una nueva cosmovisión.

FUNDAMENTOS CONSTITUCIONALES DEL RÉGIMEN CONSTITUCIONAL DEL TERCER REICH: LA DESTRUCCIÓN Y RECONSTRUCCIÓN DEL ESTADO ALEMÁN

El año 1919 vio nacer un nuevo régimen constitucional, basado en la soberanía del pueblo alemán. Trece años después de la instauración de la República de Weimar, bajo el velo de la Constitución del Imperio

Alemán o Constitución de Weimar (Caldwell, 1997, p. 1), el líder del Partido Nacionalsocialista Obrero Alemán, Adolf Hitler, le dio vida a una nueva dictadura que duraría hasta abril de 1945, cuando se suicidó tras la entrada del ejército soviético a Berlín (Weinberg, 2014, p. 116).

Desde su publicación, la Constitución de Weimar no dejó de ser un tema controvertido pues preveía libertades revolucionarias para su época tales como el voto para hombres y mujeres de 20 años de edad, la libertad de asociación, la libertad de pensamiento y religiosa, la libertad personal y la libertad de expresión (Shrier, 1960, p. 57). Además, con la llegada del Tercer Reich se empezó a discutir si su vigencia permanecía o si la publicación de leyes nacionalsocialistas equivalía a un cambio constitucional que provocaba la suspensión de la Constitución. A pesar de la aparente continuidad del *statu quo*, la realidad era otra, y tal como lo había afirmado Carl Schmitt, la Constitución de la República de Weimar dejó de tener validez (Koch, 1989, p. 41).

La finalización de la República de Weimar, con la aprobación de la Ley Habilitante de marzo de 1933[2], buscó dar la apariencia de "constitucional" al nuevo régimen[3]. De esta manera, la democracia constitucional

---

[2] La *Ley para Remediar la Angustia de las Personas y del Reich* modificó la facultad para legislar, arrebatándosela al parlamento y otorgándosela al gabinete del Reich de manera exclusiva. A partir de su entrada en vigor, los miembros del gabinete podían controlar el presupuesto del Reich, aprobar tratados internacionales y realizar modificaciones constitucionales. También especificó que las leyes emitidas por el gabinete podrían ser redactadas exclusivamente por el canciller, incluso aunque resultaran violatorias a la Constitución de Weimar (Shrier, 1960, p. 198).

[3] Es interesante mencionar el pensamiento de Ernst Fraenkel (2017, p. 9) pues determina que el golpe de Estado nacionalsocialista inició con el *Decreto de Incendio del Reichstag*, publicado por von Hindenburg, en febrero de 1933, con las presiones de Hitler como canciller, mismo que demarcó el inicio de un estado de emergencia nacional y con ello la aplicación de la ley marcial.

Fraenkel señala que la ley marcial ha sido utilizada en la historia constitucional de los siglos XIX y XX como suplemento al Estado de Derecho. Cuando el Estado de Derecho se encuentra amenazado, entonces, la ley marcial se invoca para restaurar el orden constitucional necesario para la existencia del Estado de Derecho que pretende reparar.

Siguiendo el pensamiento del mencionado autor, se deben cumplir tres requisitos para invocar constitucionalmente dicho estado legal. En primer lugar, el Estado de Derecho civil debe haberse infringido o verse amenazado; en segundo lugar, la ley marcial se debe declarar de la manera más temprana posible; y, por último, la ley marcial únicamente será vigente hasta que el Estado de Derecho sea restaurado.

amparada por la Constitución de 1919 se había rendido, legal y pacíficamente, ante su extremo opuesto (Caldwell, 1997, p. 1).

Para poder hablar del régimen constitucional del Tercer Reich considero importante, ante todo, hacer referencia a la teoría constitucional nacionalsocialista, sus principios fundamentales y la manera en la que el Estado construyó un sistema legal basado en su propia ideología de partido[4].

LA DESTRUCCIÓN DEL ESTADO ALEMÁN

Oliver Lepsius (2003, p. 21) determina que aún y cuando la Constitución formalmente siguió vigente, pues no hubo ninguna reforma o abrogación expresa, sustancialmente fue suspendida. Es decir, el régimen constitucional nazi se destacó, por una parte, en la extinción material de la Constitución de Weimar y, por otra parte, de manera paralela, en la construcción de principios legales afines al nuevo régimen.

De conformidad con Lepsius (2003, p. 22) el declive, suspensión y, por último, la destrucción del orden constitucional de Weimar tuvo lugar de manera paulatina y se puede entender de manera simplificada a partir de un proceso constituido por tres etapas. Estas consistieron en la suspensión de los principios constitucionales, la suspensión del pluralismo social y en la suspensión del federalismo previsto por la Constitución.

No obstante la claridad de estos requisitos para la instauración de la ley marcial en un estado de emergencia, la realidad fue que el Partido Nacionalsocialista quebrantó el Estado de Derecho; abusó de la implementación de dicho régimen de excepción, promovido de manera fraudulenta para abolir la Constitución de Weimar; y, mantuvo la ley marcial hasta el final del Tercer Reich.

De acuerdo con lo que estableció la Corte de Apelaciones de Berlín, el 1 de noviembre de 1933, la creación de un Estado Nacionalsocialista, al generar deliberadamente un estado de emergencia, fue el principal objetivo del *Decreto del Incendio del Reichstag*. Este Estado se consolidó de manera formal con la publicación de la *Ley para Asegurar la Unidad del Partido y el Estado* del primero de diciembre de 1933.

4   He de mencionar que este capítulo no tiene como objetivo agotar el tema del Derecho Nacionalsocialista, ni su teoría constitucional. De igual manera no considero fundamental, para efectos de este trabajo, incluir todo lo que comprendió la ideología del partido.

La primera etapa mencionada consistió en la suspensión de derechos civiles, fundamentada en el *Decreto del Incendio del Reichstag*[5] y la *Ley habilitante de 1933*. Aunque la Constitución de Weimar mantuvo su vigencia de manera nominal, la realidad fue que se redujo a un cascarón sin contenido, ya que se suspendió la vinculación del poder estatal a la Constitución, se dejó de velar por la protección y cumplimiento de derechos fundamentales, se eliminó el control parlamentario del *Reichstag* y la creación de leyes pasó a ser una facultad, prácticamente, del poder ejecutivo, mismo que podía legislar a través de decretos modificatorios del contenido constitucional (Lepsius, 2003, p. 22).

Considero importante destacar que, si bien la abolición de los límites constitucionales de Weimar fue el objetivo de la publicación del *Decreto del Incendio del Reichstag*, durante los primeros años del régimen nacionalsocialista las cortes intentaron mantener viva la supremacía de la ley. Esto se evidenció a partir de sentencias que tomaban en cuenta la vigencia limitada del Decreto y los cuestionamientos que se hacían respecto a las violaciones de principios fundamentales, no previstas por el artículo 48 de la Constitución de Weimar[6] (Fraenkel, 2017, p. 14). Con el paso del tiempo dichas interrogantes dejaron de tener importancia pues los límites constitucionales fueron ignorados como consecuencia de la dictadura Hitleriana (Fraenkel, 2017, p. 16).

La suspensión del pluralismo social implicó remover la diversidad de partidos políticos y asociaciones de conformidad con el *Gleichschaltung*[7]. El objetivo de eliminar la pluralidad de partidos políticos y asociaciones intermedias como los sindicatos consistió en crear un sistema estatal de

---

[5] El Decreto del presidente del Reich para la protección del pueblo y el Estado fue un acto administrativo que facultó al gabinete para intervenir en cualquier asunto estatal, además de suspender secciones completas de la Constitución de Weimar (Loewenstein, 1939, p. 12). Asimismo, facultó a la policía para llevar a cabo detenciones sin órdenes judiciales y mantener a las personas en prisión preventiva de manera indefinida (Evans, 2004, p. 333).

[6] Dicho artículo proveía al presidente la facultad de regir a través de decretos y a utilizar al ejército para restaurar el orden en cualquier estado federal, además de la suspensión de ciertas libertades. Fuente: artículo 48 de la Constitución de Weimar (Dyzenhaus, 2003, 33).

[7] Este concepto hace referencia a la coordinación forzada, impulsada por el Partido Nazi para remodelar instituciones existentes conforme a la ideología nacionalsocialista. (Reeves, 1999, 131).

un solo partido político, en el que no hubiera una diferencia entre el Estado y la sociedad misma (Lepsius, 2003, p. 22).

La conformidad forzada, generada por el *Gleichschaltung*, se logró a través de distintos medios como la *Ley para la Restauración de la Función Pública* (abril de 1933)[8], la *Ley contra la Formación de Partidos Políticos* (julio de 1933)[9], la eliminación de sindicatos[10] y la *Ley para Asegurar la Unidad del Partido y el Estado* (diciembre de 1933)[11] (Lepsius, 2003, p. 22).

Por último, el Federalismo establecido por la Constitución de Weimar se vio suspendido debido al *Gleichschaltung* gradual que sufrieron los Estados Federados (*Länder*) y que se consolidó con la Ley del 30 de enero de 1934, misma que decretó una nueva estructura del Reich (Lepsius, 2003, p. 22).

Lepsius (2003, p. 22) señala que la disolución de los conceptos básicos de la Constitución, las relaciones sociales y las atribuciones de los *Länder* fueron necesarias para construir de manera paralela un nuevo Estado Nacionalsocialista, a partir del cual se redefinió el vínculo con la Constitución, la sociedad y el territorio. En términos de derecho positivo, esto significó la disolución de los principios constitucionales de Weimar: protección de derechos fundamentales y parlamentarismo; el Estado de Derecho y la asimilación de estatutos a leyes; y el federalismo y la división de poderes.

---

[8] Esta ley fue el primer instrumento legislativo para llevar a cabo la reestructuración de la función pública, pues el Partido Nazi buscó que el gobierno estuviera integrado por gente simpatizante con sus causas y que formara parte del *volk* (Majer, 1993, p. 85).

[9] Si bien la prohibición respecto de la creación de partidos políticos se reguló en esta ley, desde junio habían comenzado las prohibiciones *de facto* (Lepsius, 2003, p. 22).

[10] El derecho a formar parte de un sindicato estaba previsto por la Constitución de Weimar y con fundamento en él se constituyeron tres sindicados principales: los sindicatos libres, asociados generalmente con el Partido Socialdemócrata; los sindicatos Católico-Cristianos, relacionados con el Partido Central y, por último, los sindicatos *Hirsch-Dünker*, quienes representaban a los liberales. Sin embargo, a partir de mayo de 1933 estos sindicatos se "coordinaron voluntariamente" e integraron al Frente Alemán del Trabajo (Deutsche Arbeitsfront; DAF) (Welch, 2002, p. 66).

[11] El artículo primero de dicha ley establecía: "*Since the victory of the National Socialist revolution the NSDAP is carrier of the idea of the German state and thus indissolubly united with the state*". La traducción del inglés al español es propia: "Desde la victoria de la revolución nacionalsocialista, el NSDAP es quien porta la idea del estado alemán y, por lo tanto, se encuentra unido indisolublemente con el estado" (Koch, 1989, 39).

LA RECONSTRUCCIÓN DEL ESTADO ALEMÁN

La destrucción del orden constitucional de Weimar vino aparejada con la aplicación de dos principios ideológicos, no solo para el desarrollo de la naciente teoría constitucional nacionalsocialista, sino también como fundamento del régimen constitucional del Tercer Reich (Lepsius, 2003, p. 23). Fue a través de su aplicación como se originó una nueva Constitución material.

El *Führerprinzip* y el *Volkgemeinschaft* encarnaron los principios cardinales a los que el derecho constitucional y, en general, la ley nacionalsocialista se adhirió[12] (Lepsius, 2003, p. 23).

EL PRINCIPIO DEL *FÜHRER*

La ideología nacionalsocialista giraba en torno del principio del *Führer* o *Führerprinzip*, mismo que se reflejó en la vida política alemana a partir del 30 de enero de 1933. Este principio, mencionado por Hitler en *Mein Kampf*, implicaba que el *Volk* (la comunidad nacional), incluyente de instituciones como la familia hasta el gobierno central, debía estar representada por un único líder en posesión de poder ilimitado (Majer, 1993, p. 11).

Este principio traía aparejada la idea de un vínculo superior entre el líder y sus seguidores. De esta manera, el *Führer*, como líder de la comunidad nacional, articulaba el conocimiento y verdadera voluntad de la nación, logrando su expresión a través de acciones. Según Rudolf Huber (Lepsius, 2003, p. 25), el *Führer* era la encarnación de la voluntad general de la comunidad.

De lo anterior se desprende la primacía de todas las órdenes dadas por el líder, incluso, como era de esperarse, sobre el texto constitucional de Weimar (Lepsius, 2003, p. 25). Hitler, como líder y ejecutor de la voluntad nacional, gozaba de una autoridad irrestricta por límites legales, exhaus-

---

[12] Es importante destacar que los principios que aquí menciono no son exclusivos, ni fueron creados, aunque sí adoptados y modificados, por el nacionalsocialismo. Asimismo, considero importante mencionar que debido a que este artículo no tiene como objetivo central agotar el tema de la ideología del Partido Nacionalsocialista, solamente los abordaré brevemente.

tiva, responsable ante nadie, temporal y materialmente ilimitada, aparte de ser fuente de toda disposición legal (Majer, 1993, p. 14).

El hecho de que el *Führer* representara la voluntad de la comunidad propició que este pudiera regir de acuerdo con su disposición, sin la necesidad de estar atado a leyes, decretos o cualquier precepto formalmente legal. Incluso declaraciones hechas por Hitler en discursos o conversaciones fueron materializadas[13] y llegaron a formar parte de la práctica política de la época. En pocas palabras, la voluntad del *Führer* representaba la ley suprema (Majer, 1993, p. 14).

Es importante mencionar que la voluntad del *Führer* se convirtió en una Constitución *völkisch*, que no requería de una estandarización (Majer, 1993, p. 15). No debía ser entendida como un sistema de conceptos legales, pues esto implicaría ciertos límites, contradictorios a los principios de unidad, movimiento e integridad que la caracterizaron (Majer, 1993, p. 591).

La voluntad del *Führer* pasó a ser la única fuente de ley y con ella, la redistribución de funciones estatales también se vio modificada. Consecuentemente, la obligación de los órganos estatales por actuar de conformidad con el Principio de Legalidad se transformó en un deber de llevar a cabo la voluntad del líder. Aunque se conservó la terminología de un Estado constitucional, la realidad fue que el principio de liderazgo se impuso y el contenido de la doctrina constitucional alemana tradicional perdió su significado (Majer, 1993, p. 16).

Al igual, la doctrina nacionalsocialista determinaba que la autoridad del *Führer* solamente podía ser entendida de manera intuitiva, pues todos los conceptos constitucionales de Weimar perdían sentido frente a este principio. De igual forma, cualquier limitación al mismo, significaría una contradicción en cuanto a su amplitud y profundidad (Majer, 1993, p. 15).

Diemut Majer (1993, p. 15) determina que el *Führerprinzip* se orientó en cuanto al cumplimiento de "valores concretos de la comunidad" tales como el honor, la libertad, la veracidad, la fidelidad, la preparación para

---

[13] Por ejemplo, la cancillería del *NSDAP* fundamentó sus argumentos en la voluntad del *Führer*, para presionar en cuanto a la emisión de leyes penales en contra de personas extranjeras pertenecientes a los territorios anexados en Europa del Este (Majer, 1993, p. 590).

el sacrificio y la pureza de la sangre, encubiertos por palabras con definiciones vagas[14] en lugar de contenidos concretos.

Asimismo, Majer (1993, p. 12) señala que, si bien es cierto que el *Führerprinzip* podía inferirse de documentos como la *Ley Habilitante de 1933*, el *Programa del Partido Nacionalsocialista*, la *Ley para Asegurar la Unidad del Partido y el Estado* del primero de diciembre de 1933[15], y el *Decreto sobre la Cabeza del Estado del Reich Alemán*[16], como tal, no se encontraba positivizado en ninguna ley.

Majer (1993, p. 13) nombra otro factor que jugó un importante papel en cuanto a la consolidación del principio del *Führer*: la necesidad de contar con un líder que unificara al pueblo alemán, como consecuencia de un sentimiento compartido por un anhelo de seguridad y subordinación.

Finalmente, siguiendo el pensamiento de la mencionada autora, este principio resulta contrario al concepto tradicional de líder, ya que no cuenta con ninguna definición normativa de derechos y obligaciones, determinados por medios como la religión, la ley, la tradición o algún privilegio. Consecuentemente, la doctrina no ha podido realizar un trabajo serio en cuanto a la legitimidad[17], significado o alcance de la autoridad del *Führer*[18]. La vaguedad y ausencia de límites del *Führerprinzip* es una de las características esenciales de este principio (Majer, 1993, p. 13).

El *Volksgemeinschaft*

El *Volksgemeinschaft* o *völkisches* Reich fue una institución nacionalsocialista que se caracterizó por rechazar el valor del individuo por sí mismo,

---

[14] Palabras como renovación moral y espíritu nuevo (Majer, 1993, p. 25).

[15] Esta ley consolidó el Estado y Partido Nacionalsocialista Obrero Alemán en un mismo ente, dirigido por el canciller, quien tendría la facultad de emitir decretos ejecutivos (Majer, 1993, p. 25).

[16] Al unificar la oficina de la presidencia y de la cancillería, este decreto consolidó el poder ejecutivo en una sola persona, el *Führer*.

[17] La cuestión del origen de la autoridad del *Führer* se remonta a la presunción de un "llamado divino" que ordenaba la instauración de un líder como tal (Majer, 1993, p. 13).

[18] Estas cuestiones intentaron ser justificadas por la teoría nacionalsocialista a través del *Artgleichheit* o la "identidad racial existencial" entre el líder y sus seguidores. Sin embargo, este concepto también gozaba de ser demasiado vago, por lo que únicamente se reemplazaba un eslogan con otro (Majer, 1993, p. 589).

al conceptualizarlo como un miembro al servicio de la comunidad y al subordinarlo a esta. Así, los intereses comunitarios se anteponían a los de sus miembros individuales (Meierhenrich, 2018, p. 99).

En adición, Lepsius (2003, p. 24) señala que el *Volkgemeinschaft* rechazaba el concepto individualista y normativo de "pueblo", como la suma de nacionales de un Estado, tal y como la hacía la Constitución de Weimar. En su lugar, proponía una unidad colectiva definida por valores como "sangre y tierra"[19], experiencias de toda la comunidad e ideas internas, y sentimientos de pertenencia, es decir, existía un arraigo entre todos los miembros. Cabe destacar que elementos raciales y anti semitistas eran recurrentes en cuanto a la definición de quiénes podían ser partícipes de la comunidad.

Diemut Majer (1993, p. 34) establece que la doctrina nacionalsocialista al adoptar una coetaneidad entre el Principio del *Führer* y el *Volksgemeinschaft*, la comunidad nacional abandonó el principio de representación democrática y lo sustituyó por la voluntad del líder. El *Führer* como líder de este pueblo, a su vez, se convirtió en el portador de la voz del mismo y la fuente a partir de la cual el individuo se redescubría a sí mismo.

Majer (1993, p. 35) también determina que el vínculo entre la comunidad nacional y el líder se basaba en un lazo invisible e indisoluble de fidelidad. Asimismo, Michael Stolleis (1998, p. 68) afirma que derivado de esta relación de confianza no existía la necesidad de supervisar la labor del líder, pues esto implicaría una violación a la misma.

Oliver Lepsius (2003, p. 24) precisa una característica sumamente interesante del *Volksgemeinschaft*; por un lado, este concepto no se puede definir de manera exacta y, por otro lado, al ser fundamental en la ideología nacionalsocialista, era percibido como obligatorio.

La importancia del *Volksgemeinschaft* reside en que dicho concepto fungió como fuente sustancial de la ley nacionalsocialista. Helmut Nicolai señala que el concepto de comunidad nacional dota de contenido a la ley y, por esta razón, fue utilizado para justificar las decisiones de los

---

[19] Meierhenrich, siguiendo el pensamiento de Julius Binder señala que los individuos que componen la comunidad nacional son seres de sangre y tierra, ya que la formación de sus intereses depende de la cultura del Estado en el territorio en el que viven. Lo anterior tiene como consecuencia que sus preferencias sean concretamente idénticas al interés nacional del Estado (Meierhenrich, 2018, p. 99).

gobernantes, las violaciones a derechos fundamentales, y a colectivizar y deslegalizar la posición del individuo (Lepsius, 2003, p. 24).

Similar a lo que señala Lepsius, Peter Caldwell (1994, p. 408) explica que la creación de un nuevo régimen constitucional nacionalsocialista, fundamentado en los preceptos enumerados en el programa del Partido *NSDAP*, solamente se pudo traducir en la realización de un nuevo Estado a partir de la integración orgánica y la relación que el *Führerprinzip* y el principio de unidad esencial del *Artgleichheit*[20] del *Volk* alemán que guardaban entre sí.

De acuerdo con Otto Koellreutter (Caldwell, 1994, p. 408), el *Führer* era la única persona que podía fortalecer a la comunidad y hacer de ella una fuerza política. La comunidad, por su parte, era definida en términos del *Volk* y este era la base sobre la cual residía la existencia del Estado. En otras palabras, la comunidad (*Volk*) preexistía al *Führer*, pero también, solo a través del liderazgo de este se podía conformar como tal en el *Volk*, pues él era quien la hacía consciente de sus necesidades raciales. Consecuentemente, el *Führer* y la comunidad integraban el *Führerstaat*[21].

Siguiendo el pensamiento de Koellreutter, Caldwell (1994, p. 409) señala que el *Führer*, como la encarnación de la voluntad y espíritu del *Volk*, contaba con una autoridad natural ante la comunidad, mientras que el *Volk* tenía la habilidad instintiva e infalible para detectar a su auténtico líder.

Por su parte, Schmitt determinó que el poder del líder descansaba en su propia identidad racial con la del *Volk*. Para este autor, la igualdad racial (*Artgleichheit*) existente entre el *Führer* y la comunidad consistía en un requisito elemental, que originaba un contacto infalible y continuo. Al formar parte del mismo ente, el poder del líder no podía convertirse en un capricho tiránico (Caldwell, 1994, p. 410).

---

[20] Este término fue definido por Carl Schmitt de manera explícita en términos de raza. Para Schmitt, la unidad o identidad de la raza era el presupuesto elemental para la existencia del liderazgo político para el pueblo alemán. Sin la existencia de este principio, el Estado nacionalsocialista no podría existir y su vida legal sería inimaginable (Caldwell, 1994, pp. 409-410).

[21] De acuerdo con lo que señala Koellreutter, la esencia del *Führerstaat* se caracterizaba por una mentalidad militar, en la que el *Führer* representaba autoridad, como resultado del liderazgo, consciente de su responsabilidad, y, la comunidad en cambio, debía entregar su disciplina y confianza sin cuestionamiento alguno (Caldwell, 1994, p. 409).

Estos principios integraron los cimientos que otorgaron significado al sistema legal nazi, pues ellos dotaron de justificación a cualquier acto de Hitler y sus seguidores. Fue así como los actos caprichosos del *Führer* se encontraban exculpados, ya que el *Volk* tenía la misma sangre que él. Asimismo, los nazis determinaban quienes pertenecían a dicha comunidad, basándose en criterios raciales y eugenésicos (Caldwell, 1994, p. 410).

En otras palabras, la voluntad del *Führer* era la voluntad del *Volk*, el *Volk* se encontraba definido por la misma voluntad del *Führer*, y todos los elementos extraños al *Volk* debían ser extraídos del cuerpo comunitario (Caldwell, 1994, p. 411).

Esta falta de contenido y ambigüedad en los conceptos ocasionó que la teoría constitucional alemana de la época perdiera sus conceptos básicos y dejara de ser aplicable para el Tercer Reich (Lepsius, 2003, p. 29). Michael Stolleis (1998, p. 98) determina que el antiguo régimen constitucional de Weimar dejó de ser relevante y con él, el Estado mismo, ya que este se convirtió en un mero instrumento para preservar a la nación.

Todo lo anterior implicó la creación del Estado nazi, definido por Ernst Fraenkel (2017, p. 3) como un Estado Dual. Dicho Estado se encuentra compuesto a su vez por lo que él define como el Estado Prerrogativo y el Estado Normativo.

Para Fraenkel (2017, p. 3), el Estado Prerrogativo surge con la publicación y entrada en vigor del *Decreto del Incendio del Reichstag* y la *Ley Habilitante de 1933*, a partir de los cuales la esfera política dejó de regularse por las disposiciones legales existentes y en su lugar por medidas arbitrarias (*Massnahmen*). Dichas medidas se encontraban fundamentadas en el *Führerprinzip*.

En cuanto al Estado Normativo, el autor señala que el mismo surge derivado de la conveniencia política por mantener la apariencia de un Estado de Derecho. Sin embargo, el primero no debe equipararse al segundo, pues como determina Fraenkel (2017, p. 71), el Estado Normativo y el Estado Prerrogativo trabajaron de manera conjunta, ya que, por una parte, se promovió la eficacia del Estado a través de instituciones y leyes oficiales, pero, por otra parte, esto solo funcionó dada la arbitrariedad con la que se manejó.

La creación de un Estado Dual, la destrucción de la teoría constitucional alemana y la imposición del *Führerprinzip* y el *Volksgemeinschaft* constituyen a todas luces una destrucción total de la Constitución[22]. Esto debe ser entendido como tal, pues, después de la consolidación del poder de Hitler, como presidente y canciller del Reich, la mutación del sujeto que ejercía el poder constituyente provocó la destrucción y creación de una nueva Constitución.

Aunque la publicación del *Decreto del Incendio del Reichstag* en un primer momento tuvo la apariencia de una suspensión constitucional[23], lo cierto es que las pretensiones de Hitler eran prolongar este "estado de emergencia" de manera indeterminada, así como la violación, de facto, de la Constitución de Weimar, con fundamento en el mismo decreto. Por su naturaleza permanente, así como por el cambio de titular del poder constituyente considero que el Tercer Reich no implicó una suspensión de la Constitución, sino su destrucción.

La nueva Constitución a la que hago referencia no debe ser entendida en un sentido formal, es decir, como un documento solemne, necesario para la protección del contenido de la Constitución material. Sin embargo, considero que sí se tiene que considerar como una nueva Constitución material, vacía de contenido, pues este era determinado por el líder de manera discrecional, y fundamentada en la voluntad del *Führer*.

Si bien es cierto seguía existiendo la Constitución de Weimar, aunque como un cascarón vacío, también lo es que dicho instrumento escrito sufrió de mutaciones constitucionales[24]. En específico, es interesante traer a colación las mutaciones constitucionales que tienen lugar a partir de una práctica estatal que resulta violatoria de la Constitución (Urrutia, 2000, p. 128), ya que la mayor parte de las disposiciones legales del Tercer Reich constituyen en sí mismas este tipo de modificación constitucional. Esto es evidente al considerar que el contenido de la Constitución de

---

[22] Para efectos de este artículo y de conformidad con el pensamiento de Carl Schmitt (2015, p. 153), la destrucción de la Constitución debe ser entendida como el cese total de la misma, derivado de la desaparición del poder constituyente sobre la cual se originó. El autor señala que al cambiar el sujeto que ejercita el acto del poder constituyente, consistente en la decisión respecto de la forma y modo de la unidad política, la Constitución también cambia.

[23] Schmitt (2015, p. 155) determina que la suspensión de la Constitución implica interrumpir la vigencia de una o múltiples normas constitucionales de manera temporal.

[24] Una mutación constitucional es una modificación el significado del texto constitucional, sin alterarlo de manera formal (Alamillo, 1992, p. 240).

Weimar no fue formalmente modificado, pero sí en su materialidad, para ser entendida bajo la óptica de dos principios: el *Führerprinzip* y el *Volksgemeinschaft*.

Por lo anterior, puedo decir que, para efectos del presente artículo, el régimen constitucional del Tercer Reich comprende cualquier acto de autoridad, legitimado en el Principio del *Führer* y el *Volksgemeinschaft*, así como cualquier disposición legal, aunque violatoria de la Constitución de Weimar, durante el periodo de enero de 1933 hasta abril de 1945 en Alemania.

EL CINE DEL TERCER REICH COMO INSTRUMENTO DE LEGITIMACIÓN Y CONVICCIÓN SOCIAL

Para poder entender cómo fue que el cine del Tercer Reich fue utilizado como una herramienta de convicción social y legitimación constitucional el lector debe tomar en cuenta el rol dual del cine del Tercer Reich; es decir, como un instrumento de propaganda y como un medio de entretenimiento masivo[25]; el régimen constitucional nacionalsocialista, cimentado en los principios del *Führer* y del *Volksgemeinschaft*; y, por último, la intención para la cual el Estado creó un aparato propagandístico.

Además, el lector debe considerar la relevancia que existe entre el derecho y el cine. En efecto, de acuerdo con lo que señala Orit Kamir (2005, p. 264), el derecho y el cine son formaciones culturales que reflejan y refractan valores fundamentales, imágenes, nociones de identidad, estilos de vida y crisis socioculturales. Kamir también explica que tanto la ciencia jurídica como el cine son bloques que de manera conjunta pueden llegar a lograr la construcción de conceptos como el sujeto, la comunidad, la identidad, la memoria y los roles de género, así como cuestiones tales como la justicia y la verdad.

Para efectos de este artículo considero primordial hacer alusión al señalamiento que hace David Welch (2002, p. 103) respecto del uso

---

[25] Una autora que señala la importancia de destacar el rol dual del cine del Tercer Reich es Jo Fox (2007, p. 2), quien señala que aun cuando un filme únicamente tuviera fines de entretenimiento, la intención de distraer al público de cuestiones políticas consistía en sí misma en una función política para no hartar a los espectadores, mantener la moral y crear escapes temporales de la realidad.

del cine como un medio propagandístico. Welch determina que el cine no solo buscó impulsar la ideología nacionalsocialista, sino también preparar, más que justificar, a la sociedad, para las decisiones políticas y jurídicas venideras.

Por esta razón, es certero decir que el cine fue utilizado como un medio de preparación y justificación social ante una nueva cosmovisión, fundada en la ideología nacionalsocialista. Esta misma ideología, encarnada en el *Führerprinzip* y el *Volksgemeinschaft*, como los pilares del régimen constitucional del Tercer Reich, se reflejó en el cine de la época.

La manera en que el cine del Tercer Reich fue utilizado para la propagación e instauración de su régimen constitucional consistió en el apoderamiento y control de la industria cinematográfica, además de la producción de un gran número de películas que tuvieran de trasfondo el Principio del *Führer* y el *Volksgemeinschaft*. A continuación, haré referencia a algunas películas que reflejaron dichos principios constitucionales, a partir de las cuales la intención de moldear las convicciones sociales de conformidad con esta nueva manera de ver el mundo resulta clara.

ANÁLISIS DEL *FÜHRERPRINZIP* A LA LUZ DEL CINE NACIONALSOCIALISTA

Como he explicado al principio de este artículo, el *Führerprinzip* constituía uno de los pilares rectores del orden constitucional del Tercer Reich Al ser una emanación espontánea de la voluntad del líder, este principio también representaba el querer de la comunidad nacional, conocida únicamente por el *Führer*, siendo este la única persona capaz de llevarla a cabo.

Películas como *El triunfo de la voluntad* (Riefenstahl, 1935)[26] y *La victoria de la fe* (Riefenstahl, 1933)[27] de Leni Riefenstahl, marcaron la

---

[26] *El triunfo de la voluntad* fue la segunda película comisionada por Adolf Hitler a Leni Riefenstahl. En esta película, al igual que en *La victoria de la fe*, se celebra el movimiento nacionalsocialista y se conmemora de manera artística la Convención del Partido Nazi en 1934 que tuvo lugar en la ciudad de Núremberg.

[27] *La Victoria de la fe* es considerada como la primera película propagandística del régimen nacionalsocialista. Dirigida por Leni Riefenstahl, este filme retrata el quinto Rally del Partido Nacionalsocialista obrero alemán, que tuvo lugar en la ciudad

pauta en cuanto a la creación de propaganda cinematográfica directa, representativa del principio del Führer. Estas películas, y en específico *El triunfo de la voluntad*, caracterizaron a Hitler como un líder fuerte, determinado, piadoso, simple, humano y generoso. Lo anterior contribuyó en la elaboración del mito[28] en torno a la figura del líder (Taylor, 2009, p. 154).

El triunfo de la voluntad es considerada como una película, que si bien tiene escenas donde se puede apreciar el *rally* del partido nazi en Núremberg, gira en torno a la figura de Hitler como *Führer* del movimiento (Reeves, Nicholas, 1999, 107). Desde los primeros momentos en que inicia la película los espectadores pueden observar como el líder de la nación desciende desde lo alto, como un mesías, para traer unidad y esperanza al pueblo alemán, quien él mismo representa y encarna (Reeves, 1999, p. 105). A través de esta película, Riefenstahl se dio a la tarea de glorificar la figura del *Führer* (Bach, S., 2008 159).

La propaganda indirecta también fue utilizada como un medio para encarnar el principio del Führer en *Bismarck* (Liebeiner, 1940)[29], *El gran rey* (Harlan, 1942)[30] y *Kolberg* (Harlan, 1945)[31] (Taylor, 2009, p. 149). De acuerdo con lo que señala Richard Taylor (2009, 154), estas películas tienen elementos nostálgicos que hacen referencia a un pasado prusiano de grandeza militar, anterior a la República de Weimar.

---

de Núremberg (IMDb, 2023c). Esta película fue utilizada como un modelo para *El Triunfo de la Voluntad*, sin embargo, se centra en Ernst Röhm como el líder de la SA (Reeves, 1999, p. 107).

[28] Por mitos Jacques Ellul (1965, p. 31) entiende: "imágenes activadoras que incluyen todo lo que hace a un hombre sentirse bien, justo y verdadero". Ellul determina que los mitos, de manera paulatina se apoderan de la mente del individuo y son el primer elemento que busca crear en las personas una nueva cosmovisión.

[29] *Bismarck* es una película biográfica de Otto Von Bismarck, como Primer Ministro de Prusia, y de cómo sus políticas unificaron Alemania (IMDb, 2023a).

[30] *El Gran Rey* fue una película dirigida por Veit Harlan en 1942. Esta película rinde homenaje a Federico II de Prusia, quien era admirado por Hitler y Goebbels. La trama gira en torno al triunfo de Federico en la Guerra de los Siete Años, resaltando la valentía, fuerte voluntad e ingenio militar del Rey.

[31] *Kolberg* fue una película dirigida por Veit Harlan bajo las instrucciones de Joseph Goebbels. La trama se centra en la defensa del pueblo de Kolberg contra tropas francesas en el año de 1807. Esta película dramatiza a un pueblo asediado, con hambre por luchar por su libertad. Goebbels instruyó a Harlan la creación de un filme que demostrara la conquista de cualquier enemigo como consecuencia de una política unitaria entre el hogar y el frente de combate (Noack, 2016, p. 214).

Estos filmes recalcan una y otra vez la importancia del liderazgo; por ejemplo, en *Kolberg* el acatamiento de las órdenes es un tema principal. Según lo que esta película denota, el cumplimiento de órdenes es una obligación de las masas y la masa debe de estar dividida jerárquicamente. Así la sociedad estará ordenada y tendrá un líder, cuyos mandatos deben ser seguidos sin cuestionamiento alguno (Taylor, 2009, p. 154).

En cuanto a *Bismarck* y *El gran rey*, impulsaron la visión del *Führer* como un líder cuya destreza militar se equiparaba a la de grandes mentes militares, como Otto von Bismarck y Federico II "el Grande", que ante cualquier adversidad salían victoriosos (Welch, 2002, p. 116).

Como se puede observar en estas películas, la figura del *Führer* era sobre la cual debía descansar la confianza de la nación alemana. Era él quien sabía el camino a seguir, determinaba quiénes eran los enemigos que querían irrumpir en la unidad del pueblo alemán, y solo él tenía la capacidad de liderar a las masas.

Por estas razones, la voluntad del *Führer*, representada en filmes de este tipo, buscaron formar parte de la realidad social y finalmente sirvieron para preparar a la sociedad en cuanto al cumplimiento, a través de mandatos discrecionales, de órdenes no escritas y disposiciones violatorias de la Constitución de Weimar. En otras palabras, estas películas simbolizaban el liderazgo del Führer como la nueva Constitución material del Reich y, consecuentemente, como la última y única palabra con validez.

ANÁLISIS DEL *VOLKSGEMEINSCHAFT* A LA LUZ DEL CINE NACIONALSOCIALISTA

Haciendo referencia al *Volksgemeinschaft*, queda claro que de acuerdo con este principio la comunidad nacional solamente podía estar compuesta por individuos que pertenecieran a la misma raza. Según esta doctrina, la raza "aria" era aquella considerada como superior sobre cualquier otra y, por cuestiones del destino y derecho natural, era la que tenía el derecho de regir (Majer, 1993, p. 37).

Por lo anterior, la única razón de ser del Estado y todas sus herramientas legales consistía en la salvaguarda y preservación de la comunidad aria (Majer, 1993, p. 38). Sin embargo, debido a la diversidad racial existente en Alemania y para poder justificar la utilización de principios irracionales en el mundo jurídico, los juristas que apoyaban al nacionalsocialismo se dieron a la tarea de ampliar la interpretación del principio racial. De esta manera, el pueblo alemán se entendía compuesto por razas[32] equivalentes entre sí, a partir de las cuales se infería la unidad del *Volksgemeinschaft* (Majer, 1993, p. 39).

En virtud de lo señalado, Majer (1993, p. 43) explica que el principio liberal de igualdad comenzó a aplicarse de una manera distinta. Al definir a la comunidad *völkisch* como aquella conformada por una misma raza, todos sus integrantes eran sujetos de derecho y gozaban de cualquier protección legal existente. Esto fue llamado "igualdad *völkisch*".

Debido a la existencia de la "igualdad *völkisch*" y su reconocimiento general por la sociedad como una cuestión dictada por el orden natural, comenzaron a hacerse actos de discriminación legal en contra de personas de otras razas (Majer, 1993, p. 50). Incluso la Suprema Corte de Justicia del Reich delimitó el contenido de la "desigualdad *völkisch*" al determinar que una persona "extranjera" o no perteneciente a la comunidad nacional tenía una menor posición frente a la ley y, por ende, un estatus legal distinto (Majer, 1993, p. 51)[33].

Diemut Majer (1993, p. 53) señala que aún y cuando la semilla por crear una nación basada en una raza maestra databa de la República de Weimar, fue hasta que inició el Tercer Reich cuando el principio de trato desigual germinó.

Los grupos de personas que más afectaciones sufrieron bajo el amparo de la nueva concepción de "igualdad" fueron los judíos; minorías no-alemanas, como personas negras y gitanos; personas no-alemanas en general, quienes eran nativos de los países anexados por Alemania; personas con lazos racialmente indeseables, por ejemplo, alemanes que

---

[32] Es interesante mencionar que en realidad nunca se definieron conceptos como "raza" y "racialmente relacionado", asimismo, el término que se utilizó para describir la situación racial fue "ario", pero también era un concepto impreciso que se definía de manera negativa al determinar que una persona no era "aria" por ser judía, negra, etcétera (Majer, 1993, p. 40). La imprecisión del término "ario" ocasionó que quienes redactaran las *Leyes Raciales de Núremberg*, en 1935, definieran a estas personas como aquellas "con sangre alemana o relacionada" (Friedlander, 2016, p. 19).

[33] Los juristas nazis argumentaban que el principio de igualdad previsto por la Constitución de Weimar no se veía violentado, pues este solo exigía una igualdad de trato en circunstancias iguales. Sin embargo, al transformar el significado de "igualdad" de conformidad con la ideología nacionalsocialista, las diferencias raciales fueron el fundamento de circunstancias desiguales (Majer, 1993, p. 53).

contraían matrimonio o se les acusaba de tener relaciones sexuales con judíos; y, por último, grupos o personas indeseables, donde se incluía a cualquier alemán con algún retraso mental o una persona no-productiva para la comunidad (Majer, 1993, pp. 56-76).

Como se puede apreciar en los párrafos que anteceden, la materialización del principio de ley especial o de "desigualdad *völkisch*" fue sumamente amplio y, por esta razón, he decidido enfocarme únicamente en la materialización de dicho principio en contra de los judíos.

David Welch (2002, p. 91) sostiene que para crear un sentido de unidad nacional, el régimen nacionalsocialista se enfocó en la creación de un enemigo en común. Este enemigo (que incluía a los judíos, anglosajones y bolcheviques), fue el génesis de todas las desgracias sufridas por la comunidad nacional[34]. Por lo anterior, la propaganda estatal antisemita[35] inició de manera paralela al régimen nazi.

A partir de la victoria electoral del Partido Nazi en marzo de 1933, se puede empezar a observar la discriminación en contra de cualquier persona judía, a través de la propaganda en el sistema educativo y la prensa, la publicación de leyes[36], y los boicots en contra de comercios propiedad de judíos (Welch, 2002, p. 94).

El siguiente diagrama, que se encuentra en el Museo de Historia de Berlín, era utilizado para mostrarle a la población las consecuencias de los matrimonios mixtos de conformidad con las políticas raciales del Reich previstas en las Leyes de Núremberg. De acuerdo con estas, la religión de los abuelos era el factor que determinaba la raza de una persona.

---

[34] Por ejemplo, el General Ludendorff acusó a los judíos de ser los autores intelectuales de la Primera Guerra Mundial, así como de ser los creadores y agitadores del Bolchevismo (Giesen, 2003, p. 119).

[35] Según Steven Beller (2015, p. 1), el antisemitismo puede ser entendido de varias maneras: como el odio hacia los judíos que se ha extendido a través de milenios por todos los contenientes; como un movimiento político relativamente moderno e ideología que surgió durante el siglo XIX en Europa Central y que tuvo su apogeo en el Holocausto; como el anti judaísmo irracional, psicológicamente patológico derivado del conflicto entre la Cristiandad y el judaísmo; o finalmente, como la mezcla de todo lo anterior.

[36] Por ejemplo, la *Ley de la Ciudadanía del Reich*, la *Ley para la Protección de la Sangre y Honor Alemán* (estas leyes formaban parte de lo que se conoce como las Leyes de Núremberg); la *Ley para la Restauración del Servicio Civil y la Ley de Salud Matrimonial* (Friedlander, 2016, p. 19).

DERECHO Y CINE

Figura 1. Die Nürnberger Gesetze

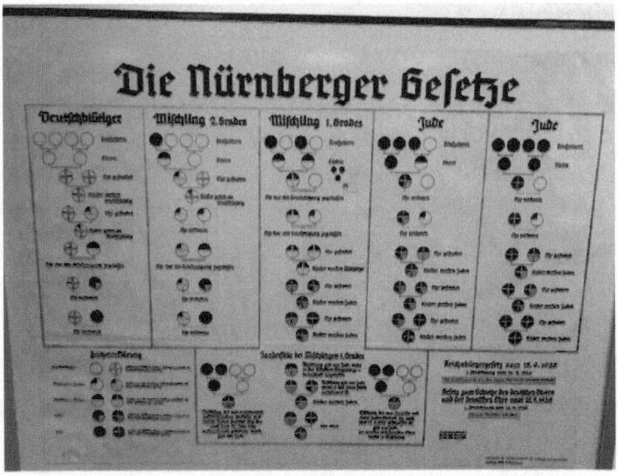

Fuente: Museo de Historia de Berlín.

También es ejemplificativo la siguiente imagen, correspondiente a un cartel colocado en Leipzig, 1933 y que reza "¡Evite todos los negocios judíos! ¡Compre solo a los alemanes!", misma que se igualmente se encuentra en el Museo de Historia Alemana en Berlín.

Figura 2. ¡Evite todos los negocios judíos! ¡Compre solo a los alemanes!

Fuente: Museo de Historia de Berlín.

158 |

Sin embargo, no fue hasta 1939 cuando se estrenaron las primeras películas antisemitas: *Roberto y Beltram* (Zerlett, 1939)[37] y *Honor* (Helbig, 1939)[38]. Estas comedias buscaron retratar a los judíos como un grupo subhumano que tarde o temprano afectaría la vida de las personas y economía del *Reich* (Welch, 2002, p. 97). Antes de 1939, lo que realmente se enfocó en diseminar la propaganda antisemita en el cine fueron los cortometrajes proyectados previo a las películas (Giesen, 2003, p. 120).

Un año después, se produjeron tres importantes películas con contenido antisemita: *Los Rothschilds* (Waschneck, 1940)[39], *El judío Suss* (Harlan, 1941)[40] y *El judío errante* (Hippler, 1940)[41]. Welch afirma que estas películas fueron algunos de los instrumentos utilizados por el Estado para convencer al pueblo alemán de la existencia y necesidad de adoptar una solución, que no solo fuera eficaz sino también determinante, de la "cuestión judía" (Welch, 2002, p. 99).

En específico *El judío Suss* y *El judío errante* buscaron personificar a los judíos como una raza abominable, traicionera, sucia, que amenazaba la existencia de la comunidad nacional y que, naturalmente, debía ser exterminada (Culbert, 2002, p. 103)[42].

---

[37] En *Roberto y Bertram* una mujer es salvada por dos vagabundos de contraer matrimonio con un hombre judío (Gillespie y Nelson, 2007, p. 126).

[38] *Honor* es una película de 1939 que proyecta cómo empresarios judíos de telas decidieron importar y sabotear la industria alemana de la producción de lino al hacer grandes importaciones de Irlanda (Gillespie y Nelson, 2007, p. 106).

[39] *Los Rothschilds* es una película "biográfica" de la familia Rothschild, que explica cómo lograron controlar la banca europea durante la época napoleónica (IMDb, 2023d).

[40] *El judío Suss* fue una película dirigida por Veit Harlan en 1940. En este filme el Duque de Wüttemberg es manipulado por un judío usurero llamado Joseph Oppenheimer de Frankfurt (Gillespie y Nelson, 2007, p. 99).

[41] *El Judío errante* es un "documental" que muestra a los judíos de Polonia como personas sucias, malas, corruptas y con intenciones de dominar el mundo. En esta película el narrador "demuestra" la "cuestión judía" (IMDb, 2023b). Este pseudodocumental, dirigido por Fritz Hippler (presidente de la Cámara de Cine del Reich), incluye escenas grabadas en los *ghettos* de Varsovia y Lodz por compañías de propaganda adjuntas a la Wehrmacht. La película se destaca por señalar a los judíos de Europa oriental como verdaderos extraños a la nación alemana (Luckert y Bachrach, 2011, p. 119).

[42] Es interesante mencionar que, aunque ambas películas fueron realizadas con un mismo objetivo, el género al que pertenecen es completamente distinto. David Culbert (2002, p. 154) señala que *El judío errante*, al ser filmada como un documental extremadamente crudo no tuvo tanto éxito como lo *tuvo El judío Suss*, pues fue una película con buenas actuaciones, una trama emocionante y buenos valores de producción.

En estas películas se puede apreciar la constante lucha entre el "bien" y el "mal", es decir, entre la raza "aria" y los "judíos" (Reimer y Zachu, 2005, p. 70)[43]. Igualmente, es claro que en ellas se encuentra implícito un mensaje de odio, que efectivamente concuerda con los elementos determinados por James Waller en cuando al discurso e ideología de odio[44].

Reimer destaca que la intención de crear estas películas estuvo encaminada a la preparación del pueblo alemán para la "solución final"[45] (Reimer y Zachu, 2005, p. 70). La eliminación de la "cuestión judía", en adición a la aplicación de políticas eugenésicas[46], era uno de los elementos

---

[43] Ali Rattansi (2007, p. 4) determina que el considerar a los judíos como una raza distinta surge de la doctrina racial nazi.

[44] Aunque el discurso de odio no es el tema central de este artículo, estimo que es interesante conocer sus tres componentes (Oberschall, 2012, p. 174): 1) En primer lugar, Waller señala que a través del discurso de odio el grupo atacado es estereotipado como extranjero, inferior e inhumano, a tal grado que no ameriten la protección del derecho a la vida, la libertad y la propiedad; 2) En segundo lugar, este grupo es caracterizado por ser una amenaza extrema para la supervivencia y el bienestar de las personas, la nacionalidad o la nación, y 3) En tercer lugar, comienzan a haber acciones para eliminar la amenaza. Según Waller, estas acciones pueden comprender limitaciones, segregación legal, expulsión del grupo (limpieza étnica) e incluso la aniquilación del enemigo.

[45] Si bien considero que para efectos de este artículo no es relevante abordar el Holocausto, pienso que el libro *Nazi Justiz: Law of the Holocaust* de Richard Lawerence Miller puede ser una fuente que el lector puede utilizar para abordar el mismo.

[46] La eugenesia fue un movimiento científico que buscaba, a través de principios hereditarios y estadísticas, alentar la reproducción humana saludable, con la esperanza de mejorar la cualidad de los genes humanos y al mismo tiempo reducir el sufrimiento (Levine, 2017, p. 1); Una de las mencionadas políticas consistió en la publicación de la Ley para la Prevención de la Descendencia con Enfermedades Hereditarias del primero de enero de 1934. Esta ley permitió la esterilización forzada a personas que sufrían enfermedades "hereditarias" (Welch, 2002, p. 86). Otra política con un trasfondo eugenésico y de higiene racial consistió en la implementación de programas de eutanasia. El primero de estos tuvo lugar tras la publicación de un decreto del *Führer*, el primero de septiembre (en realidad se publicó en octubre, pero modificaron la fecha) de 1939. Este programa tenía como objetivo otorgar una "muerte misericordiosa" a niños y adultos minusválidos. (Kaminsky, 2014, p. 259) El segundo programa, la *Campaña T4*, o *Aktion T4*, inició en la primavera de 1940 y fue dirigido por el doctor personal de Hitler, Karl Brandt. *Aktion T4* se enfocó en la eliminación de vidas que no consideraban dignas, y que representaran una carga económica para el Estado alemán, estas personas eran llamadas *Ballastexistenzen* (existencia de lastre) (Chapoutot, 2014, p. 168; Kaminsky, 2014, p. 263). Las protestas sociales y de miembros del clérigo ante las políticas de eutanasia provocaron que el gobierno decidiera incur-

necesarios para lograr la supremacía total de la raza "aria" y, con ello, el *Herrenvolk* (comunidad germana utópica)[47] (Welch, David, 2002, 84).

Figura 3. Una familia rural de Kahlenberg. Representación
de una idílica familia aria. Museo de Historia Alemana en Berlín

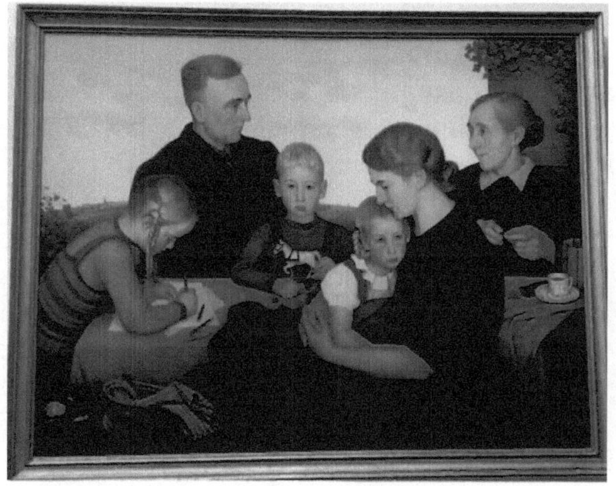

Fuente: Adolf Wissel (1939).

Como se puede observar en este apartado, es más que evidente considerar que detrás de las tramas de las películas mencionadas se encontraban los principios constitucionales explicados con anterioridad.

Estos principios, como fuente de todo derecho y como elementos de una Constitución material eran el motor, dirección y justificación

---

sionarse en la creación de películas que reeducaran al pueblo (Welch, 2002, p. 90). Aunque, solamente se filmó *Yo Acuso* (Liebeiner, 1941), hasta 1941, para la sociedad en general, desde finales de 1936 el Ministerio de Propaganda del Reich comisionó la creación de películas que abordaran este tema, con la finalidad de entrenar de manera interna a los miembros del partido (Kaminsky, 2014, pp. 248-249).

[47] La admiración por la higiene racial, el movimiento y los cuerpos humanos perfectos puede apreciarse a partir de dos películas de Leni Riefenstahl: *Olimpiada, El Festival de las Naciones* y *el Festival de la Belleza*. (Riefenstahl, 1938; Riefenstahl, 1938; Bach, 2007, p. 455).

de todas las decisiones políticas y jurídicas que tuvieron lugar en Alemania desde enero de 1933 hasta abril de 1945.

Por su parte, el cine, a través de la capacidad de convicción que posee, como instrumento de manipulación y de entretenimiento, fue utilizado para diseminar, justificar y preparar a la sociedad para la implementación de políticas públicas basadas en la ideología nacionalsocialista.

La intención de utilizar el cine con fines propagandísticos, en específico para la preparación de la sociedad respecto del nuevo régimen constitucional, sustentado en el *Führerprinzip* y el *Volksgemeinschaft*, resulta clara. Esta claridad deriva de los temas tratados en las películas, así como la periodicidad con la que los filmes fueron proyectados, misma que coincidía con políticas públicas presentes o venideras.

Considero oportuno señalar que la importancia de este artículo no solo radica en el valor histórico que el mismo pueda aportar, sino también como una herramienta de concientización del presente y hacia el futuro. Solamente si nos cuestionamos el pasado podemos colocar un espejo en el presente y analizar si estamos sobre caminos recorridos con anterioridad, pues: "Sí, el pasado puede doler. Pero como yo lo veo, puedes correr de él, o aprender de él"[48]

---

[48] El diálogo original dice: "*Ah yes, the past can hurt. But the way I see it, you can either run from it, or, learn from it*", (Allers y Minkoff, 1994). La traducción propia.

REFERENCIAS

Capítulos y libros

Bach, S. (2007). *Leni Riefenstahl*, trad. de Beatriz López-Buisán. Circe.

Beller, S. (2015). *Antisemitism: A Very Short Introduction*, 2ª ed. Oxford University Press.

Caldwell, P. C. (1997). *Popular Sovereignty and the Crisis of German Constitutional Law: the Theory and Practice of Weimar Constitutionalism*, Duke University Press.

Chapoutot, J. (2014). *The Law of Blood: Thinking and acting as a Nazi, trad. de Miranda Richmond Mouillot.* The Belknap Press of Harvard University Press.

Culbert, D. (2002). The Impact of Anti-Semitic Film Propaganda on German Audiences: *Jew Suss and The Wandering Jew* (1940). En Etlin, R. A. (ed.), *Art, Culture and Media Under the Third Reich*. University of Chicago Press.

Dyzenhaus, D. (2003). *Legality and Legitimacy: Carl Schmitt, Hans Kelsen and Hermann Heller in Weimar*. Oxford University Press.

Ellul, J. (1965). *Propaganda: The formation of men's attitudes*, trad. de Kellen, Konrad y Lerner. Jean, Vintage Books.

Evans, R. J. (2004). *The Coming of the Third Reich*. Penguin Books.

Fox, J. (2007). *Film Propaganda in Britain and Nazi Germany: World War II cinema*. Berg Publishers.

Fraenkel, E. (2017). *The Dual State: A Contribution to the Theory of Dictatorship*, traducción de E. A. Shils. Oxford University Press.

Friedlander, H. (2016). Nazi crimes and the German law. En Stoltzfus, N. y Friedlander, H. (eds.), *Nazi Crimes and The Law*. Cambridge University Press.

Giesen, R. (2003). *Nazi Propaganda Films: A History and Filmography*. McFarland & Company.

Gllliespie, W. y Nelson, J. (2007). *Film Posters of the Third Reich*. GN Productions.

Koch, H. W. (1989). *In the Name of the Volk: Political Justice in Hitler's Germany*, Barnes & Noble Books.

Kaminsky, U. (2014). 'Mercy Killing' and Economism: On Ethical Patterns of Justification for Nazi 'Euthanasia'. En Bialas, W. y Fritze, L. (Eds.), *Nazi Ideology and Ethics* (pp. 237-274). Cambridge Scholars Publishing.

Lepsius, O. (2003). The Problem of Perceptions of National Socialist Law or: Was there a Constitutional Theory of National Socialism?. En Joerges, C. y Ghaleigh, N. S. (Eds.), *Darker Legacies of Law in Europe: The Shadow of National Socialism and Fascism over Europe and its Legal Traditions*. Hart Publishing.

Levine, P. (2017). *Eugenics: A Very Short Introduction*, Oxford University Press.

Loewenstein, K. (1939). *Hitler's Germany: the Nazi background to war*. Macmillan Company.

Luckert, S. y Bachrach, S. (2011). *State of Deception: The Power of Nazi Propaganda*. United States Holocaust Memorial Museum.

Majer, D. (1993). *Non-Germans under the Third Reich: The Nazi Judicial and Administrative System in Germany and Occupied Eastern Europe, with special Regard to Occupied Poland, 1939-1945*, trad. de Peter Thomas Hill, Edward Vance Humphrey y Brian Levin. Texas Tech University Press.

Meierhenrich, J. y Simons, O. (2016). A fanatic of order in an epoch of confusing turmoil: The Political, Legal and Cultural Thought of Carl Schmitt. En Meierhenrich, J. y Simons, O. (ed.), *The Oxford Handbook of Carl Schmitt*. Oxford University Press.

Meierhenrich, J. (2018). *The Remnants of the Rechtsstaat: An Ethnography of Nazi Law*. Oxford University Press.

Moeller, R. G. (2010). *The Nazi State and German Society: A Brief History with Document*. Bedford/ St. Martin's.

Noack, F. (2016). *Veit Harlan: the Life and Work of a Nazi Filmmaker*. The University Press of Kentucky.

Oberschall, A. (2012). Propaganda, hate speech and mass killings: Anthony Oberschall. En Dojčinović, P. (ed.)., *Propaganda, War Crimes Trials and International Law: from speakers' corners to war crimes*. Routledge.

Rattanasi, A. (2007). *Racism: A Very Short Introduction*. Oxford University Press.

Reeves, N. (1999). *The Power of Film Propaganda: Myth or Reality?* Continuum.

Reimer, R. C. y Zachu, R. (2005). *German Culture Through Film: An Introduction to German Cinema*. Focus Publishing.

Riefenstahl, L. (2010). *Behind the Scenes of the National Party Convention film*, trad. de David Culbert y John L. Loos. International Historic Films Inc.

Schmitt, C. (2015). *Teoría de la Constitución*, trad. De Francisco Ayala. Alianza.

Shrier, W. L. (1960). *The Rise and Fall of the Third Reich: a History of Nazi Germany*. Simon & Schuster

Stolleis, M. (1998). *The Law unde the Swastika: Studies on Legal History in Nazi Germany*, trad. de Thomas Dunlap, 2ª ed. The University of Chicago Press

Taylor, R. (2009). *Film Propaganda: Soviet Russia and Nazi Germany*, 2ª ed. I. B. Turis.

Welch, D. (2002). *The Third Reich: Politics and Propaganda*, 2ª ed. Routledge.

Artículos especializados

Alamillo, J. (1992). Algunas consideraciones sobre la reforma constitucional, *Revista de estudios políticos*, (75).

Caldwell, P. (1994). National Socialism and Constitutional Law: Carl Schmitt, Otto Koellreutter, and the Debate over the Nature of the Nazi State, *Cardozo Law Review*, (16).

Kamir, O. (2005). Why 'Law-and-Film' and What Does it Actually Mean? A Perspective, *Continuum: Journey of Media & Cultural Studies, 19*(2).

Reichman, A. (2008). The Production of Law (and Cinema): Preliminary Comments on an Emerging Discourse, *Southern California Interdisciplinary Law Journal, 17*(3).

Urrutia, A. V. (2000). Mutación constitucional y fuerza normativa de la Constitución. Una aproximación al origen del concepto. *Revista Española De Derecho Constitucional*, 58.

Filmografía

Allers, R. y Minkoff, R. (Dirs.). (1994). *The Lion King* [*El rey león*, título en español] [Película]. Estados Unidos, Walt Disney Pictures- Walt Disney Feature Animations.

Harlan, V. (Dir.). (1941). *Jud Süß* [*El judío Suss*, título en español] [Película]. Terra-Filmkunst, Alemania.

Harlan, V. (Dir.). (1942). *Der große König* [*El gran rey*, título en español] [Película]. Alemania, Tobis Filmkunst.

Harlan, V. (Dir.). (1945). *Kolberg* [*Kolberg*, título en español] [Película]. Alemania, Universum Film.

Helbig, H. (Dir.). (1939). *Leinen aus Irland* [*Honor*, título en español] [Película]. Alemania, Deutsche Styria Film GmbH, Wien Film, Alemania.

Hippler, F. (Dir.). (1940). *Der Ewige Jude* [*El judío errante*, título en español] [Película]. Deutsche Filmherstellungs- und -Verwertungs- GmbH, Alemania.

Jackson, P. (Dir.). (2001). *The Lord of the Rings: The Fellowship of the Ring* [*El señor de los anillos: la comunidad del anillo*, título en español] [Película]. Estados Unidos-Nueva Zelanda, New Line Cinema, WingNut Films, The Saul Zaentz Company.

Liebeiner, W. (Dir.). (1940). *Bismarck* [*Bismarck*, título en español] [Película]. Alemania, Tobis Filmkunst.

Liebeiner, W. (Dir.). (1941). *Ich Klage an* [*Yo acuso*, título en español] [Película]. Tobis Filmkunst, Alemania.

Riefenstahl, L. (Dir.). (1938). *Olympia 1. Teil - Fest der Völker* [*Olimpiada parte 1, festival de las naciones*, título en español] [Película]. Alemania, Olimpia Film GmbH, Comité Internacional Olímpico y Tobis Filmkunst.

Riefenstahl, L. (Dir.). (1938). *Olympia 2. Teil- Fest der Schönheit* [*Olimpiada, parte 2, festival de la belleza*, título en español] [Película]. Olimpia Film GmbH, Comité Internacional Olímpico y Tobis Filmkunst, Alemania.

Riefenstahl, L. (Dir.). (1935). *Triumph des Willens* [*El triunfo de la voluntad*, título en español] [Película]. Alemania.

Riefenstahl, L. (Dir.). (1933). *Der Sieg des Glaubens* [*La victoria de la fe*, título en español] [Película]. Alemania.

Waschneck, E. (Dir.). (1940). *Die Rothschilds* [*Los Rothschilds*, título en español] [Película]. Universum Film, Alemania.

Zerlett, H. H. (Dir.). (1939). *Robert und Bertram* [*Roberto y Bertram*, título en español] [Película]. Alemania, Tobis Filmkunst.

Recursos electrónicos

IMDb. (2023a). Bismarck. https://www.imdb.com/title/tt0032255/?ref_=nv_sr_srsg_6

IMDb (2023b). Der ewige Jude. https://www.imdb.com/title/tt0156524/plotsummary?ref_=tt_ov_pl

IMDb. (2023c). Der Sieg des Glaubens. https://www.imdb.com/title/tt0156078/plotsummary?ref_=tt_ov_pl

IMDb. (2023d). Die Rothschilds. https://www.imdb.com/title/tt0248379/plotsummary?ref_=tt_stry_pl

~

GATTACA Y EL FUTURO REGULATORIO DE LA INGENIERÍA GENÉTICA, EUGENESIA Y HUMANIDAD EN EL SIGLO XXI

Roberto Quijano Luna
Universidad Panamericana

INTRODUCCIÓN

En el mundo de la filosofía existe el eterno debate acerca de si el humano es definido por su esencia o su existencia. Por esencia, se refiere a todos aquellos atributos inherentes a nuestra propia naturaleza; por existencia, se refiere a todo aquellos que hacemos durante nuestro tiempo en la tierra. En resumen, la cuestión es si el humano nace o se hace.

Ambas corrientes de pensamiento pueden tener algo de razón. El humano puede tener límites impuestos por su propia naturaleza (esencia), pero es precisamente nuestra humanidad la que nos hace superarlos (existencia). La naturaleza impone límites, la humanidad los supera.

Esta ha sido la historia del humano a lo largo de los milenios. Hemos logrado domesticar animales, fuego, plantas, hemos conquistado los mares, cielos y estrellas. No hay ninguna frontera que no sea accesible para el espíritu innovador y conquistador del hombre.

Particularmente, el siglo XX fue escenario de grandes avances en el mundo de la física, guerra y comunicaciones. Los vuelos transcontinentales se hicieron algo habitual. La llegada a la luna fue una realidad. La destrucción nuclear se volvió una posibilidad. La televisión llegó a informar y entretener a millones. Para fines de siglo e inicios del siglo XXI, el internet y tecnologías de información llegaron a ser fuerzas disruptivas cuyos efectos no terminamos de comprender. Cada día se despierta uno para leer acerca de nuevos inventos que vienen a transformar radicalmente nuestra realidad.

Por otro lado, estos últimos siglos han representado logros formidables en el mundo de la medicina y biología. Cada vez mueren menos infantes, vivimos más años, tratamos mejor enfermedades y podemos contener epidemias con relativa facilidad. Todo posible a cantidades millonarias invertidas y esfuerzos por parte de sectores públicos y privados para tener poblaciones más saludables, longevas y productivas. Por supuesto, aún persisten añejos problemas y han surgido nuevos. Por ejemplo, si bien hemos logrado disminuir significativamente el hambre, hoy tenemos un problema serio de obesidad. Adicionalmente, aún persisten una serie de enfermedades y desórdenes que nos acompañan desde el nacimiento.

Los avances médicos y biológicos han tenido resultados positivos al momento de tratar enfermedades y padecimientos al salir del vientre. Persiste el reto de resolver estos problemas o tendencias antes de que el humano salga del vientre materno. En este caso, una solución a esta problemática se encuentra en todo lo relativo al mundo de la genética.

La molécula que guarda la codificación genética de cualquier organismo es el Ácido Desoxirribonucleico (ADN). Dicha molécula está conformada por una doble hélice compuesta de desoxirribosa, fosfato y 4 bases (adenina, citosina, guanina y timina). La información genética es determinada por la secuencia de estas bases; los humanos tienen una secuencia, animales y plantas tienen otras. Los genes son fragmentos de ADN que en su conjunto forman atributos físicos concretos de estos organismos (Austin, National Human Genome Research Institute). Por lo tanto, para lograr una manipulación de características físicas, se debe de hacer modificaciones a estos fragmentos de ADN, es decir, los genes.

Los avances de la ciencia y tecnología han permitido la modificación genética de organismos desde hace décadas. Particularmente, estos experimentos se han enfocado casi exclusivamente en animales y plantas. Los alimentos genéticamente modificados o transgénicos provienen precisamente de procesos de modificación genética; en este caso, se toma un gen con un atributo deseado de un animal o planta y se inserta dentro de la célula de otro animal o planta.

En el caso de humanos, la ingeniería genética aún no goza del beneplácito con el que cuentan para animales y plantes. La mayoría de los esfuerzos se concentran en ambientes académicos e investigación. La oferta de terapias genéticas en distintos países es sumamente limitada. En este caso, México es conocido por ser un destino donde existen tratamientos con células madre (Chan y Medina 2016). Más adelante, discutiremos el aspecto regulatorio en distintos países.

GATTACA

Gattaca (1997) es una película de ciencia ficción dirigida y escrita por Andrew Niccol que aborda los dilemas de la ingeniería genética. La familia Freeman es una joven pareja que decide tener un primer hijo por la vía natural; es decir, a través de la unión de un espermatozoide y un óvulo mediante el acto de cópula. Los atributos anatómicos y fisiológicos del concebido son determinados por la misma biología. Al nacer el varón Vincent, el médico realiza una prueba de sangre para informar a los padres acerca de sus probabilidades de presentar algún padecimiento, enfermedad o predisposición. El diagnóstico del médico indica que tiene 42 % de probabilidad de padecer síndrome maníaco depresivo, 89 % de un déficit de atención, entre otros.

Tiempo después, la familia decide tener otro hijo. En esta ocasión deciden acudir a una clínica genética para concebir al segundo varón de acuerdo con las características indicadas por los padres. En este caso, hacen un pedido de un varón llamado Anton de piel clara, ojos claros, sin tendencias alcohólicas, sin susceptibilidad a adicciones y sin tendencias violentas. Respecto a otros atributos, el padre decide dejarlo al destino.

Durante la niñez, Anton es físicamente superior a Vincent en todos los aspectos. Es más alto, menos enfermizo, los padres lo prefieren. Los hermanos juegan a nadar lo más lejos posible en el mar, siempre triunfa Anton, pero hay una ocasión donde ganó Vincent. Se da cuenta de su situación y, eventualmente, abandona su hogar.

Vincent trabaja como personal de limpieza en el Gattaca Aerospace Corporation, una organización dedicada a la exploración aeroespacial. Todos los navegadores de Gattaca son humanos producto de la ingeniería genética; es decir, están hechos para no tener ningún padecimiento o enfermedad. Esta división entre humanos modificados y no modificados no es exclusiva de *Gattaca*. La película muestra como los humanos no modificados reciben todo tipo de nombres como inválidos, uterinos, bebés de fe e hijos de Dios. El resto de los humanos no modificados pertenecen a una categoría de subespecie marginada frente a los privilegios de los humanos modificados.

Insistiendo en su pasión por temas aeroespaciales, Vincent recibe una propuesta de usurpar la identidad de un humano modificado que labora en Gattaca. Jerome Eugene Morrow es un navegador que sufrió un accidente que lo dejó inválido de las piernas; por lo tanto, físicamente indispuesto para la exploración interestelar. Morrow ofrece a Vincent la oportunidad de asumir su posición dentro de Gattaca. Para esto debe utilizar muestras de su sangre y orina para pasar los constantes exámenes biométricos de la corporación. Al asumir este rol, Vincent es meticuloso de no dejar ninguna pista de su verdadera identidad al limpiar toda superficie con la que tiene contacto.

Un día amanece muerto un directivo de Gattaca. La policía comienza a hacer sus investigaciones recolectando todo tipo de pruebas. Eventualmente, encuentra una pestaña en los pasillos que corresponde a Vincent Freeman, los biométricos así lo indican. Por lo que, el hijo de Dios, se convierte en el principal sospechoso. Eventualmente, los inspectores deslindan a Vincent de responsabilidad penal al encontrar al culpable, un directivo que mató a su colega para que prosiguiera la inminente misión de navegación a Titán, luna de Saturno.

Sin embargo, la identidad de Vincent es descubierta por Anton Freeman, uno de los inspectores del homicidio y hermano de Vincent. Anton decide confrontar tanto a Vincent como al verdadero Jerome. Los hermanos se retan en su tradicional competencia de nado en mar donde Vincent terminó prevaleciendo una última vez. Al final, Vincent logra salir a su misión hacia Titán aun asumiendo la identidad de Jerome Morrow.

Desde su estreno en 1997 hasta la fecha, *Gattaca* ha sido objeto de discusión por ser una obra que aborda directamente el tema de la edición genética de humanos. Durante la década de los noventa e inicios del siglo

XXI, tuvieron lugar grandes avances en la ciencia genética. El Proyecto Genoma Humano iniciado por el gobierno de Estados Unidos en 1990 tuvo como objetivo identificar y codificar todos los genes del genoma humano. Para 2003, este proyecto cumplió con su misión. Actualmente conocemos la totalidad de la codificación genética de los humanos.

Con el paso del tiempo, investigadores reconocen el potencial de las ciencias genéticas para atender enfermedades y padecimientos antes de la concepción humana. Es probable que en las próximas décadas la terapia genética sea un tratamiento clínico que estará disponible para el público. La presente obra tiene como objetivo analizar el futuro regulatorio de las tecnologías genéticas, la eugenesia y la humanidad en el siglo XXI.

INGENIERÍA GENÉTICA

Avances recientes en tecnologías de edición genética han creado la posibilidad de alterar el genoma humano de maneras sin precedentes. En la vanguardia de este campo, se encuentra el sistema CRISPR-Cas9 (Clustered Regularly Interspaced Short Palindromic Repeats, por sus siglas en inglés). Dicha herramienta funciona como un par de tijeras moleculares utilizadas para cortar secuencias de ADN de manera precisa. Esto permite la modificación del código genético de un organismo por parte de científicos usando CRISPR-Cas9.

Dicha técnica de cortado permite remover o reforzar ciertos atributos en embriones humanos que serían visibles una vez nacido el organismo. Lo controversial es que estas modificaciones pueden ser transmitidas generacionalmente por medio de células reproductivas, denominadas células de línea germinal. Esto altera el proceso natural de transmisión generacional del gen. Lo que correspondía a la naturaleza determinar, ahora lo puede hacer el humano.

CRISPR-Cas9 ofrece un universo de posibilidades para erradicar enfermedades y padecimientos transmisibles y reforzar atributos anatómicos y fisiológicos de humanos no nacidos. Esto suscita una serie de cuestionamientos éticos, legales y de seguridad social. Más adelante se detallarán la manera en que los esfuerzos legislativos nacionales e internacionales están abordando estos temas. Las preocupaciones están plenamente justificadas dados los efectos transnacionales de la ingeniería genética.

En temas de seguridad nacional, la ingeniería genética puede ser usada de distintas maneras por actores estatales (Estados en sentido formal) y actores no estatales (organizaciones terroristas, organizaciones paramilitares). Estas tecnologías pueden utilizarse para la producción de armas biológicas como virus u otros microorganismos, encaminados para afectar a determinadas poblaciones según características genéticas. Grupos militares pueden diseñar "supersoldados" donde se manipulen determinadas características como coeficiente intelectual, habilidades físicas y aspectos psicológicos. Además, CRISPR al ser una herramienta de fácil acceso puede incentivar a las comunidades de *biohacking* para intentar experimentos de alta peligrosidad.

A pesar de que estos eventos siguen siendo posibilidades distantes, no debe descartarse el crecimiento exponencial que tendrán en años venideros. Por ende, su alcance e impacto serán cada vez mayores.

EUGENESIA

En la obra *El Origen de las Especies* (1859), Charles Darwin desarrolló la teoría de la selección natural que sentó las bases de la biología evolutiva. En esencia, los organismos menos aptos a un ecosistema tienen menos probabilidades de sobrevivir; en cambio, aquellos más aptos a un ecosistema tienen mayores probabilidades de sobrevivir y transmitir sus rasgos hereditarios a futuras generaciones. La supervivencia del más apto.

Las ideas de Darwin surgieron en un momento histórico de extrema competencia entre países. En aquellos tiempos, los países occidentales pasaban por un rápido proceso de industrialización y crecimiento económico. Para avanzar sus intereses, las grandes potencias incursionaron en aventuras imperialistas en África y Asia; el sometimiento de naciones débiles a naciones fuertes. En esencia, los postulados darwinianos fueron aplicados a temas sociales y políticos. El darwinismo social postula que los seres fuertes (países o individuos) ven su poder y riqueza crecer, mientras que aquellos débiles ven su poder y riqueza decrecer.

Estas corrientes de pensamiento fueron penetrando el discurso político cada vez más, particularmente en Europa. Precisamente, ideologías como el nacionalismo pueden encontrar sus orígenes remotos en estas ideas. Las naciones superiores sometiendo a las naciones inferiores.

La Primera Guerra Mundial (1914-1918) fue el debut bélico de estas ideologías. Ninguna de las naciones involucradas vislumbró los efectos que la Gran Guerra iban a tener para la configuración política de las próximas décadas. Particularmente, Alemania fue quien asumió el grueso de las sanciones por ser un actor protagonista.

El entonces Imperio Alemán llevaba décadas promoviendo una ideología de pangermanismo tras la unificación de estados germanos en una sola entidad en 1871. Al perder la guerra, se extinguió formalmente el imperio y surgió un régimen republicano de gobierno. La debilidad e inestabilidad política durante la República de Weimar fue empoderando paulatinamente al nacionalsocialismo de Adolfo Hitler. El *führer* postulaba la idea de una *Herrenrasse* (raza superior) consistente de razas arias, incluyendo las nórdicas y germanas, que eran superiores al resto de las razas (*Untermenschen*). El nazismo legitimaba cualquier esfuerzo por expandir el control y población del *Herrenrasse* por todo el mundo. La eugenesia fue uno de sus instrumentos para hacer esto una realidad.

La eugenesia es un conjunto de ideas que abogan por el mejoramiento de la calidad genética de la población humana, logrando esto mediante la exclusión de grupos poblacionales, rasgos y atributos considerados como inferiores. Este pensamiento no se originó con el nazismo, sino que ha estado presente desde la antigüedad. Por ejemplo, en tiempos de Esparta, los infanticidios eran comunes para preservar solamente aquellos considerados como más fuertes para conformar su poderosa máquina de guerra.

Durante la Alemania nazi, la eugenesia fue una herramienta para consolidar el dominio de la raza aria en el mundo. Para lograr esto, se llevaron a cabo cientos de miles de campañas de esterilización, eutanasia y genocidio de grupos "inferiores" como judíos, eslavos, homosexuales y discapacitados. El resultado fue la muerte de millones de personas cuyo único crimen fue no ser considerados como superiores.

Si bien la eugenesia, como fue instrumentalizada por el nazismo, ha sido justificadamente denunciada por su inhumanidad, su fin teleológico sigue más vigente que nunca. Siempre persistirá una aspiración por tener humanos más fuertes, inteligentes y saludables.

En términos evolucionarios, nuestra naturaleza nos inclina a reproducirnos con los organismos más fuertes y saludables. Hay determinados rasgos que se asocian con estas características. En el caso de varones, altura y musculatura se asocian con fortaleza y dominancia; en el caso de hembras, caderas anchas y juventud se asocian con fertilidad.

El tema de superioridad racial no comenzó con los nazis, sino que es un fenómeno que ha estado presente en civilizaciones desde hace milenios. Particularmente, desde hace siglos ha habido una glorificación de todo lo asociado con la blanquitud y rasgos eurocéntricos. Existen estudios que indican que algo de esto comenzó con una interpretación del arte escultórico romano y griego durante el Renacimiento. En Grecia y Roma, las majestuosas esculturas eran pintadas frecuentemente con el color de sus modelos; muchos eran de etnias mediterráneas, por lo tanto, tenían tonos de piel bronceados y oliva. La pintura de estas obras fue desapareciendo con el tiempo hasta regresar al blanco original del mármol. No obstante, los renacentistas comenzaron a producir marmolejos blancos; posteriormente, nuevas generaciones artísticas fueron representando en sus obras la belleza blanca y su predominancia sobre otros colores (Talbot, 2018).

A pesar de ser una simple teoría, el hecho es que en estos últimos siglos, la blanquitud ha gozado un lugar predominante en las artes y medios de comunicación. Esto ha creado un acondicionamiento de la gente para dar preferencia a contenido con gente blanca por encima de otros.

Todo lo anterior viene a colación porque en *Gattaca*, los padres de Vincent seleccionan de manera deliberada que su hijo Anton sea de piel blanca. Esto no debe de resultar extraño dado que sus padres son blancos. Desde hace décadas es posible acudir a una clínica de reproducción asistida y escoger las características del vástago. El método idóneo para lograr esto es mediante a la fertilización *in vitro* de un espermatozoide. Precisamente, estudios de Estados Unidos han demostrado que este tipo de procedimientos favorece la reproducción de genes blancos; es decir, los pacientes optan por espermatozoides provenientes de gente blanca (Houghton-Larsen, 2019). Incluso, ha habido juicios legales donde las parejas aducen daños y pérdidas porque acudieron a estas clínicas, escogieron tener un bebé blanco y salió de otro tono de piel (Houghton-Larsen, 2019).

Estos métodos de reproducción asistida son esencialmente una forma de ingeniería genética; en este caso, son determinadas variables como tono de piel que pueden ser seleccionadas por los pacientes. Todo indica que la gente que acude a estas clínicas lo hacen con la intención de reproducir a un bebé con las mejores características posibles. Para algunos, dado un acondicionamiento cultural integrado en nuestro inconsciente, la piel blanca es una mejor opción que otros tonos de piel.

En el futuro cercano, la ciencia será capaz de modificar aún más atributos físicos y fisiológicos para fines reproductivos. Todo indica que la gente interesada en estos métodos lo hará con la intención de siempre buscar las mejores características y los menores defectos posibles.

No obstante, por controversial que sea esta preferencia por piel blanca, estatura alta y color de ojo claro, como tal esto no interfiere con la codificación genética de los humanos. Es decir, los humanos provenientes de reproducción asistida siguen gozando de los mismos genes que sus progenitores. La ingeniería genética a través de CRISPR-Cas9 ofrece la posibilidad efectiva de manipular el código genético humano antes y después de nacer. Por lo tanto, este método puede interferir con el curso regular de la selección natural al asignar o fabricar artificialmente atributos genéticos. Lo que antes hacía la naturaleza, ahora lo podrá hacer el humano, desconocemos cuales pueden ser las consecuencias.

ASPECTOS REGULATORIOS DE LA INGENIERÍA GENÉTICA

Dado el avance de estas tecnologías, han surgido distintos esfuerzos de la comunidad científica para regular su buen uso y evitar cualquier mal manejo. Este artículo analizará la regulación de la ingeniería genética de los dos países con mayor tradición en esta disciplina: Estados Unidos y China. Finalmente, se hará un análisis de la situación jurídica de este tema en México para efecto de formular propuestas yendo al futuro.

ESTADOS UNIDOS Y SU MARCO REGULATORIO

En Estados Unidos, la edición del genoma está regulada de manera diferente para animales, humanos y plantas. Actualmente, la modificación genética de animales y plantas está sujeta a regulaciones más estrictas que aquellas relacionadas con humanos.

El conjunto de regulaciones que regulan la ingeniería genética de animales y plantas es conocido como el Marco Coordinado (*Coordinated Framework*). Dicho marco se enfoca en los productos finales de la edición genética en vez de los procesos que los desarrollan. Por ejemplo, un tema central es garantizar la seguridad de productos agrícolas modificados genéticamente. El Marco no contiene ninguna disposición relativa a ingeniería genética para humanos.

Actualmente, no existe un marco regulatorio que restrinja la ingeniería genética para humanos a nivel federal. No obstante, algunas actividades alrededor de la edición genómica están sujetos a distintos tipos de control, particularmente aquello relacionado con el uso de embriones. A nivel estatal, cada estado tiene la facultad de regular estas actividades. Por ejemplo, Massachusetts no permite la investigación en embriones vivos, fetos o la creación de embriones fertilizados para fines de investigación.

Esta ausencia regulatoria resulta alarmante dado que puede dar lugar a riesgos éticos y de seguridad nacional alrededor de la edición genómica. Contar con regulaciones vigentes daría lugar a que haya mayor control y se prevengan abusos de estas tecnologías. Para tales efectos, hubo esfuerzos en la administración de Barack Obama para regular a estas herramientas; no obstante, el gobierno de Trump detuvo estos movimientos legislativos.

En este orden de ideas, investigadores de la Universidad de Stanford han formulado una propuesta regulatoria que atiende el tema de mecanismos de seguridad, el creciente riesgo de efectos indirectos multigeneracionales, complicaciones éticas de investigación médica y mejores prácticas alrededor de embriones humanos (Evitt et al., 2015). Esta propuesta regulatoria propone un rol gubernamental en el proceso en las siguientes fases:

- Antes de investigación preclínica: Asegurar que la investigación tenga un mecanismo de reversa.
- Durante investigación preclínica: Demostrar evidencia para reducir carga ética de experimentos.
- Antes de desarrollo clínico: Obtener el consentimiento de individuos que proporcionen el material genético.
- Durante desarrollo clínico y distribución: Supervisión multigeneracional obligatoria para monitorear efectos a largo plazo (Evitt et al., 2015).

Otro aspecto importante que los esfuerzos regulatorios deben de considerar es el acceso fácil que se tiene a las herramientas de edición genómica tales como CRISPR-Cas9. Dichos instrumentos pueden ser adquiridos con toda facilidad por medio del internet. Actualmente, no existe ningún tipo de licencia para adquirir estos útiles o realizar experimentos de ingeniería genética. En cambio, países como Reino Unido y Bélgica sí requieren que investigadores cuenten con licencias para desarrollar este tipo de experimentos. Bélgica cuenta con una comisión federal que evalúa si una propuesta de investigación cumple con su normatividad aplicable. Reino Unido tiene una dependencia denominada *Human Fertilisation and Embryology Authority* que requiere que investigadores obtengan licencias cada vez que quieran desarrollar estos experimentos y que sean aprobados por un comité autorizado.

En este caso, Estados Unidos sigue un modelo regulatorio menos intervencionista que sus pares europeos. Esto puede representar un riesgo en virtud del acceso fácil que se tiene a estas tecnologías para usarse para fines no éticos o experimentos peligrosos. Los tomadores de decisiones deben de ponderar si debe mantenerse este mercado desregulado para acceder a tecnologías de edición genómica, considerando los riesgos de salud pública y seguridad nacional. El actual panorama pudiese facilitar un escenario en el que terceros financiados de manera privada adquieran grandes cantidades de estas herramientas para llevar a cabo experimentos peligrosos o poco éticos.

Ambiente de investigación

A pesar de que no existen regulaciones contra la edición de genes humanos, hay disposiciones específicas que rigen el uso de recursos federales para este tipo de investigaciones. La *Omnibus Appropriations Act* de 2009 de índole federal contiene disposiciones que prohíben la financiación pública para actividades que involucren embriones humanos. Bajo la Sección 509, Título V de esta ley, se estipula que no se utilizarán fondos de los Departamentos de Trabajo, Salud y Servicios Humanos y Educación y agencias relacionadas para: (i) la creación de un embrión o embriones humanos con fines de investigación, y (ii) investigación en la que un embrión o embriones humanos son destruidos, desechados o sometidos a sabiendas a un riesgo de lesión o muerte mayor que el permitido para la investigación con fetos en el útero (Omnibus Appropriations Act, 2009). No obstante, dado que la *Food and Drug Administration* (FDA, por sus siglas en inglés) obtiene sus recursos operativos de distintas fuentes tributarias, estas prohibiciones anteriores pudiesen no aplicar al uso potencial de los fondos no provenientes de partidas federales de la FDA para apoyar la investigación en embriones humanos (Congressional Research Service, 2009). Sin embargo, el Congreso de Estados Unidos ha impedido la aprobación de la FDA de productos médicos basados en tecnologías de edición de genes utilizadas en embriones humanos (Congressional Research Service, 2009).

La dificultad de obtener fondos federales significa que la investigación de edición del genoma humano en los Estados Unidos está financiada principalmente por entidades privadas. Por ejemplo, Caribou Biosciences, con sede en Estados Unidos, recaudó 30 millones en financiamiento privado en 2016 para desarrollar proyectos de edición genómica; el Parker Institute for Cancer Immunotherapy tiene la intención de utilizar parte de su subvención de 250 millones de dólares de la Parker Foundation para patrocinar ensayos clínicos de tecnologías CRISPR dirigidas a ciertos tipos de cáncer (Congressional Research Service, 2009).

Al permitir el financiamiento por parte del gobierno, las autoridades tendrían una mayor capacidad de supervisión sobre estos proyectos de investigación y garantizarían la alineación con sus intereses. Por otro lado, la financiación privada debe estar sujeta a ciertos requisitos para garantizar su uso lícito y ético. La obtención de fondos privados no debe representar un cheque en blanco para los investigadores de edición genómica, las juntas de revisión institucional (*institutional review boards*) deben tener un papel fundamental en la revisión de las implicaciones éticas de los proyectos de investigación de edición de genes humanos.

Los dilemas en torno a la financiación gubernamental se deben en gran medida a preocupaciones éticas sobre la utilización de embriones humanos en investigaciones y experimentos; específicamente, su recolección, uso y eliminación. En la misma línea, a medida que continúan los debates en Estados Unidos en torno al aborto, algunos consideran que los embriones son una colección de células no sensibles y, otros, una vida potencial con ciertos derechos. En consecuencia, los científicos y los gobiernos han adoptado formal e informalmente la regla de los catorce días en la que la utilización de embriones humanos en los procedimientos de edición de genes se considera dentro de los límites éticos (Hyun et al., 2016). Doce países, incluidos Canadá y Corea del Sur, han formalizado la regla de los catorce días en sus legislaciones y otros cinco, incluidos Estados Unidos y China, tienen lineamientos científicos a nivel nacional que especifican la regla de los catorce días (Hyun et al., 2016).

Implicaciones de seguridad nacional ¿Estados Unidos como protagonista o jugador secundario?

El gobierno de Estados Unidos actualmente no muestra interés en asumir un papel de liderazgo en el desarrollo de normas jurídicas formales de edición de genes humanos a nivel nacional e internacional. En respuesta, la comunidad científica del país ha establecido una tipología común y reglas informales para procurar garantizar el uso seguro y ético de las tecnologías de edición genética. Sin el liderazgo de Estados Unidos, los países con mayores ambiciones pueden asumir este rol vacante y liderar los futuros esfuerzos legislativos internacionales. Por lo tanto, el gobierno de Estados Unidos debería preguntarse si ser un actor secundario es la postura más favorable desde el punto de vista de seguridad nacional.

Exportación de tecnologías de edición genómica

La Universidad de California Berkeley, una de las partes disputantes por la patente de CRISPR-Cas9 en Estados Unidos, ha fomentado la comercialización generalizada de la tecnología mediante la concesión de licencias a numerosas empresas en todo el mundo, incluidas Caribou Biosciences e Intellia Therapeutics (Public Affairs, 2019). Por lo tanto, los equipos de CRISPR están disponibles en Estados Unidos e internacionalmente a precios accesibles para su importación y exportación. El uso de estas tecnologías requiere un alto grado de conocimiento técnico, pero nada exime que persona las utilicen para fines ilegales y poco éticos que conduzcan a amenazas de seguridad nacional. Por lo tanto, debe haber discusiones exhaustivas para decidir si un fácil acceso a las herramientas de edición de genes es lo mejor.

Exacerbación de desigualdades

Una de las principales preocupaciones con la edición de genes humanos es la posibilidad de manipular embriones con rasgos heredables; el caso en China con el Dr. He Jiankui (discutido más adelante) demuestra los múltiples riesgos involucrados en la edición del genoma con fines clínicos. La seguridad y eficacia de la edición del genoma humano en procedimientos clínicos son inciertas; sin embargo, una vez que se superen estas barreras técnicas, será factible eliminar ciertos rasgos malignos o enfermedades de los genomas. Esto, a su vez, podría crear una gran demanda de estos procedimientos de edición genómica para fines clínicos en el futuro, lo que provocaría un aumento de los precios que solo pueden pagar los grupos de mayores ingresos. Un escenario desfavorable sería aquel en el que un acceso desigual al mercado de edición de genes conduce a la exacerbación de desigualdades, en este caso biológicas y genéticas.

Fuga de talentos

En los últimos años, un médico de Nueva York viajó a México para ayudar a una pareja en el uso de terapia de reemplazo mitocondrial, un procedimiento controvertido que se utiliza para corregir defectos genéticos y estimular embarazos exitosos (Cyranoski, 2019). Si se llegase a promulgar un marco legal estricto que limita el alcance de los procedimientos de edición de genes humanos en Estados Unidos, los científicos pueden emigrar al extranjero para utilizarlos. La exportación de conocimientos e investigaciones realizadas y financiadas en laboratorios de Estados Unidos con el único propósito de evitar leyes restrictivas puede representar una amenaza para la seguridad nacional. Las regulaciones deben adaptarse de manera que ofrezcan suficientes incentivos para que la investigación desarrollada en Estados Unidos permanezca en el país y desaliente el traslado de las operaciones a jurisdicciones menos estrictas.

Armas biológicas

Las preocupaciones sobre la edición genómica han sido motivadas por tres amenazas diferentes: su potencial para acelerar el desarrollo de armas biológicas tradicionales, su potencial para crear nuevos tipos de armas biológicas alterando ecosistemas silvestres y las implicaciones de seguridad a largo plazo de su aplicación en humanos (Esvelt et al., 2017). La edición del genoma podría usarse para diseñar y construir nuevos agentes biológicos, mejorar la virulencia de patógenos naturales y modular la susceptibilidad del vector a fármacos y métodos de control (Esvelt et al., 2017). Estas situaciones constituyen serias amenazas a la seguridad nacional que ilustran la importancia de la supervisión gubernamental. Sin embargo, como afirman Esvelt et al., parece poco probable que la edición del genoma se agregue a la "Lista de control de equipos biológicos de doble uso y software de tecnología relacionada" (*Controlist of Dual-Use Biological Equipment and Related Technology Software*), una lista elaborada por el Australia Group para garantizar que las exportaciones no contribuyan al desarrollo de armas biológicas (Esvelt et al., 2017).

CHINA

En China existen regulaciones relativas a la industria de genéticos y su uso ético desde finales de la década de 1990 y dicho marco se actualizó por última vez en julio de 2019. Previo a esto, el gobierno estuvo promoviendo la supervisión rigurosa de la investigación de edición de genes humanos y el cumplimiento de las Directrices de Ética de 2003, que permitió a los científicos editar genéticamente embriones humanos hasta 14 días después de la fertilización in vitro (FIV) únicamente, pero no estipuló sanciones explícitas por infracciones éticas (Yanan et al., 2019). Estos embriones disponibles para editar hasta 14 días se pudieron recolectar durante el proceso de FIV dado que no eran viables para la implantación.

Las regulaciones nacionales sobre la edición de genes cambiaron después de que un científico chino de la Universidad de Ciencia y Tecnología del Sur, He Jiakui, utilizara CRISPR-Cas9 para alterar genéticamente embriones humanos y producir los primeros bebés humanos editados genéticamente. Para tales efectos, He editó el gen CCR5 de los embriones para desarrollar su resistencia al VIH, lo cual violó las normas chinas existentes que prohíben la edición de genes con fines reproductivos. Asimismo, violó los procedimientos de consentimiento informado para los pacientes mediante la representación engañosa del procedimiento a los padres biológicos que buscaban tratamiento de FIV y falsificó documentos para pasar una revisión ética obligatoria. Por esto, fue condenado por práctica médica ilegal en diciembre de 2019 (Joseph, 2019; BBC, 2019).

Su éxito en el uso de CRISPR para llevar a cabo estos experimentos ilegales reveló debilidades en el marco regulatorio chino sobre la edición de genes antes de 2019 y generó preocupaciones sobre cómo China realiza en realidad una supervisión ética de las prácticas de investigación científica. Por ejemplo, aunque el sistema político de China está altamente centralizado, su gran tamaño geográfico y de población, la estructura de gobiernos municipales y la responsabilidad de supervisión administrativa y bioética correspondiente a múltiples departamentos y agencias de salud derivaron en una capacidad de supervisión más débil.

China tiene una historia de prácticas científicas poco éticas incluso antes de He; particularmente políticas gubernamentales para fines de eugenesia (Fendely, 2020). La Política del Niño Único de China, el intento forzoso e invasivo del estado de controlar la población en la década de 1970, resultó en un número masivo de personas sometidos a abortos selectivos contra fetos femeninos. Actualmente, China es una de las poblaciones del mundo con mayor sesgo de género a favor de poblaciones masculinas. Asimismo, las autoridades chinas recopilan datos genéticos de los miembros del grupo étnico uigur, un grupo túrquico predominantemente musulmán en Xinjiang, con el pretexto de chequeos médicos gratuitos. Tener el ADN de los uigures en el archivo es un medio para que el estado vigile a la población uigur, que el Partido Comunista Chino (PCC) considera que no cumple lo suficiente con la ideología del PCC (Wee, 2019). En este sentido, el fácil acceso a tecnologías de edición genómica pudiese ser una oportunidad para que el gobierno chino las utilice para vigilar el desarrollo eugenésico de su población de acuerdo con sus objetivos y potencialmente controlar a ciertos grupos sociales en función de su código genético.

En respuesta directa a los experimentos de He, China publicó una serie de regulaciones nacionales actualizadas con respecto a la nueva tecnología biomédica (NTB), que incluye la edición de genes CRISPR (Akst, 2019).

Marco regulatorio

En la actualidad, China prohíbe la edición de genes humanos basándose en lineamientos en lugar de leyes. Incluso con los intentos de fortalecer el marco regulatorio chino después de los experimentos de He, China ha continuado utilizando la estructura de lineamientos para prohibir la edición del genoma humano, aunque se trata de un mecanismo regulador menos aplicable que otro tipo de restricciones legales (Liu, 2020). Al igual que en otros países, las regulaciones continúan prohibiendo el uso de embriones editados genéticamente in vitro pasados 14 días después de la fertilización.

Supervisión, rendición de cuentas y directrices éticas

La Comisión Nacional de Salud (CNS), la principal agencia nacional de salud de China, supervisa la redacción de leyes y reglamentos sobre las implicaciones éticas de la investigación biotecnológica, incluida la edición de genes humanos. El Ministerio de Ciencia y Tecnología (MCT) supervisa la mayoría de las demás normas de bioética y las relacionadas con los animales (Hepeng, 2019).

Existen lineamientos éticos en China, a menudo a nivel ministerial, y las universidades y los hospitales de investigación deben establecer comités de revisión ética para revisar sus proyectos investigativos. Estos comités de revisión ética también deben revisar y aprobar el uso de embriones humanos antes de que comience cualquier estudio de investigación. Las medidas administrativas tomadas acerca de la investigación científica/médica y la práctica ética son vinculantes para las instituciones de investigación y los hospitales referidos (Rosemann, 2017).

Reglamento para la aplicación clínica de nuevas tecnologías biomédicas

En febrero de 2019, el CNS publicó el "Reglamento administrativo para la aplicación clínica de nuevas tecnologías biomédicas". Este reglamento brinda criterios actualizados sobre nuevas tecnologías biomédicas (NTB), incluida la edición genética humana (Beckett et al., 2019). Según este reglamento, las pruebas de "nueva tecnología biomédica humana (NTB)" se definen como: pruebas directamente en un cuerpo humano; pruebas en tejidos, órganos o células para su implantación en un cuerpo humano; y ensayos con células germinales, cigotos o embriones humanos para su implantación en un cuerpo humano (Beckett et al., 2019).

Los nuevos lineamientos requieren que los ensayos clínicos que involucran técnicas de edición de genes, como CRISPR, y otras tecnologías de ciencia biológica emergentes se clasifiquen como de "alto riesgo" o "bajo riesgo" (Bloomberg News, 2019). La edición, transferencia y regulación de genes se incluyen en el "alto riesgo" (Melton, 2019). En un esfuerzo por centralizar la supervisión de la investigación de edición de genes, toda la investigación clínica también debe ser aprobada por adelantado y luego administrada por el CNS, que se encuentra directamente debajo del Consejo de Estado, la autoridad administrativa más alta de China (Beckett et al., 2019). Todas las propuestas de investigación que incluyen técnicas de edición genética en células humanas, tanto de línea germinal como somáticas, requieren la aprobación del CNS, por lo que se ve afectada una amplia gama de investigaciones científicas en China relacionadas con la edición de genes. Los lineamientos también establecen la necesidad de consentimiento informado por parte de los participantes del ensayo en humanos y ultimar que la falta de fuentes claras de financiación para su investigación es motivo para que el CNS rechace un proyecto propuesto (Normille, 2019).

Los investigadores que violen estas normas están sujetos a sanciones como la prohibición vitalicia de trabajo de investigación, la revocación de licencias comerciales y una investigación penal (Cyranoski, 2019). Las regulaciones también asignan más responsabilidad a los investigadores individuales y a las instituciones para monitorear la investigación que realizan. Por otra parte, los investigadores e instituciones deben asumir la responsabilidad principal de cualquier resultado dañino o prácticas de investigación poco éticas que involucren NTB, incluida la edición de genes (Hepeng, 2019). Para contextualizar este nuevo panorama, investigadores chinos que estaban utilizando la edición de genes en células madre y células somáticas antes de esta nueva regulación (y antes del experimento de He) informan de aumentos en el papeleo para obtener la aprobación de la investigación relacionada con edición genómica y expresan su preocupación de que esta disciplina se desarrolle a un ritmo más lento y reciba menos inversión debido a protocolos más estrictos (Akst, 2019).

El 1º de julio de 2019, las autoridades de China introdujeron el nuevo "Reglamento administrativo de la República Popular China sobre los recursos genéticos humanos". Esta regulación no aborda directamente la supervisión de las técnicas de edición de genes. Más bien, orienta las prácticas sobre la recopilación y el uso de datos genéticos de ciudadanos chinos, lo que se correlaciona con la evaluación de los efectos de la tecnología genética emergente en la seguridad nacional (Zou et al., 2019).

Entre otras cosas, las nuevas regulaciones imponen limitaciones para aquellos investigadores chinos o internacionales que utilicen el material genético de cualquier ciudadano chino en un estudio de investigación. Se exige que los científicos internacionales que utilizan biomateriales de China tengan un colaborador de investigación chino (Yasinski, 2019).

Este Reglamento estipula que la exportación de recursos genéticos humanos chinos no debe poner en peligro la salud pública, la seguridad nacional y el interés público en China (Zou et al., 2019). Por lo tanto, esta norma coloca la investigación científica relativa a genética humana dentro de un contexto más amplio para mantener sus intereses de seguridad nacional; particularmente en relación con cómo se puede utilizar o acceder a la información genética china. El MCT es responsable de revisar las solicitudes de datos genéticos, así como de imponer sanciones a los infractores. El Reglamento es deliberadamente ambiguo al definir qué constituye precisamente un riesgo para la seguridad nacional china, por lo que los reguladores pueden operar con amplia discreción en casos individuales. Las sanciones bajo estas nuevas disposiciones son emitidas y aplicadas por el MCT y pueden extenderse también a extranjeros (Zou et al., 2019).

En mayo de 2019, China reformó su código civil para contemplar los genes y embriones humanos en la sección que describe la protección de los derechos de la personalidad (Cyranoski, 2019). Esta inclusión protege los genes humanos en adultos o embriones de la experimentación que podría poner en peligro la salud humana o violar las normas éticas, lo que hace que la edición de genes humanos no ética o no consensuada sea una violación de derechos humanos (Goscha, 2019). Esta adición se dio en respuesta a los bebés humanos editados genéticamente de He Jiankui y pretende disuadir a investigadores al responsabilizarlos directamente de las ramificaciones de su trabajo con el genoma humano.

La Directriz china sobre tecnologías de reproducción asistida por seres humanos de 2001 supervisa cómo se lleva a cabo la tecnología de reproducción asistida (TRA). La Directriz prohíbe la edición genética de embriones con fines reproductivos y también destaca que los procedimientos de TRA solo pueden ocurrir en instituciones que hayan sido específicamente registradas y aprobadas por el gobierno. Esta guía también denota la necesidad de un consentimiento informado antes de que los pacientes se sometan a procedimientos de TRA (Zhang, 2019).

Las instituciones militares de investigación médica están reguladas por los órganos de gobierno militares del Ejército Popular de Liberación (EPL), no por las agencias de salud civiles (Hepeng, 2019). En octubre de 2019, el Hospital General del EPL y la Academia de Ciencias Médicas Militares participaron en 5 de los 14 ensayos CRISPR de los que se tiene conocimiento (Kania, 2019). Con casi el 30% de los ensayos de investigación con CRSIPR en institutos del EPL, esto sugiere que los institutos militares están desempeñando un papel importante en la investigación de edición genómica en China (Kania, 2019). La libertad regulatoria que tienen las instituciones de investigación militar permite un mayor margen de experimentación y aplicaciones clínicas, lo que potencialmente da como resultado métodos y resultados poco éticos con mínima transparencia y supervisión nacionales e internacionales (Rosemann et al., 2017).

Financiamiento. Gobierno Nacional

El campo de la biotecnología en China ha prosperado debido al apoyo financiero del gobierno durante la última década. La orientación de políticas de alto nivel, incluidos los planes quinquenales de China que establecen directivas nacionales para los objetivos de política económica de China, han identificado constantemente a la biotecnología como un área prominente de investigación y potencial económico. El último plan quinquenal indicó que el sector de la biotecnología debería superar el 4 % del producto interno bruto de China para 2020 (Ellis, 2018).

La investigación de edición genética está financiada principalmente por el gobierno nacional. Varias agencias nacionales supervisan la financiación y la regulación de la supervisión de la investigación de edición genética en China, sobre todo el MCT y la CNS (Rosemann et al., 2017). Asimismo, el EPL también financia la investigación de edición genómica en China (Kania, 2019).

Sector privado

El sector privado también ha invertido en la investigación de la edición de genes en China, principalmente para la investigación de células somáticas, algunos fondos también han apoyado la investigación sobre la edición de la línea germinal (Rosemann et al., 2017). Los inversionistas chinos proporcionaron 14,400 millones de dólares estadounidenses en el sector de la biotecnología en 2019 (Cumbers, 2020). Además, entre 2014 y 2017 aproximadamente 45 mil millones de dólares estadounidenses fueron invertidos en empresas de biotecnología en China por capitalistas de riesgo e inversionistas nacionales e internacionales (Arranz, 2018). El mercado de productos biológicos de China se estima en 4.7 a 6.2 mil millones de dólares estadounidenses (Kazmierczak, 2019).

Derecho internacional

Los posibles efectos transfronterizos de las tecnologías de edición del genoma humano han generado debates sobre el papel que debe desempeñar el derecho internacional. El Convenio sobre la Diversidad Biológica de las Naciones Unidas, el Protocolo de Cartagena y el Protocolo de Nagoya fungen como fuentes legales internacionales formales para asuntos de edición genética. Sin embargo, su atención se centra en los impactos de la edición de genes animales y vegetales en la biodiversidad, no en la edición de genes humanos.

Debido a que estos tratados han sido firmados y ratificados por numerosos países, podrían servir como base para un futuro marco legal global que regule las tecnologías de edición del genoma humano. Sin embargo, un marco legal global podría tener desventajas. Primero, Estados Unidos no ha ratificado los tratados antes mencionados y, en este punto, el gobierno no está comprometido a intervenir y liderar el camino. Esto permitiría a otros países para que asuman el rol protagónico y den forma a un nuevo tratado de acuerdo con sus intereses. En segundo lugar, muchos países signatarios en vías de desarrollo tienden a tener menos recursos para hacer cumplir marcos legales complejos, por lo que el cumplimiento de un tratado internacional de edición del genoma humano podría ser una tarea difícil.

La Cumbre Internacional sobre la Edición Genética en Humanos de 2015 reunió a expertos de campo para presentar nuevos enfoques de gobernanza transnacional. Su objetivo no era promulgar formalmente un conjunto de disposiciones que regulen la edición del genoma humano en todo el mundo, sino establecer un lenguaje común y acordado que pudiera servir como base para futuros esfuerzos legislativos nacionales. Por ejemplo, una de sus declaraciones apoya la prohibición de la investigación de edición del genoma que alteraría permanentemente la línea germinal humana hasta que se garantice la seguridad, la eficacia y las implicaciones éticas de estos procedimientos (Organizing Committee for the International Summit on Human Gene Editing, 2015).

Recientemente, la Segunda Cumbre Internacional sobre la Edición Genética en Humanos de 2018 continuó con los debates sobre la edición del genoma humano. La controversia sobre el experimento de He Jiankui atrajo la mayor parte de la atención en el evento, pero también se discutieron otros asuntos importantes. Se argumentó que el experimento de He Jiankui proporcionó una prueba más del fracaso de la autorregulación por parte de la comunidad científica y los rápidos avances realizados en este campo desde la primera cumbre. El Dr. George Daley (Escuela de Medicina de Harvard) afirmó que definir una vía clínica rigurosa para la edición del genoma era moralmente imperativo y esencial para evitar actividades irresponsables (National Academy of Sciences, 2019).

A continuación, se expone una tabla que presenta como los países discutidos en este artículo y otros con legislaciones avanzadas regulan la edición genómica en humanos.

Tabla 1. Regulación de la edición genómica en humanos

	Han editado el genoma humano	Han utilizado un embrión genéticamente modificado con fines reproductivos clínicos	Moratoria de catorce días como regla acordada entre científicos	Prohibición de la financiación gubernamental para la investigación embrionaria	Permite diagnóstico genético preimplantación
Alemania				X	Solo en los casos en que el futuro padre pueda demostrar un alto riesgo de una enfermedad hereditaria grave
China	X	X	X		X
Rusia	X				X
Estados Unidos	X		X	X	X

Fuente: elaboración propia.

MÉXICO

México se ha posicionado como un destino de turismo médico en el que vienen pacientes de otras partes del mundo a atenderse padecimientos o someterse a tratamientos; esto debido a bajos costos comparados con países avanzados, calidad de servicios, disponibilidad de tratamientos alternativos, aplicación laxa de la ley, entre otras. Concretamente, existe la posibilidad de someter a pacientes a tratamientos con células madre, lo que sentaría un precedente para otros tratamientos concernientes al genoma humano.

Las regulaciones en materia genética se han concentrado en gran medida en organismos genéticamente modificados, enfocándose en bioseguridad y agricultura. La Comisión Intersecretarial de Bioseguridad de los Organismos Genéticamente Modificados es el órgano encargado de llevar las políticas en la materia y regular todo lo relativo a la industria de organismos genéticamente modificados. En 2005, se publicó la Ley de Bioseguridad de Organismos Genéticamente Modificados para oficialmente regular la materia en mención. En parte, lo que motivó este esfuerzo regulatorio fueron los crecientes intereses comerciales de México en el mundo y la protección del maíz como producto agrícola nacional. Cabe mencionar, que dicha ley descarta su jurisdicción relativa a modificaciones al genoma humano (Chan et al., 2016).

Particularmente, el Título Quinto Bis de la Ley General de Salud (Ley General de Salud, 1984) se encarga de regular todo lo relativo al genoma humano. En este caso, sus artículos proporcionan una perspectiva interesante del Estado mexicano respecto al tema: "Artículo 103 Bis 2. Nadie podrá ser objeto de discriminación, conculcación de derechos, libertades o dignidad con motivo de sus caracteres genéticos".

Particularmente este artículo resulta interesante en un contexto en el que un fin de estos tratamientos es precisamente dar preferencia a los mejores genes y excluir aquellos con ciertas deficiencias. En todo caso, el paradigma de *Gattaca* puede toparse con este artículo y el derecho humano a la no discriminación contenido en el artículo 1 de la Constitución Política de los Estados Unidos Mexicanos. Cualquier acto de autoridad que se encamine a dar preferencia a un conjunto de genes sobre otros puede ser sujeto a disputas por la vía legal y constitucional.

> Artículo 103 Bis 3. Todo estudio sobre el genoma humano deberá contar con la aceptación expresa de la persona sujeta al mismo o de su representante legal en términos de la legislación aplicable.
>
> En el manejo de la información deberá salvaguardarse la confidencialidad de los datos genéticos de todo grupo o individuo, obtenidos o conservados con fines de diagnóstico y prevención, investigación, terapéuticos o cualquier otro propósito, salvo en los casos que exista orden judicial.

El legislador otorga el derecho al paciente de someterse a estudios sobre el genoma humano siempre y cuando otorgue su consentimiento. Una observación es que no se cuenta con una legislación aplicable para regular a profundidad el otorgamiento de consentimiento. Por otro lado, el énfasis en mantener la confidencialidad de datos genéticos es positivo dado el riesgo de que existan bases de datos a disposición de terceros para sus propios fines. En *Gattaca*, se muestra una y otra vez como las autoridades tienen toda cantidad de información genética de los ciudadanos proveniente de sus biométricos.

> Artículo 103 Bis 5. La investigación científica, innovación, desarrollo tecnológico y aplicaciones del genoma humano, estarán orientadas a la protección de la salud, prevaleciendo el respeto a los derechos humanos, la libertad y la dignidad del individuo; quedando sujetos al marco normativo respectivo.

Este artículo estipula que las actividades relativas al genoma humano deben ser para fines de proteger a la salud respetando derechos individuales. Por ende, nada indica que el legislador busca que estos tratamientos sean utilizados para el mejoramiento de grupos genéticos y aplicaciones eugenésicas similares.

> Artículo 103 Bis 6. A efecto de preservar el interés público y sentido ético, en el estudio, investigación y desarrollo del genoma humano como materia de salubridad general la Secretaría de Salud establecerá aquellos casos en los que se requiera control en la materia, asegurándose de no

limitar la libertad en la investigación correspondiente de conformidad con el artículo 3o. constitucional.

Finalmente, el legislador otorga un margen de acción a autoridades de salud para que puedan emitir normas jurídicas encaminadas a regular actividades relativas al genoma humano. Hasta el momento, no se ha emitido ninguna norma para efectos de regular la materia.

No obstante, existen esfuerzos legislativos en materia local para penalizar el uso de óvulos, espermas o genoma humano para determinados fines. Concretamente el artículo 149 del Código Penal para el Distrito Federal (hoy Ciudad de México) estipula que: "Artículo 149. A quien disponga de óvulos o esperma para fines distintos a los autorizados por sus donantes, se le impondrán de tres a seis años de prisión y de cincuenta a quinientos días multa".

Este artículo parece indicar que si se cuenta con autorización del paciente, pueden usarse los óvulos y espermas para los fines consentidos. Por otro lado, este código cuenta con un capítulo relativo a la manipulación genética compuesto por los siguientes artículos:

> Artículo 154. Se impondrán de dos a seis años de prisión, inhabilitación, así como suspensión por igual término para desempeñar cargo, empleo o comisión públicos, profesión u oficio, a los que:
> I. Con finalidad distinta a la eliminación o disminución de enfermedades graves o taras, manipulen genes humanos de manera que se altere el genotipo;
> II. Fecunden óvulos humanos con cualquier fin distinto al de la procreación humana; y
> III. Creen seres humanos por clonación o realicen procedimientos de ingeniería genética con fines ilícitos.

Este artículo es tajante en penalizar: i) el uso de gametos y el genoma humano para fines distintos a eliminar o reducir enfermedades graves, ii) la alteración del genotipo humano, iii) el uso de óvulos humanos para fines distintos a la procreación humana, iv) la clonación de seres humanos, y v) la ingeniería genética con fines ilícitos.

> Artículo 155. Si resultan hijos a consecuencia de la comisión de alguno de los delitos previstos en los artículos anteriores, la reparación del daño comprenderá además, el pago de alimentos para éstos y para la madre, en los términos que fija la legislación civil.

En cambio, este artículo indica que si de estos procedimientos nacen hijos, se estará sujeto además de consecuencias penales, al pago de pensiones alimenticias para estos y la madre. Si hubiese ocurrido el caso de las gemelas chinas en México, el doctor encargado del procedimiento iría a prisión y tendría que pagar alimentos a madre e hijas.

Estos artículos limitan seriamente todas las actividades relativas a la ingeniería genética. No obstante, deja un espacio para que no se penalice el uso de estas tecnologías cuando se trate de enfermedades graves, tratamientos que no alteren el genotipo humano, asistir en procesos de reproducción y cuando sean para fines lícitos.

En todo caso, la Ley General de Salud indica que los proveedores de salud deben de contar con una licencia para operar y deben tener autorización de la Comisión Federal para Protección contra Riesgos Sanitarios para realizar procedimientos experimentales. Ninguna disposición adicional menciona la industria de células madre o ingeniería genética (Chan et al., 2016).

Dado los avances de estas tecnologías, su regulación resulta cada vez más importante en lugar de continuar con estas lagunas inciertas. No obstante, el legislador debe hacer un trabajo suficiente de regular la materia para garantizar mínimas condiciones y la protección a la salud, al mismo tiempo que otorgue campo suficiente para que México forme parte de esta revolución tecnológica y catapulte la innovación.

Otro tema central es la aplicación de la ley en México, del cual la salud no es la excepción. Los Estados de derecho débiles, como México, ofrecen desafortunadamente un campo fértil para practicar todo tipo de tratamientos y procedimientos clandestinos. Dados sus efectos transfronterizos, las autoridades deben de tomarse en serio la aplicación estricta de la ley para evitar cualquier eventualidad.

HUMANIDAD EN EL SIGLO XXI

La película *Gattaca* fue lo que inspiró la elaboración del presente texto por su seductora visión del futuro de la humanidad, teniendo la ingeniería genética como elemento central. Cuando se estrenó en cines en 1997, Estados Unidos ya se encaminaba a codificar la totalidad del genoma humano. A poco más de veinte años, el genoma humano ha sido codificado y tenemos la capacidad de modificar sus componentes. Con el paso del tiempo, seremos cada vez más hábiles editando la genética humana para distintos fines. Estamos a un paso de poder modificar la esencia humana desde su diseño.

Conforme ha progresado la humanidad a lo largo de los siglos, su naturaleza sigue siendo la mismo. El humano de Sumeria en el 3,000 a.C. y el humano en México en 2021 están hechos de la misma materia prima. Ha habido avances tecnológicos y hemos sofisticado nuestros procesos cognoscitivos pero nuestra genética sigue siendo la misma.

Por primera vez, la ingeniería genética ofrece la posibilidad de manipular la esencia humana. Esto debe de suscitar debates científicos y éticos acerca de sus posibles consecuencias. ¿Estamos hechos para meternos con la naturaleza misma? ¿Es ético para los humanos diseñar otros humanos? ¿Qué consecuencias tendrán estos procedimientos para nuestros tiempos y el futuro de la humanidad?

Los avances tecnológicos han catapultado el progreso de la humanidad por su capacidad de incrementar productividad, mejorar vidas y resolver problemas. Son aquellos visionarios los que han surgido con grandes invenciones que nos han llevado como especie al siguiente nivel. Por eso, mientras existan problemas y retos a nuestro alrededor, habrá humanos inquietos por superarlos. Realmente no existe un límite para la creatividad e innovación de los humanos; llegar a la luna no fue suficiente, ahora queremos llegar a Marte.

Un tema que no se discute a profundidad es el acceso a estas tecnologías. Algunos piensan que el solo hecho de que hayan surgido inventos como la imprenta, la electricidad o la penicilina, que estos llegan al grueso de la población. Lo cierto es que estos avances tecnológicos llegan primero a aquellas personas con recursos suficientes para adquirirlos y explotarlos. Esto sin descontar el hecho de que, con el paso del tiempo, estos bienes se vuelven más accesibles y comienzan a llegar a más personas. Por ejemplo, si bien pocas personas tenían una computadora a mediados del siglo XX, para 2021, una gran parte de la población es propietaria no solo de una computadora sino de celulares y tabletas.

Precisamente, una preocupación en torno a la ingeniería genética es el acceso desigual a estas tecnologías. Actualmente, son procesos accesibles a pocas personas por costos, regulaciones y lugares de aplicación. Esto quiere decir que solamente un grupo selecto de personas puede someterse a estos tratamientos, en detrimento de una gran mayoría sin acceso. Conforme vaya integrándose la terapia genética a nuestras vidas, las desigualdades pueden ser cada vez más visibles. En este caso, las desigualdades no solo serán económicas, políticas y culturales, ahora también serán genéticas y biológicas.

Históricamente, las sociedades desiguales han sido la norma general, una minoría domina a las mayorías. No fue sino hasta nuestros tiempos en que la libertad e igualdad se han vuelto aspiraciones centrales, donde reconocemos el valor inherente de cada ser humano. No obstante, esto no significa que esta nueva cosmovisión sea permanente, en todo caso puede que sea propia de nuestro contexto histórico, pero no del siguiente.

Precisamente, *Gattaca* presenta un escenario factible de como pudiera ser el futuro. Uno en donde aquellos con genes superiores tengan una posición preferencial a aquellos con genes inferiores. Uno donde la aspiración de un mundo libre e igualitario sea reemplazada por uno pragmático y utilitario. Uno donde se asigna a los mejores el desarrollo de las tareas más difíciles como llegar al espacio y las más banales a los simples mortales.

Este ensayo tuvo como finalidad suscitar al lector numerosas preguntas acerca del posible rumbo que tomaremos como humanidad. Toda tecnología por esencia es disruptiva; no obstante, los avances de nuestro tiempo sientan retos sin precedentes. El *blockchain* desafía el poderío financiero y político de los gobiernos, las energías renovables amenazan con suplir a los combustibles fósiles, la inteligencia artificial busca reemplazar a los humanos en diversas tareas, la ingeniería genética pretende manipular la esencia de la naturaleza humana.

Bienvenidos al siglo XXI, la era de la tecnología disruptiva. *Gattaca* está a la vuelta de la esquina.

REFERENCIAS

Leyes y jurisprudencia

Código Penal para el Distrito Federal (2002).

Ley General de Salud. (1984).

Omnibus Appropriations Act. Division F, Title V, Sec. 509(a). (2009).

Artículos y libros

Chan, S. y Medina, M. J. (2016). Genome Editing and International Regulatory Challenges: Lessons from Mexico. *Ethics, Medicine and Public Health*, *2*(3), 62.

Cyranoski, D. (2019, marzo 11). What's next for CRISPR babies? *Nature*, *566*, 442.

Esvelt, K. y Millet, P. D. (2017). Genome editing as a national security risk, *Revue scientifique et technique*, *36*(2), 460.

Evitt, N. H. et al. (2015). Human Germline CRISPR-Cas Modification: Toward a Regulatory Framework, *American Journal of Bioethics*, *25*(28).

Hyun, I., Wilkerson, A. y Johnston, J. (2016, mayo 4). Embryology Policy: Revisit the 14-Day Rule. *Nature*, *533*, 169-171.

Kania, E. y VornDick, W. (2019, octubre 8). China's Military Biotech Frontier: CRISPR, Military-Civil Fusion, and the New Revolution in Military Affairs, China Brief, *19*(18), https://jamestown.org/program/chinas-military-biotech-frontier-crispr-military-civil-fusion-and-the-new-revolution-in-military-affairs/

Liu, S. (2020). Legal reflections on the case of gene-edited babies, *Global Health Research and Policy* 5, https://ghrp.biomcdcentral.com/articles/10.1186/s41256-020-00153-4

Pennings, G. et al. (2017). Human Embryo Research in Belgium: An Overview, *Fertility & Sterility*, *108*(96).

Filmografía

Niccol, A. (1997). *Gattaca* [Película]. Sony Pictures Releasing. Producida por Columbia Pictures.

Recursos electrónicos

Akst, J. (2019, febrero 27). China Proposes New Gene-Editing Regulations. *The Scientist*, https://www.thescientist.com/news-opinion/china-proposes-new-gene-editing-regulations-65544

Arranz, A. (2018, octubre 9). Betting big on biotech, *South China Morning Post*, https://multimedia.scmp.com/news/china/article/2167415/china-2025-biotech/index.html

Austin, C. P. ADN (Ácido Desoxirribonucleico). *National Human Genome Research Institute*, https://www.genome.gov/es/genetics-glossary/ADN-acido-Desoxirribonucleico

BBC News (2019, diciembre. 30). China jails 'gene-edited babies' scientists for three years. *BBC News*, https://www.bbc.com/news/world-asia-china-50944461

Becket, N. y He, D. (2019, abril 9). Potential New Regulation on Clinical Application of New Biomedical Technologies. Cameron McKenna Nabarro. *Lexology*, https://www.lexology.com/library/detail.aspx?g=b7cb6136-24ef-49ce-bb8a-a6ecb84cae83

Becket, N. y He, D. (2019, agosto 4). Potential New Regulation on Clinical Application of New Biomedical Technologies. Cameron McKenna Nabarro. *Law-Now*, https://www.cms-lawnow.com/publications/2019/04/potential-new-regulation-on-clinical-application-of-new-biomedical-technologies?cc_lang=en

Bloomberg News. (2019, febrero 26). China Proposes Stricter Rules on Gene Editing After Scandal, *Bloomberg News*, https://www.bloomberg.com/news/articles/2019-02-27/china-proposes-stricter-rules-after-rogue-gene-scientist-scandal

Congressional Research Service. (2018, diciembre 7). Advanced Gene Editing: CRISPR-Cas9, *CRS Report*. 7-19.

Covington (2019, junio 18). Key Takeaways from China's Regulation on the Administration of Human Genetic Resources, *Life Sciences*, 1-6.

Cumbers, J. (2020, febrero 3). China's Plan to Beat the U.S. in the Trillion-Dollar Global Bioeconomy, *Forbes*, https://www.forbes.com/sites/johncumbers/

2020/02/03/china-now-out-invests-america-in-the-globalbioeconomy-by-30/#586951467440

Cyranoski, D. (2019, mayo 20). China set to introduce gene-editing regulation following CRISPR-baby furore, *Nature*, https://www.the-scientist.com/news-opinion/china-proposes-new-gene-editing-regulations-65544

Ellis, S. (2018, enero 17). Biotech booms in China, *Nature*, https://www.nature.com/articles/d41586018-00542-3

Fendley, C. (2020, febrero 17). Eugenics is Trending. That's a Problem, *The Washington Post*, https://www.washingtonpost.com/outlook/2020/02/17/eugenics-is-trending-thats-problem/

Goscha, M. (2019, mayo 21). Briefing: China's new civil code draft adds regulations for human gene editing, *Tech Node*, https://technode.com/2019/05/21/briefing-chinas-new-civil-code-draft-adds-regulations-for-human-geneediting/

Hepeng, Jia. (2019, agosto 9). China approves ethics advisory group after CRISPR-babies scandal, *Nature*, https://www.nature.com/articles/d41586-019-02362-5

Houghton-Larsen, M. A. (2019). I Paid for a White Baby: How Assisted Reproductive Technologies Reproduce White Supremacy, *Georgetown Journal of Law & Modern Critical Race Perspectives*, 1-17.

Joseph, A. (2019, diciembre 30). He Jiankui, who created world's first CRISPR'd babies, sentenced to three years in prison, *Stat News*, https://www.statnews.com/2019/12/30/he-jiankui-who-created-worlds-first-crisprdbabies-sentenced-to-three-years-in-prison-for-illegal-medical-practice/

Kazmierczak, M. y Hanemann, T. (2019, febrero 14). China's Biotechnology Development: The Role of US and Other Foreign Engagement, U.S.-China Economic and Security Review Commission, https://www.uscc.gov/sites/default/files/Research/US-China%20Biotech%20Report.pdf

Melton, D. A. (2019, marzo 27). ISSCR Comments on New Biomedical Technology Regulations in China. *International Society for Stem Cell Research*, https://www.isscr.org/news-publicationsss/isscr-news-articles/article-listing/2019/03/29/isscr-comments-onnew-biomedical-technology-regulations-in-china

National Academies of Sciences (2019, enero 10). Second International Summit on Human Genome Editing: Continuing the Global Discussion, *Policy and Global Affairs*, 2-5.

Normile, D. (2019, febrero 28). China tightens its regulation on some human gene-editing, labeling it 'high risk, *Science*, https://www.sciencemag.org/news/2019/02/china-tightens-its-regulation-some-human-geneediting-labeling-it-high-risk

Organizing Committee for the International Summit on Human Gene Editing (2015, diciembre 3). *On Human Gene Editing: International Summit Statement*, National Academies of Sciences, Engineering, and Medicine, https://www.nationalacademies.org/news/2015/12/on-human-gene-editing-international-summit-statement

Public Affairs (2019, octubre 1). UC now holds largest CRISPR-Cas9 patent portfolio, *Berkeley News*, https://news.berkeley.edu/2019/10/01/uc-now-holds-largest-crispr-cas9-patent-portfolio/

Rosemann, A., Jiang, L. y Zhang, X. (2017, mayo). The regulatory and legal situation of human embryo, gamete and germ line gene editing research and clinical applications in the People's Republic of China, *Nuffield Council on Bioethics*, 1-38.

Talbot, M. (2018, octubre 22). The Myth of Whiteness in Classical Sculpture. *The New Yorker*, https://www.newyorker.com/magazine/2018/10/29/the-myth-of-whiteness-in-classical-sculpture

Yanan, W. y Fu, T. (2019, febrero 28). China unveils stricter gene-editing oversight plan. *Northwest Arkansas Democratic Gazette*, https://www.nwaonline.com/news/2019/feb/28/china-unveils-plan-to-tighten-gene-edit/

Wee, S. L. (2019, febrero 21). China Uses DNA to Track its People, With Help of American Expertise, *The New York Times*, https://www.nytimes.com/2019/02/21/business/china-xinjiang-uighur-dna-thermo-fisher.html

Yasinski, E. (2019, junio 17). China Clamps Down on Foreign Use of Chinese Genetic Material and Data, *The Scientist*, https://www.the-scientist.com/news-opinion/china-clamps-down-on-foreign-use-of-chinese-geneticmaterial-and-data-66016

Zhang, Laney. (2018, diciembre 26). On Gene Edited Babies: What Chinese Law Says, *Library of Congress*, https://blogs.loc.gov/law/2018/12/on-gene-edited-babies-what-chinese-law-says/

Zou, R. G., McGinty, A., Zhou, L. y Xie, J. (2019, julio). New human genetic resources regulations in China, Hogan Lovells. 1-7, https://f.datasrvr.com/fr1/319/56529/New_human_genetic_resources_regulations_in_China_-_July_8_2019.pdf

~

EL DERECHO A LA INTIMIDAD
A TRAVÉS DEL CINE

Brian Zaldívar Masso
Universidad Panamericana

Every breath you take, And every move you make,
Every bond you break, Every step you take, I'll be watching you
Sting (1983).

INTRODUCCIÓN

El presente trabajo tiene por objeto poner de manifiesto la urgente necesidad por parte de los sistemas jurídicos de garantizar una adecuada protección al derecho humano consistente en el derecho a la intimidad. Derivado de los constantes y asombrantes avances tecnológicos, especialmente los relativos a las comunicaciones, el derecho a la intimidad se encuentra comprometido de manera continua.

Debido a que frecuentemente surgen nuevas tecnologías, el Derecho queda rezagado en lo relativo a la regulación de su empleo. El Derecho no avanza con la misma celeridad con la que sí lo hace el desarrollo tecnológico y, por ello, se originan vacíos legales que permiten, a quienes hacen mal uso de dichas tecnologías, violentar la intimidad y permanecer impune.

De esta forma, el presente trabajo busca sensibilizar respecto al grave problema que hoy en día enfrenta el derecho a la intimidad. Para ello, emplearemos las bondades que los estudios de Derecho y Cine ofrecen, tales como el beneficio pedagógico que implica el uso de películas para comunicar temas jurídicos, toda vez que ello permite representar de forma directa y gráfica, hipótesis merecedoras de análisis desde diferentes ópticas, dentro de las que resalta por su puesto la visión jurídica.

Para lograr lo anterior, y toda vez que el derecho a la intimidad consiste en un derecho humano, la presente investigación comenzará comentando brevemente cómo surgió la institucionalización e internacionalización de los derechos humanos, así como el concepto filosófico que sustenta a los mismos, que no es otro que la dignidad humana.

Posteriormente, se abordará el concepto medular del presente trabajo, a saber, el derecho a la intimidad. Para ello, será necesario describir en qué consiste la intimidad, así como el derecho humano que la protege y cómo fue que surgió el mismo. De igual forma, se hablará sobre diversos derechos que se derivan del derecho a la intimidad o bien, que guardan una estrecha relación con el mismo, a los cuales se les llamarán, para efectos del presente trabajo, como "Aspectos Derivados del Derecho a la Intimidad". Finalmente, en lo referente al derecho a la intimidad, se mencionarán cuáles son los agravios por medio de los cuales se violenta el derecho en cita.

Una vez precisado lo anterior, se abordarán sucintamente algunos de los beneficios pedagógicos que los estudios de Derecho y Cine brindan, para una vez determinados, llevar a cabo un ejercicio académico que busque evidenciar, en conjunción con el análisis jurídico y el empleo de películas, las consecuencias resultantes de la violación del derecho a la intimidad.

De esta forma, se pretende que el ejercicio mencionado muestre la urgente necesidad de garantizar el derecho a la intimidad de las personas, más aún en nuestros tiempos en que las tecnologías de la información y de comunicación hacen más sencillo vulnerar el derecho a la intimidad. Si bien lo que plasman las películas empleadas son producto de ficción, parte de su valor radica en ser reflejo de lo que sucede en la vida real, de ahí que su uso sirva como espejo en el cual podamos reflejarnos y ser conscientes de la amenaza latente a nuestra intimidad.

EL ASCENSO DE LOS DERECHOS HUMANOS

En nuestros días resulta bastante común escuchar hablar acerca de los Derechos Humanos. Podemos oír sobre ellos en todo lugar, desde en un ámbito académico y serio, hasta de forma casual derivada de conversaciones sostenidas en nuestro día a día. Dicha temática ha sido objeto de análisis y estudio de incontables publicaciones y de igual forma, se ha instalado de manera permanente en agendas legislativas que buscan instaurarlos y salvaguardarlos a través de políticas públicas. Su mención es tan frecuente y su concepto se encuentra tan arraigado que resulta difícil de creer en primera instancia que su auge se dio hace tan solo un poco más de setenta años. En concreto, el 10 de diciembre de 1948, día en que la Asamblea General de las Naciones Unidas proclamó "La Declaración Universal de los Derechos Humanos" (Rojas, 2009, p. 28).

Si bien es cierto que a partir del constitucionalismo moderno los derechos humanos se han ido tornando en protagonistas dentro de la historia de la humanidad, inclusive coincidiendo los primeros textos recopilatorios de estos con las primeras Constituciones escritas, también es verdad que durante cientos de años ocuparon un lugar secundario dentro de la agenda social y pública, derivando en mecanismos limitados e ineficientes que garantizaran su adecuada protección (Celis, 2006, p. 71).

No obstante que actualmente la salvaguarda de los derechos humanos se pueda entender como una característica estructural de toda sociedad moderna, la realidad es que su institucionalización, ya sea en instrumentos jurídicos nacionales y, sobre todo, en el Derecho Internacional, se deriva de una reacción ante las terribles experiencias sociales vividas a lo largo del siglo XX que cobraron la vida de millones de personas. Los genocidios y el terror vivido durante la Segunda Guerra Mundial desencadenaron una serie de reacciones por parte de la comunidad internacional cuya finalidad consistiría en no permitir, una vez más, semejante atropello a la vida humana y a su dignidad (Rojas, 2009, p.29).

De esta forma, nació el movimiento de internacionalización de los Derechos Humanos cuya finalidad consistiría en buscar nuevas medidas de control que tuvieran por objeto lograr el cabal respeto a los Derechos Humanos, ya no exclusivamente por medio de los mecanismos internos basados en el constitucionalismo, como cada nación realizaba, sino de forma adicional a través de mecanismos externos de control que supervisaran la actuación del Estado por medio del Derecho Internacional (Dienheim, 2009, p. 46).

Lo anterior logró elevar a los Derechos Humanos al carácter de normas jurídicas internacionales y propició la creación de mecanismos y órganos cuya función fuera velar por su cumplimiento. Más allá de sustituir a las legislaciones internas, el propósito consistió en complementarlas y subsanarlas, a fin de fungir como una protección adicional a los mecanismos internos de cada Estado en particular (Dienheim, 2009, p. 46).

Para lograrlo, era necesario sustentar los derechos humanos en un criterio común a cualquier ser humano. Los esfuerzos realizados a efecto de lograr la reconstrucción de los derechos humanos dentro del ámbito internacional, se basó principalmente en el concepto de dignidad humana, en virtud de que el concepto jurídico de la misma se encuentra relacionado con la realización de los derechos fundamentales (Dienheim, 2009, p. 47).

De esta forma, la noción de derechos humanos se fundamentaría en el precepto filosófico de dignidad humana, evidenciándose la estrecha relación que une a ambos conceptos y a la máxima consistente en que: "si los seres humanos son dignos, cuentan por lo tanto con derechos humanos" (Rojas, 2009, p. 28).

En este sentido, la manifestación relevante del concepto de dignidad humana y la institucionalización de los derechos humanos pone de manifiesto la profunda evolución que ha experimentado la sociedad, buscando proteger al ser humano de los constantes e incontables riesgos y amenazas que la propia sociedad encierra, que amagan con comprometer su integridad, así como su autodeterminación y autodesarrollo (Rojas, 2009, pp. 28-29).

Derivado de lo antes señalado, los Derechos Humanos, fundados en la dignidad humana, le corresponderían a cada ser humano con independencia de las características naturales y constructos sociales, ya que la dignidad le pertenece a cada persona por el simple hecho de pertenecer a la especie humana (Rojas, 2009, p. 28).

Por ello, a cada persona le corresponde el goce de sus derechos humanos, independientemente de cualquier condición como raza, color, creencia religiosa, sexo, edad, y cualquier otra distinción, lo cual acarrea consigo una perspectiva tanto sociológica como antropológica. La primera comprende todas las diferenciaciones establecidas entre los hombres como irrelevantes, tales como las biológicas, culturales o históricas, mientras que la segunda ubica al ser humano encima de toda distinción, es decir, coloca a la persona humana por encima de toda característica o cualidad que se llegue a poseer (Rojas, 2009, p. 29).

Así pues, "La Declaración Universal de los Derechos Humanos" logró plasmar el concepto de dignidad humana dentro de una serie de prerrogativas de las cuales gozarán todos los seres humanos, conocidas precisamente como Derechos Humanos (Durán, 2009, p. 23)

De igual forma, la citada Declaración sentó las bases de indivisibilidad e interdependencia de todos los derechos humanos, reconociéndolos con idéntico grado de importancia, convicción y necesidad de protección (Durán, 2009, p. 23).

Derivado de todos los esfuerzos mencionados, originados a partir de diversas atrocidades cometidas, así como por el compromiso de parte de la comunidad internacional de protegerlos y de hacer cumplir el contenido de "La Declaración Universal de los Derechos Humanos", es que hoy dichos derechos nos resultan tan familiares y cotidianos. Se encuentran tan arraigados dentro de nuestra cultura que pudiera perderse de vista la trascendencia y el sacrificio detrás del hecho de que sean parte de nuestros ordenamientos jurídicos. Más aún si se tiene en cuenta que hace tan solo un poco más de setenta años ello no era así.

En este sentido, para todo Estado democrático de derecho actual, le resulta indispensable que el reconocimiento y la protección de los derechos humanos, así como la existencia de mecanismos que adecuadamente los hagan valer, sea parte de su legislación y políticas públicas, de tal suerte que no pueda hablarse de un estado de derecho si en este no se encuentra garantizado el respeto a los Derechos Humanos (Celis, 2006, pp. 71-72).

Así pues, tanto los Estados como la comunidad internacional, deberán de contar y hacer valer apropiadamente los instrumentos suficientes que garanticen la protección de los Derechos Humanos, mismos que tendrán que estar sujetos a constante revisión y escrutinio a fin de que, con independencia de nuevos sucesos, su protección se encuentre en todo momento garantizada. Es decir, el Derecho deberá acelerar su reacción de respuesta ante nuevos sucesos y desarrollos científicos y tecnológicos que pongan en entredicho la situación jurídica de las personas.

Dentro de los diversos derechos que pueden verse amenazados por los desarrollos señalados, el derecho a la intimidad resiente especialmente ese tipo de avances, dado que provee de herramientas más sofisticadas e invasivas a quienes quieran hacer mal uso de estas para afectar la intimidad del otro.

Una vez precisado lo anterior en relación con los Derechos Humanos, a continuación, se abordará el concepto medular del trabajo que nos ocupa, mismo que consiste en el derecho que protege a la intimidad, donde se explicarán diversos conceptos relativos al derecho en comento.

DERECHO A LA INTIMIDAD

El frenético ritmo de la vida actual ha llevado a que de forma constante surjan nuevas invenciones y conceptos que confrontan y relegan a aquellas formas antiguas de hacer y entender determinadas cosas. El ser humano se supera de forma permanente y su evolución parece no conocer límites.

Por ello, se deberá poner especial atención a toda clase de circunstancias que pudieran llegar a surgir, así como a las implicaciones derivadas de los avances tecnológicos, todos ellos en la medida en que puedan resultar amenazadoras a los derechos humanos y a la dignidad humana.

Actualmente, y derivado de los impresionantes avances tecnológicos logrados durante el nuevo siglo, una serie de derechos relativos a la personalidad se encuentran seriamente amenazados. Derechos tales como el derecho a la intimidad se tornan altamente vulnerables en tanto nuevas formas de comunicación surgen, propiciando que resulten más sencillas las intromisiones ilegítimas a la vida privada de las personas (Celis, 2006, p. 72).

Dado que cada derecho humano debe contar con el mismo grado de protección, resulta imperante que se atienda cuanto antes la amenaza latente y tan profunda que existe en torno al derecho a la intimidad. Dicha amenaza continúa creciendo de forma exponencial día a día, ya que resulta directamente proporcional el grado de afectación que causa a las personas, con el avance que la ciencia y las tecnologías de la comunicación experimentan (Celis, 2006, p. 72).

A pesar de ello, la realidad es distinta. En la gran mayoría de países su protección no está totalmente garantizada, toda vez que su supervisión se encuentra parcialmente regulada, tal como en el caso de México, donde al no estar reconocido propiamente en la Constitución, genera un vacío normativo que deja abierta la posibilidad de generar impunidad en aquellos casos en que el derecho a la intimidad resulte violentado (Celis, 2006, p. 72).

No obstante, no debe perderse de vista que su presencia en el constitucionalismo contemporáneo ha ido en crecimiento y especialmente que el derecho a la intimidad sí se encuentra reconocido en distintos instrumentos internacionales de derechos humanos, respecto de los cuales el estado mexicano se ha suscrito (Carbonell, 2005, p. 449).

Al respecto, "La Declaración Universal de los Derechos Humanos" (2021) recoge en su artículo 12 al derecho a la intimidad, estableciendo lo siguiente:

> Artículo 12: Nadie será objeto de injerencias arbitrarias en su vida privada, su familia, su domicilio o su correspondencia, ni de ataques a su honra o a su reputación. Toda persona tiene derecho a la protección de la ley contra tales injerencias o ataques.

Si bien el derecho a la intimidad se desprende claramente del Artículo 12 antes transcrito, su aplicación, su vigilancia y respeto no siempre resulta tan preciso, debido a las amplias posibilidades interpretativas que el derecho a la intimidad encierra (Carbonell, 2005, p.449).

En este sentido, hablar de derecho a la intimidad resulta complicado por lo que, a fin de estar en posibilidad de tratarlo adecuadamente, se debe comenzar por determinar qué se entiende por intimidad. Una vez precisado ello, lo conducente será abordar el derecho a la intimidad para dilucidar qué aspectos de la vida humana se comprenden dentro de la intimidad, para finalmente, estar en posibilidad de puntualizar el momento en que una conducta afecta al derecho que protege la intimidad de la persona.

INTIMIDAD

Desde una perspectiva etimológica, el vocablo "intimidad" proviene del latín *intus*, lo cual da noción de algo que pertenece al interior, a lo recóndito, a lo que se encuentra en la profundidad del ser y, por lo tanto, oculto a los ojos de los demás, implicando un ámbito personal e individual de la propia existencia. Es ahí donde el ser humano goza de su soledad, donde se encuentra a sí mismo, donde reflexiona, analiza, piensa, crece y se desarrolla, donde se siente dueño de sí y mantiene su libertad (Celis, 2006, p. 73).

Por su parte, el Diccionario de la Real Academia Española (2021) define a la intimidad como la "zona espiritual íntima y reservada de una persona o de un grupo, especialmente de una familia". Por otro lado, la psicología considera a la intimidad como el espacio de la persona en que se crea y perfecciona la individualidad y la personalidad (Sarmiento, Ardila y Báez, 2016, p. 47). Sobre el tema, la filosofía considera a la intimidad como aquella instancia secreta y escondida a través de la cual, la persona es capaz de realizar su ser con mayor sentido y poder (Sarmiento, Ardila y Báez, 2016, p. 49).

De las definiciones anteriores se colige la importancia y trascendencia que la intimidad implica para el hombre y su desarrollo, por lo que el derecho ha buscado protegerla a fin de establecer claramente una separación entre lo privado y lo público, dando origen al derecho a la intimidad (Carbonell, 2005, p. 450).

Surgimiento del derecho a la intimidad

Inicialmente, el derecho a la intimidad se solía asociar con la existencia de un ámbito personal, reservado al propio ser frente al conocimiento e involucramiento de terceros. Originalmente, se consideró al derecho a la intimidad como el derecho a ser dejado en paz, a gozar de la soledad y no ser molestado por los demás (Carbonell, 2005, p. 450).

Dichas prerrogativas para ser dejado en paz y permitirle a la persona disfrutar de su soledad, fueron recogidos por primera vez, de conformidad con la doctrina, en la obra *The Right of Privacy*, trabajo pionero en términos de derecho a la intimidad elaborado por los juristas del *Common Law*, Louis Brandeis y Samuel Warren, publicado el 15 de diciembre de 1890 en la prestigiosa revista *Harvard Law Review* (Celis, 2006, p. 73).

A los citados juristas les inquietaban las constantes y desmedidas intromisiones a la vida privada de las personas por parte de la prensa, excediéndose en reportar noticias que a todas luces resultaban más allá del interés general (Carbonell, 2005, p. 451).

En concreto, el evento catalizador involucró al propio Samuel Warren, toda vez que su esposa, hija de un importante senador, mantenía una intensa vida social en Boston, donde gustaba de organizar y albergar fiestas en casa que serían descritas con lujo de detalle por diferentes rotativos, especialmente por la *Saturday Evening Gazette*.

Los artículos enfadarían a los Warren dado que a la alta sociedad de Boston de finales del siglo XIX le resultaba desagradable figurar en la prensa. Fue así como Warren recurrió a su exsocio de despacho, el abogado Brandeis quien posteriormente se convertiría en juez del Tribunal Supremo, para plantear la idea del derecho a ser dejado en paz (Fariñas, 1983, p. 320).

Tras seis años de análisis, los juristas lograrían redactar el artículo antes mencionado, mismo que se tornó seminal y tuvo una repercusión jurídica abrumadora, ya que al poco tiempo comenzó a aplicarse jurisprudencialmente el derecho a la intimidad y consecuentemente fue debidamente legislado.

Ya desde entonces existía una preocupación por las implicaciones tecnológicas de la época. Warren y Brandeis veían el peligro que suponía para la vida privada el incremento de los avances tecnológicos como el teléfono o el desarrollado en el campo de la fotografía, lo cual permitiría a la prensa difundir incesantemente información privada de las personas, en la que se difundían íntimos detalles para satisfacer la morbosa curiosidad de los lectores de diversos rotativos (Saldaña, 2012, p. 210).

No solo les preocupaba la invasión a la privacidad sino también la forma en que la prensa se desvirtuaba, ya que la finalidad de la prensa comenzaba a sufrir un desajuste, toda vez que dejaba de lado su misión de mantener debidamente informada a la población respecto de asuntos de interés general, para presentarle información que poco valor tenía en un ámbito general (Saldaña, 2012, p. 215).

Así fue como el par de juristas manifestaron en la referida publicación su pensar:

> La prensa está traspasando en todas direcciones los límites obvios del decoro y la decencia. El chisme dejó de ser ocupación de los ociosos y viciosos para convertirse en mercancía, buscada con ahínco, así como con descaro. Para satisfacer el gusto lascivo, los detalles de las relaciones sexuales se difunden en las columnas de los diarios. Para ocupar a los

indolentes, columna tras columna se llena de chismes ociosos, que solo pueden conseguirse a través de la intrusión en el círculo doméstico. La intensidad y complejidad de la vida, que acompañan al avance de la civilización, han hecho necesario algún retiro del mundo, y el hombre, bajo la influencia refinadora de la cultura, se ha vuelto más sensible a la publicidad, de modo que la soledad y la intimidad se han vuelto esenciales para el individuo; pero las nuevas formas e invenciones, a través de la invasión de su privacidad, lo han sometido a un dolor y angustia mentales, mucho mayores de los que podrían infligirse por una simple lesión corporal. (Warren y Brandeis, 1890, p. IV. La traducción es propia).

Las preocupaciones de Warren y Brandeis se fundamentaban en lo que aquella sociedad experimentaba y sus objeciones eran más que válidas. No podían siquiera imaginar los avances que la tecnología tendría con el paso del tiempo hasta llegar a nuestros días, por lo que sus preocupaciones se han mantenido vigentes y han cobrado especial relevancia derivado de las facilidades que la tecnología actual brinda a aquellos que busquen atentar contra el derecho a la intimidad.

El derecho a la intimidad

Gracias a lo planteado en *The Right of Privacy*, la protección del derecho a la intimidad comenzó a permear en las legislaciones y su protección constitucional fue ampliándose gradualmente (Carbonell, 2005, p. 451). Derivado de ello, el derecho a la intimidad se ha institucionalizado y ha sido objeto de múltiples análisis y estudios por parte de la doctrina. De esta forma, podemos definir al derecho a la intimidad como el derecho que garantiza a la persona el desenvolvimiento de su vida y conducta, dentro de un ámbito privado, fuera de interferencias y de intromisiones provenientes de la autoridad o terceros, en la medida en que su conducta no altere el orden público u ofenda a la moral y no afecte a otras personas (Scalvini y Leyva, 2002, p. 238).

En este sentido, el derecho a la intimidad constituye un derecho personalísimo que protege la reserva espiritual de la vida privada de la persona, por la cual se asegura su libre desenvolvimiento, así como en sus expresiones y afectos (Zavala, 1982, p. 87). Conforme a lo antes señalado, es dable resumir al derecho a la intimidad como un derecho subjetivo, fundamental, vitalicio, innato, esencial, extrapatrimonial, absoluto y autónomo (Fernández, 2016-2017, pp. 195-196).

Ahora bien, concretamente, ¿qué es aquello que protege el derecho a la intimidad? El siguiente listado pretende responder a ese cuestionamiento por medio de una serie de ejemplos a efecto de clarificar parte del panorama relativo al campo de protección del derecho en cita de las personas:

a) Las ideas y creencias.
b) La vida afectiva y la actividad sexual.
c) Aspectos secretos de la vida familiar.
d) Las anomalías y defectos físicos o psicológicos no evidentes.
e) La forma de comportamiento en privado.
f) Las comunicaciones personales.
g) El pasado de las personas.
h) Sucesos penosos, trágicos o de abatimiento (Celis, 2006, p. 77).
i) La convivencia privada.
j) En general, todo aquello que forme parte de lo más secreto y reservado de la persona (Cobos, 2013, p. 79).

Los conceptos previamente enunciados constituyen ejemplificaciones de aquello que el derecho a la intimidad protege y que se encuentran en constante amenaza de intromisión por parte de terceros o del propio Estado.

Las amenazas al derecho a la intimidad

Las amenazas que comprometen al derecho a la intimidad se clasifican en dos tipos: la "amenaza de acción" y la "amenaza de conocimiento". La primera implica una intrusión a un espacio privado, mientras que la segunda involucra a toda intromisión informativa sobre datos o hechos, así como aspectos relativos a la vida privada de las personas (Carbonell, 2005, p. 451).

Dado que son dos tipos de amenazas que comprometen el derecho a la intimidad, consecuentemente es dable hablar de dos tipos de intimidad: la "intimidad territorial" y la "intimidad informacional", a esta última también se le conoce como "confidencialidad" (Carbonell, 2005, p. 451).

La intimidad territorial es aquella que protege zonas privadas que permiten el aislamiento a la persona frente a la intromisión de extraños, esta intimidad no solo se relaciona con el hogar, sino que también incluye a la intimidad corporal. El derecho a la intimidad en su vertiente territorial se encuentra estrechamente ligado con el derecho a la inviolabilidad del domicilio y con el derecho al secreto de las comunicaciones. Siendo así, el derecho a la intimidad territorial protege a la persona frente a la intrusión en el domicilio o en las comunicaciones privadas (Carbonell, 2005, p. 459).

Por su parte, la intimidad informacional o confidencialidad, protege a toda aquella información relacionada con las personas que, en un aspecto general, pueda considerarse como irrelevante. Es decir, la difusión de toda información relativa a una persona estará protegida por el derecho a la intimidad, en la medida que dicha información no sea de interés público y no refiera a asuntos comunes, así como a hechos o acontecimientos que afecten a la ciudadanía en general. De ninguna manera podrá considerarse información de interés general si esta interesa a tan solo unos cuantos o cuando los medios así lo determinen (Carbonell, 2005, p. 463).

Se atentará contra el derecho a la intimidad en su carácter informacional en aquellos casos en que se divulguen hechos secretos que resulten embarazosos, o información falsa que genere una inadecuada imagen de la opinión de terceros, o que revelen comunicaciones confidenciales (Carbonell, 2005, p. 455).

Cuando se verifica una afectación al derecho a la intimidad, no solo se afecta dicho derecho, sino que también se afectan a diversos aspectos que derivan del derecho a la intimidad, o bien, que mantienen una relación directa con dicho derecho. Dichos aspectos serán tratados en el siguiente apartado.

Aspectos del derecho a la intimidad

Del derecho a la intimidad se desprenden una serie de aspectos interrelacionados con el Derecho a la intimidad (Cobos, 2013, p. 67). Si bien algunos de ellos son conceptos que existen por sí solos y que guardan una estrecha relación con el derecho a la intimidad, otros en cambio son aspectos que se derivan directamente del derecho objeto del presente trabajo. A continuación, se abordarán los siguientes aspectos del Derecho a la Intimidad:

a) No ser perturbado en el domicilio

El no ser perturbado en el domicilio se trata de un derecho fundamental que ha sido consagrado en la gran mayoría de Constituciones y legislaciones alrededor del mundo, al igual que ha sido tutelado en el ámbito internacional (Cobos, 2013, p. 67).

El domicilio representa el refugio más privado y valorado de la persona. Es un espacio reservado al individuo y a su familia en donde ejercen su libertad más íntima, donde guardan todo aquello que les resulta más estimado y que buscan proteger y mantener fuera de injerencias de terceros (Cobos, 2013, p. 68).

En este sentido, la inviolabilidad del domicilio busca garantizar la intimidad de las personas, así como el libre desarrollo de su personalidad dentro de su aspecto más privado, a través de la búsqueda de protección y excepción del domicilio a cualquier invasión o agresión externa, tanto de terceros como de la propia autoridad.

La relación que el no ser perturbado en el domicilio guarda con el derecho a la intimidad es indudable, dado que lo primero busca preservar la intimidad de la persona, así como su libre desarrollo, dentro de la seguridad que el domicilio provee.

b) Protección de las comunicaciones privadas

Tal y como fue el caso del aspecto señalado en el apartado anterior, la protección de las comunicaciones privadas se trata de un derecho reconocido por sí solo y de igual manera se encuentra regulado expresamente en multitud de legislaciones y de forma internacional.

Este derecho busca proteger toda comunicación privada realizada por cualquier medio, en los que se incluyen aquellas comunicaciones sostenidas a través de medios modernos, tales como el correo electrónico y redes sociales, así como mensajes de texto o de cualquier otro tipo enviados a través de aplicaciones web empleadas a través de computadora, tableta, celular inteligente o cualquier otro dispositivo que permita la comunicación entre partes (Cobos, 2013, p. 68).

La privacidad de las comunicaciones privadas representa un valor vital para el desarrollo del hombre. La persona manifiesta sus pensamientos, ideas y sentimientos a otros por conducto de la comunicación, de ahí que cualquier intromisión ilegítima a las comunicaciones privadas acarrea un atentando en contra de la intimidad de la persona (Cobos, 2013, p. 72).

Derivado de ello, existe un vínculo innegable entre la protección de las comunicaciones privadas y el derecho a la intimidad, toda vez que las comunicaciones privadas evidencian diversos aspectos de la intimidad que no se pretenden hacer del conocimiento de todos, sino más bien, exclusivamente de las personas a las cuales se les sea expresado (Cobos, 2013, p. 72).

c) *Salvaguarda de los datos personales*

La salvaguarda de los datos personales busca la protección de la información sensible de cada persona. En la actualidad, resulta bastante común compartir algunos de nuestros datos personales a terceros. Su revelación resulta indispensable para todo tipo de actividades, desde aplicar para un trabajo hasta acudir a alguna consulta, o bien, para hacer una compra por internet.

De igual forma, el Estado mantiene una base de datos con información personal de cada individuo que en ella aparezca, de tal suerte que nuestros datos personales se encuentran almacenados en multitud de bases de los cuales se espera que estén protegidos en contra de cualquier intromisión (Cobos, 2013, p. 74).

Existen mecanismos de protección del derecho a la salvaguarda de los datos personales que permiten a las personas acceder, rectificar, modificar u oponerse a los datos compartidos, lo cual le permite defenderse en caso de que se realice un uso indebido a los mismos. Esa facultad permite que se proteja de mejor manera al derecho a la intimidad de las personas. No obstante, toda persona en posesión de datos sensibles de terceros deberá garantizar su adecuada protección (Cobos, 2013, p. 74).

Los datos biométricos compartirán el mismo grado de importancia y despertaran el mismo grado de protección que tengan y llegaran a tener los datos personales de la persona.

d) Protección de los derechos sexuales

El derecho a la protección de los derechos sexuales busca proteger un elemento sumamente delicado de la intimidad de la persona. La sexualidad se encuentra profundamente ligada con dicha intimidad, ya que, por lo general, las personas resguardan con recelo los diversos aspectos relativos a su sexualidad. De igual manera, las preferencias sexuales forman parte de la protección referida.

Cualquier intromisión ilegítima a esta, o revelación indebida sobre aspectos de la sexualidad, implica una severa afectación al derecho a la intimidad, con independencia de la comisión de los diversos delitos que pudieran verificarse (Cobos, 2013, p. 77).

e) Titularidad de los datos genéticos

La titularidad de los datos genéticos cobra una relevancia en la medida en que diferentes tecnologías logran captar los mismos. Del material genético del individuo se pueden llevar a cabo diversos procedimientos que resultan delicados. El experimentar o recabar información de datos genéticos sin autorización de la persona, constituye una alarmante violación a su intimidad (Cobos, 2013, p. 78).

El material genético puede ser captado dentro de investigaciones de paternidad, o en procedimientos penales y familiares, o bien, en procedimientos científicos. Su captación deberá ser siempre con el consentimiento del titular o bien, que exista una sentencia que así lo dictamine (Cobos, 2013, p. 78).

f) No ser vigilado en el ambiente íntimo

El no ser vigilado en el ambiente íntimo se relaciona con el derecho a la intimidad en la medida que protege a la persona de ser captado a través de video o fotografías (Cobos, 2013, p. 78), o simplemente al ser observado, cuando la persona se encuentra en un espacio privado.

Sin embargo, no todo lo captado por cámaras corresponde al ámbito privado de la persona, ya que, por cuestiones relativas a la seguridad, se utilizan dispositivos como videocámaras con la finalidad de mantener la misma (Cobos, 2013, p. 78).

g) *Intimidad de los restos mortales*

Cuando el ser humano ha perdido la vida, el goce de sus derechos ha concluido. No obstante, en el caso de los restos mortales de las personas, la titularidad del derecho a la intimidad que gozaba el occiso respecto a su cuerpo se transmite a sus familiares, de tal suerte que su protección y respeto se vuelve parte de la intimidad familiar (Cobos, 2013, p. 78).

h) *Honor*

El honor presupone la buena reputación de la persona adquirida a través de la virtud y probidad (Carbonell, 2005, p. 469). Dicho concepto se ve afectado en cuanto se busca menguar el reconocimiento con que cuenta una persona, o bien, cuando se cuestiona su integridad moral, prestigio, reputación, imagen o consideración social (Carbonell, 2005, p. 467).

Al lesionarse el honor, se configura la comisión de ultraje, el cual implica que cualquier cosa falsa que sea dicha respecto de alguien, no se encuentre sujeto a una valoración en términos de verdad o falsedad en relación con la información propagada, ni que esta sea creíble o no. Se daña al honor con el simple hecho de comunicar algo que no es cierto (Carbonell, 2005, p. 467).

El honor se relaciona con la intimidad en la medida que ambas comparten aspectos internos del ser, tales como la buena reputación, la integridad moral y la consideración social.

Habiendo referido los diversos aspectos derivados del derecho a la intimidad, a continuación, se abordarán los cuatro tipos distintos de agravios por medio de las cuales se atenta en contra del derecho en cuestión.

AGRAVIOS EN CONTRA DEL DERECHO A LA INTIMIDAD

Toda conducta que al llevarse a cabo atente en contra al derecho a la intimidad de otro, representará un agravio al derecho en cuestión. De acuerdo con lo señalado por el jurista William Lloyd Prosser, existen cuatro distintos agravios por medio de los cuales se lleva a cabo una intromisión ilegítima a la intimidad. Es decir, será a través de la realización de aquellas conductas que puedan ser catalogadas dentro de alguno de los cuatro agravios en cuestión, para que pueda considerarse como una violación a la intimidad (Cobos, 2013, p. 78). Dichos agravios son los siguientes:

a)   Intrusión. La intrusión puede verificarse de dos maneras distintas:

    i.   Invasión física de la intimidad. En este supuesto, la intromisión consiste en introducirse en propiedad de otro sin autorización.

    ii.   Invasión constructiva de la intimidad. Por medio de este tipo de invasión, se pretende captar imágenes, sonidos o información de otras personas que se encuentren realizando actividades personales o familiares respecto de los cuales cuentan con una expectativa razonable de intimidad, sin que exista un allanamiento de propiedad.

b)   Divulgación de hechos y datos privados.
c)   Comunicación de información que tiende a falsear la imagen de una persona.
d)   Apropiación de información o de la apariencia de una persona (Celis, 2006, p. 84).

Habiendo presentado los conceptos anteriores relativos al derecho a la intimidad, en el siguiente apartado se analizarán brevemente las ventajas pedagógicas que los estudios de Derecho y Cine reportan a la enseñanza jurídica.

DERECHO Y CINE

A lo largo de su historia, el cine ha reflejado diversas nociones del Derecho. Varios de los grandes argumentos cinematográficos encierran asuntos jurídicos, por lo que no es de extrañar que haya surgido un movimiento que profundice en esa estrecha relación y la analice, movimiento al que ha sido llamado precisamente como Derecho y Cine (Rivaya, 2012, p. 12).

El cine se convierte en un instrumento de gran relevancia para la enseñanza jurídica, toda vez que en la gran mayoría de las historias que retrata, los protagonistas en turno se ven inmersos dentro de alguna especie de conflicto. Es justamente la presencia de ese conflicto que da rienda suelta a las interpretaciones jurídicas, dado que una de las principales funciones del Derecho consiste en prevenir y remediar los conflictos que surgen entre las personas.

Dada la indudable presencia del Derecho en el cine, el movimiento al que hacemos referencia ha desarrollado distintos tipos de acercamiento para emprender el análisis jurídico dentro del cine. Los estudios implementados para analizar la presencia jurídica en las narraciones cinematográficas pueden optar por diseccionar instituciones jurídicas concretas, dando por resultado, por ejemplo, un análisis de la eutanasia en el cine o del aborto en el cine. De igual forma, la dirección a tomar puede consistir en el estudio de determinada ideología jurídica en cierto género cinematográfico, lo que conllevaría a un estudio, por ejemplo, sobre el Derecho en el cine *noir*. Sea cual sea el acercamiento, la intención consiste en la enseñanza jurídica por medio del cine, mismo que puede transformarse en herramienta didáctica y pedagógica para una instrucción más dinámica del Derecho (Rivaya, 2012, p. 12).

Derivado de lo anterior, sería provechoso para distintas disciplinas considerar al cine más allá de un simple pasatiempo o divertimento. Por el contrario, resulta beneficioso aprovechar la herramienta pedagógica en la que es posible transformarla para una mejor enseñanza, y en el caso del Derecho, aportar nuevos y atractivos elementos a una educación jurídica (Rivaya, 2012, p. 19) que en ocasiones suele ser profundamente árida.

Hablando de la didáctica jurídica, en ocasiones puede tornarse dificultoso la disección teórica de principios jurídicos, de tal forma que su contenido no siempre termina por ser del todo claro. Al respecto, el cine puede ser de gran ayuda a efecto de presentar visualmente nociones abstractas. El cine lo logra debido a que encierra diversos componentes psicológicos y emocionales contenidos en cualquier película, resultando en la transmisión de mensajes de forma más sencilla dado que impacta de forma más directa a las personas (Salazar, 2012, p. 20).

En concreto, ¿qué aspectos son los que convierten al cine en una herramienta tan provechosa para la enseñanza jurídica? En primer lugar, su uso constituye una atractiva e innovadora forma de enseñanza. Los principales métodos de instrucción jurídica pueden llegar a resultar extenuantes, por lo que brindar un instrumento pedagógico que sea dinámico e interesante, resultaría en una mejor forma de aprender determinados conceptos (Rivaya, 2012, p. 22).

Por supuesto que el simple visionado de una película con un alto grado de interpretación jurídica no hará que el espectador sepa determinados artículos o leyes, pero sí podrá comprender el concepto que regulan y se encontrará en posibilidad de analizar de mejor forma su relevancia o ponderar el estado actual que guarda su aplicación.

Por otra parte, fomenta el desarrollo de la capacidad crítica de los estudiantes, gracias a que, al contar con un componente visual, la comprensión y la retención de lo visto se acentúa, permitiendo mayor facultad para desentrañar los conceptos jurídicos contenidos en alguna película (Rivaya, 2012, p. 22).

De igual manera, mejora la calidad de la enseñanza gracias a que implica una novedosa forma de acercamiento al estudio jurídico. Con tan solo sumar una herramienta más a la enseñanza, la misma ya se está viendo beneficiada. No solo ello, sino que también incrementa la calidad educativa al propiciar la participación y la abstracción de ideas por parte del alumnado (Rivaya, 2012, p. 22).

A su vez, la integración del cine en la enseñanza jurídica potencia la interdisciplinariedad, lo cual debería ser esencial para dicha enseñanza ya que permite relacionar lo estudiado con diversos fenómenos que permitan comprender de mejor forma el contenido del Derecho, tales como la historia, la sociología, la religión, la filosofía, etc. (Rivaya, 2012, pp. 22-23).

Existen dos formas a través de las cuales se puede introducir al cine dentro de la enseñanza jurídica. Por un lado, puede fungir como simple apoyo dentro de una asignatura para profundizar o recalcar una temática determinada. Por ejemplo, podría usarse *Full Metal Jacket* de Stanley Kubrick para tratar la guerra o *Spotlight* de Tom McCarthy para hablar del derecho a la información. En ambos casos, se utilizarían las películas mencionadas para ejemplificar o para iniciar una reflexión al respecto. Por otra parte, puede usarse al cine como pieza fundamental para una cátedra de Derecho y Cine, en la que el cine cobre mayor relevancia sin que ello implique demeritar el aspecto jurídico.

Ese tipo de asignaturas suelen incluir una presentación del filme en turno, su proyección y finalmente una sesión de análisis jurídico y crítico, que implica una alta participación por medio de debates o exposición de ideas y conclusiones (Rivaya, 2012, pp. 22-23).

En definitiva, la inclusión del cine en la enseñanza jurídica repercute positivamente en la instrucción de conceptos jurídicos, ya que propicia la capacidad intelectual del espectador, logrando fomentar su creatividad, su comprensión, su capacidad interpretativa y de reflexión, así como mejorar la abstracción de conceptos en ideas concretas que le permitan encontrar paralelismos de los conceptos jurídicos con aquellos relativos a otros campos, como lo son la política, la ética, entre otros (Rivaya, 2012, p. 26).

Una vez precisado lo relativo a las ventajas pedagógicas que el uso del cine repercute para la enseñanza jurídica, se procederá a hacer uso de diversas películas para continuar con la exposición relativa al derecho a la intimidad, mostrando a través de ejemplos cinematográficos, las diferentes consecuencias que genera su violación.

El derecho a la intimidad en el Cine

Como ya fue anteriormente precisado, el derecho a la intimidad es una prerrogativa común a todos los seres humanos que busca proteger la esfera más reservada y privada de cualquier persona. Haciendo uso de las ventajas que los estudios de Derecho y Cine ofrecen, en el presente apartado se llevará a cabo un ejercicio académico que empleará el cine para seguir abordando la temática relativa al derecho a la intimidad.

Para llevar a cabo el ejercicio referido, se retomarán los aspectos derivados del derecho a la intimidad y por medio del cine, se confrontarán los mismos con los agravios existentes en contra del derecho a la intimidad. De esta manera, se buscarán ejemplificar las consecuencias que el atentando al derecho a la intimidad ocasiona.

La principal valía del presente ejercicio académico que busca emplear el cine como instrumento pedagógico para desarrollar el derecho a la intimidad consiste en describir las consecuencias que la violación a la intimidad genera, consecuencias que podrían verificarse en la realidad cuando se violenta el derecho en cuestión.

De este modo, el ejercicio iniciará nombrando el aspecto del derecho de la intimidad en turno, así como la película que servirá de apoyo para profundizar en el agravio cometido y las consecuencias generadas. Si bien el presente ejercicio no busca resumir las tramas de las películas escogidas, aspectos relevantes de su argumento deberán ser revelados a fin de abordar adecuadamente el tema en cuestión.

Perturbación en el domicilio por Parásitos

La película surcoreana 기생충 (*Parásitos*) del multipremiado director Bong Joon-ho hizo historia al ser la primera película proveniente de la industria fílmica de Corea del Sur en ganar, con voto unánime, la Palma de Oro del Festival de Cannes, así como por convertirse en la primera película de habla no inglesa en ganar el Oscar a la mejor película en la entrega de premios de 2019.

Su argumento combina de forma brillante diferentes pasajes de drama y suspenso, aderezados con un acérrimo humor negro, a través del cual el espectador será testigo de las desaventuras de la familia Kim.

Cansados de vivir su propia existencia sumidos en la pobreza y suciedad, y tras abarrotar decenas de empleos de medio tiempo y mal remunerados, los Kim inician un camino progresivo que los conducirá a instalarse como personal de servicio de la adinerada familia Park. Lo harán haciéndose pasar por personas que no son, y ostentándose con una profesión con la que no cuentan, para finalmente ser personal del cual los Park confían.

En determinado momento, los Park se encontrarían fuera de casa durante algunos días. Quedándose la casa sola, los Kim aprovecharon para hacerse con ella y gozar de todos los lujos que de forma cotidiana disfrutaban los Park. Durante horas, miembros de la familia Kim tomaron largos baños, leyeron el contenido del diario de la hija de los Park, bebieron y comieron a placer y, en resumen, se sintieron a sus anchas y disfrutaron de una serie de cosas que en su anterior vida jamás hubieran podido gozar.

El disfrute de los Kim llegaría muy pronto a su fin dado que la familia Park tendría que regresar a las pocas horas debido a las fuertes lluvias. Su regreso daría pie a una serie de eventos que someten al espectador a álgidos momentos de tensión, eventos que ya no guardan relación con la intromisión al domicilio y la violación a la intimidad, sino que constituyen otra serie de delitos como el homicidio.

Las acciones llevadas a cabo por los Kim representan una serie de amenazas de acción que afectan la intimidad territorial de los Kim. Derivado de su intrusión, se dio una invasión física a su intimidad, violentando de esta manera su derecho a la intimidad.

Los Kim durante varias horas pisotearon no solo la confianza sino
también la intimidad de la familia Park. Dado que únicamente la señora
Kim tenía autorización para permanecer en el domicilio, el resto de los
Kim se encontraban de forma ilegítima dentro de la casa. La intimidad
de la familia Park, resguardada por su domicilio, se vio severamente afectada en la medida en que los Kim se desenvolvían a placer.

El domicilio implica un lugar en el cual el ser humano se siente libre
y donde disfruta de esa libertad. En nuestro domicilio guardamos una
serie de cosas que nos resultan preciadas y es ahí donde disfrutamos de
la compañía de quienes viven con nosotros. Una intromisión ilegítima
al domicilio vulnera la intimidad que el domicilio conlleva, pero si en
adición a ello, el infractor hace uso de nuestros objetos personales para
satisfacer sus propios placeres, nuestra intimidad se ve afectada aún de
mayor manera.

La (privada) Vida de los Otros

Ganadora del Oscar en el 2006 a mejor película extranjera, *Das Leben der
Anderen* (*La Vida de los Otros*) del director Florian Henckel von Donners-
marck, presenta una intrigante historia, basada en hechos reales, situada
en el Berlín del Este de la República Democrática Alemana en 1984, en la
que el implacable Gerd Wiesler, capitán de la Stasi, es ordenado a espiar
al dramaturgo Georg Dreyman.

Dreyman, al igual que los intelectuales del momento, eran sometidos
a una constante vigilancia por parte de la *Stasi* a través de la intervención con micrófonos y cámaras de sus hogares. La situación era tan
precaria para quienes pensaban distinto a lo dictado por el régimen,
que muchos artistas optaron por suicidarse en lugar de seguir sufriendo
aquel hostigamiento.

El ministro de Cultura, Bruno Hempf, tenía un especial interés en
incriminar a Dreyman, ya que el dramaturgo era la pareja sentimental
de la actriz Christa-Maria Sieland, a quien Hempf quería para sí. De esta
manera, el ministro asignó a Gerd Wiesler para espiar constantemente a
Dreyman y encontrar algo con lo cual incriminarlo.

Tras observar y escuchar a Dreyman mediante el equipo de vigilancia con que ilegalmente se registraba todo lo que sucedía al interior
de su hogar, el capitán Wiesler comienza a simpatizar con Dreyman

y entender su forma de ver el mundo, inclusive al grado incluso de llevarlo a realizar una serie de maquinaciones que terminarían por salvar la vida del dramaturgo.

Las acciones de espionaje ilegítimo llevadas a cabo por la *Stasi* en contra de quienes como Dreyman pensaban diferente al régimen socialista, constituían una amenaza de conocimiento que afectaba la intimidad territorial de las personas a través de una intrusión constructiva de la intimidad.

Para un gobierno totalitario, es de manual emprender una cacería en contra de quienes tengan ideales contradictorios a los adoptados por el tirano de turno. Una simple idea puede cambiarlo todo, por lo que para los regímenes absolutistas se vuelve indispensable impedir que ideas contrarias a lo que profesan vean la luz.

Por ello, a lo largo de la historia se han servido de diferentes mecanismos que les permitan captar el planteamiento de ideas subversivas. La intervención ilegítima de los hogares por parte de espías ha sido una tarea común dentro de estos regímenes a efecto de controlar todo lo que se comunica al interior de su territorio.

El ser vigilado en la intimidad del hogar representa una seria violación al derecho a la intimidad, en el que nuestra capacidad de comunicación se ve comprometida. La facultad de comunicarse con la que cuenta el ser humano es única en todo el reino animal, es una capacidad que nos permite evolucionar constantemente. A través de la comunicación podemos relacionarnos de mejor manera con el prójimo y construir puentes que nos unan con quienes piensan distinto.

A través de la comunicación expresamos ideas, sentimientos, emociones y cualquier cosa que deseemos compartir con otros. Privar a la persona de comunicarse libremente, la reduciría seriamente, ya que perdería una de sus más grandes y distintivas capacidades.

La comunicación se relaciona con la intimidad en la medida que nos permite transmitir las ideas y sentimientos que llevamos dentro. Privarla sería atentar contra la intimidad del ser humano y contra su propia naturaleza, ya que el comunicarse es una facultad indispensable para la supervivencia y desarrollo de la especie humana.

Descuida, yo cuido de tus datos personales

La actriz Rosamund Pike se llevó a casa un Globo de Oro durante la entrega de 2020, en la categoría de "Mejor Actriz en película de comedia o musical" por su participación en la película *I Care A Lot* [*Descuida, yo te cuido*] del director J. Blakeson.

En dicha película, la grandiosa actriz da vida a Marla Grayson, la despiadada directora de una agencia dedicada a tutelar a aquellos adultos mayores que, a juicio del Estado, han perdido su capacidad de ejercicio y, por ende, requieren la asistencia de alguien capacitado para tomar control de su esfera jurídica.

De esta forma, los adultos mayores que han caído en ese supuesto y que no tienen familiares aptos para desempeñar el cargo de tutor, son buscados por el tipo de agencia que Marla lidera a fin de hacerse cargo de ellos. Una vez iniciada la relación de tutelaje, la agencia tomará las mejores decisiones en aras del bienestar del tutelado, lo que incluye aquellas decisiones relativas a su cuidado y la administración de su patrimonio.

En primera instancia podría parecer una labor de gran valor social. Sin embargo, Marla y su agencia se dedican a exprimir a cada uno de sus clientes. En colaboración con la casa de asistencia para adultos mayores, Marla determina el tratamiento que deberá seguir el tutelado, el cual consiste en mantenerlos sedados para que no den problemas y eviten obstaculizar sus decisiones las cuales consisten principalmente en hacer líquido todo el patrimonio, vendiendo cada posesión del tutelado a fin de cobrar sus exorbitantes honorarios y emplear el dinero a su favor.

La forma en que Marla suele atraer clientes tan atractivos se debe a los avisos dados por personas como la doctora Karen Amos. A través del pago de una sustanciosa comisión, la doctora Amos notifica a Marla sobre pacientes cuyo nivel económico sea alto y que puedan ser sometidos a tutela mediante la recomendación médica de la doctora, quien no tiene reparos en dar testimonio en juicio al dar fe que determinado adulto mayor no es capaz de velar por sí mismo.

En algún punto, Marla comete el error de tratar de aplicar su telaraña de engaños y maquinaciones a la jubilada señora Jennifer Peterson. A partir de ahí, diversos sucesos llevarán a Marla a enfrentarse a la mafia rusa.

Lo que se pretende resaltar de la película en comento es el indebido tratamiento dado por la doctora Amos a los datos personales de sus pacientes. Los datos personales son tan valiosos que las personas están dispuestos a pagar grandes cantidades de dinero por ellos para diversos fines, desde el ofrecimiento de productos hasta delitos graves como robo, secuestro u homicidio.

La doctora Amos violentó severamente la intimidad de sus pacientes al usar sus datos personales como monedas de cambio para recibir una comisión de parte de una persona como Marla, cuyas intenciones pasaban por apropiarse de la vida jurídica y del patrimonio de una persona a su conveniencia.

La conducta de Amos reporta una amenaza de conocimiento que atenta en contra de la intimidad informacional mediante la divulgación de hechos y datos privados. En este sentido, la película en comento pone de manifiesto la necesidad de garantizar la protección de los datos personales que se encuentran en posesión de terceros.

Resulta alarmante la cantidad de correos electrónicos, llamadas y mensajes que se reciben día a día sobre productos que nunca hemos comprado, de parte de empresas con las que jamás hemos tenido contacto.

Cada vez que nuestros datos personales se comparten sin nuestra autorización expresa, se está vulnerando nuestra intimidad. Nuestros datos personales tienen valor y descaradamente son vendidos al mejor postor. Esto no es ficción, es una realidad que sucede todos los días. En el mejor de los casos, su implicación resultará molesta tras el ofrecimiento mediante correos electrónicos de productos o servicios. Sin embargo, también puede acarrear consecuencias mortales, como sucede en los trágicos homicidios de usuarios de servicios bancarios.

Espero cuides mejor de los derechos sexuales la próxima vez

Durante el 2018 se lanzó en Hungría una película que retrata abiertamente una de las más recientes prácticas sexuales llevadas a cabo entre adolescentes y adultos, consistente en el *sexting*. En *Remélem legközelebb sikerül meghalnod :)* (Espero Mueras La Próxima Vez :)) del director Mihály Schwechtje, se aborda dicha temática como concepto central de la película.

La adolescente Eszter ha estado enamorada en secreto de su profesor de inglés, por lo que toma con tristeza la noticia de que este abandonará la escuela para irse del país. Sin embargo, esa noche Eszter recibe un sugerente mensaje de parte de su exprofesor, lo que a la postre la llevaría a entablar una relación virtual que traería terribles consecuencias.

La película muestra a una Eszter enamorada dentro de una relación, al tiempo en que sobrevive el día a día dentro de su preparatoria, donde el acoso y las bromas pesadas suelen ser recurrentes en esos ámbitos. De igual forma vive conflictos comunes durante la adolescencia como la búsqueda de aceptación de otros y aspectos relacionados con la autoestima.

Respecto a su relación, la principal forma de comunicación sería a través de *videochat* y mensajes. El tono de los mensajes y llamadas va escalando hasta el punto en que Eszter se muestra desnuda ante su pareja virtual. En determinado momento, parte de los videos y fotos explícitas que había enviado, se filtran y en cuestión de minutos ya habían sido vistas por la totalidad de su escuela. Tras enterarse de lo sucedido, una angustiada y traumatizada Eszter, sumida en una profunda desesperación, decide terminar con su vida.

Los acontecimientos reflejados en la película en comento reflejan una clara realidad a la que millones de mujeres alrededor del mundo se ven sometidas día con día. Son incalculables las víctimas que en el mundo han sufrido la filtración ilegítima de videos e imágenes con alto contenido erótico.

Lo que Eszter sufrió, así como incontables hombres y mujeres, fue producto de una amenaza de conocimiento que atentó contra su intimidad informacional mediante la divulgación de hechos y datos privados.

El exhibir de esa forma imágenes o videos con contenido sexual vulnera seriamente la intimidad de las personas, derivado que la sexualidad es un aspecto privado del ser humano y que únicamente comparte con quien libremente elija. Adicionalmente, amenaza a las relaciones que la víctima guardaba, pues al ser un momento tan complejo, es más que probable que sean pocos los que le den la espalda.

En el caso de México, tuvieron que pasar años y un sinfín de víctimas de esa atroz práctica, para que finalmente entrará en vigor una ley que regulara la divulgación, distribución, y publicación sin consentimiento de imágenes y videos de contenido íntimo sexual de un mayor, la cual es comúnmente referenciada como "Ley Olimpia".

Por supuesto que es un avance y es motivo de celebración, pero desafortunadamente la reacción no fue tan veloz como cabría esperarse. La impunidad en este tipo de delitos es altísima, por lo que este debe ser un primer paso en el combatimiento a la filtración de contenido sexual de las personas.

Una filtración de ese tipo de material no solo atenta contra la intimidad, y destruye una reputación y compromete demás cuestiones ligadas al derecho a la intimidad de las personas, sino que también puede llevar a la víctima a cometer suicidio, como desafortunadamente ha ocurrido en múltiples casos.

Los datos genéticos en Gattaca

La película distópica *Gattaca* del director Andrew Niccol, presenta una sociedad futurista en la que resulta posible conocer, a partir de que ha nacido un bebé, como será su evolución biológica, que aptitudes físicas tendrá y qué enfermedades desarrollará, así como su esperanza de vida.

Por otra parte, en dicha sociedad resulta posible engendrar a bebés con aspectos mejorados de su fisionomía, directamente relacionados con prácticas eugenésicas que oscilan desde elegir el color de los ojos hasta determinar el sexo del bebé.

En la sociedad de Gattaca existe una profunda distinción entre personas nacidas de forma tradicional y aquellos nacidos como fruto de laboratorio, quienes cuentan con mejores genes que los llevarán a ser protagonistas de su sociedad. Los primeros serán discriminados y llamados "inválidos", mientras que los superiores seres mejorados serán catalogados como "válidos".

Gattaca nos presenta la lucha del inválido Vincent por ser parte de una tripulación espacial, lo cual solo se encontraba reservado a los válidos. De esta forma, Vincent comienza una serie de acciones que lo llevarán a hacerse pasar como válido a fin de ser elegido tripulante.

La discriminación arraigada en la sociedad de Gattaca no era económica o social, sino que se basaba exclusivamente en la genética de las personas. El valor de un hombre era directamente proporcional al valor de sus genes, por lo mismo, cada vez era más frecuente el realizar prácticas eugenésicas en los bebés.

Lo plasmado en *Gattaca* es producto de la ciencia ficción, pero sirve como punto de reflexión en torno a prácticas eugenésicas o de experimentación que suceden hoy en día, y que incrementarán su alcance y seriedad en las décadas siguientes. La titularidad de los datos genéticos es propia del ser humano y no deberían ser empleados por otros a placer. El hacerlo sin consentimiento llevaría a atentar en contra de la intimidad del ser humano, mediante una amenaza de conocimiento, que comprometa la intimidad informacional a través de la apropiación de información de una persona.

A diferencia de otros ejemplos, la problemática que implica el apoderamiento ilícito de los datos genéticos de otras personas no suele verificarse de forma tan común, toda vez que su tratamiento es relativamente reciente y solo basta imaginar lo que el ser humano podrá hacer con ello en un futuro. Sin embargo, cuando sucedan los avances genéticos que comprometan a la intimidad de la persona, el Derecho deberá reaccionar rápidamente y regular a efecto de proteger la dignidad del ser humano.

Una práctica que sí puede suceder en nuestros días y que afectaría a la intimidad de los datos genéticos de una persona, se verificaría en casos en que la información genética de una persona inocente sea plantada en alguna escena criminal con el fin de culparlo de algún delito o bien, dejar impune al perpetrador.

El (Íntimo) Show de Truman

La fantástica película *The Truman Show* del director Peter Weir, presenta una cautivadora película llena de matices que pueden originar debates a partir de diferentes ámbitos, desde lo filosófico, pasando por lo psicológico y por supuesto lo jurídico. En ella, conocemos a Truman Burbank, interpretado por un genial Jim Carrey, protagonista absoluto de un programa de telerrealidad.

Sin saberlo, Truman es la estrella de un programa televisivo que muestra su vida cotidiana dentro de la ficticia ciudad de Seahaven, de la cual nunca ha salido. Cada aspecto de su vida es controlado por el productor ejecutivo Christoph, quien determina de qué forma la vida de Truman va cobrando forma. En resumen, nada en la vida de Truman es real, los escenarios son creados para ser la ciudad que él habita. Todos lo saben con excepción de Truman.

Con miles de cámaras enfocadas exclusivamente en él, millones de televidentes en el mundo real siguen atentamente el acontecer de los días en la vida de Truman. Las personas con las que Truman convive son actores cuyo trabajo consiste en ser extras, vecino, amigo o hasta su pareja sentimental. Es decir, cada relación que Truman sostuvo en su vida fue fruto de la actuación del personaje en cuestión, inclusive sus propios padres.

En un punto, y tras más de diez mil días de protagonizar su propio *reality show* sin saberlo, Truman se da cuenta que hay algo extraño en el mundo y poco a poco irá descubriendo la verdad, lo cual lo llevará a replantearse todo su mundo, su vida y a enfrentar a Christoph, el creador de todo lo que Truman conoce.

La película referida puede considerarse como el filme que por excelencia muestra las implicaciones que conlleva el entrometerse en la vida privada de las personas atentando en contra de su intimidad. La conducta llevada por Christoph implica tanto una amenaza de acción como una amenaza de conocimiento, atentando por lo tanto en contra de la intimidad territorial e intimidad informacional de Truman a través de la intrusión.

No solo la intrusión es el único agravio que afectaba la intimidad de Truman, sino también la divulgación de hechos y datos personales dado que toda su vida ha sido grabada y transmitida para saciar la necesidad de un lascivo entretenimiento por parte del espectador. De igual forma, se ha hecho una publicidad que tiende a falsear la imagen de Truman, ya que Christoph determina de qué forma debe ser Truman mediante la influencia de los personajes secundarios que se involucran con él. Por último, también se verifica una apropiación de información y de la apariencia de Truman, dado que el productor del reality show ha cosificado a su protagonista para ser vilmente explotado a fin de generar rating e ingresos a partir de la constante publicidad que los habitantes de Seahaven realizan de diferentes productos.

Prácticamente todas las aristas derivadas del derecho a la intimidad de Truman se ven severamente violentadas. Solo sus ideas y pensamientos, en tanto no los exteriorice, escapan de la fría mirada de miles de cámaras que están listas para transmitir en vivo las vivencias del protagonista. A donde quiera que vaya, sea lo que sea que haga, Truman estará sujeto a la captación de su persona, todo con el fin de entretener al espectador.

Un caso similar al de Truman en la vida real resultaría casi imposible de realizarse, pero no por ello resultan cada vez más extremas las temáticas de los *reality shows*. No obstante, las personas que ahí figuran han dado su consentimiento y técnicamente accedieron a que su intimidad se vea comprometida.

Sin embargo, la mirada constante y acosadora de las cámaras hacia determinadas personas sí que puede verificarse, tanto por parte de la prensa como por investigadores privados, situación que compromete la intimidad del vigilado al ser acechados por reporteros que buscan conseguir una supuesta primicia.

Cazando al honor

Nominada a la Palma de Oro y seleccionada por Dinamarca para ser representante de su país en los premios Oscar de 2012, *Jagten* (*La Caza*) del director danés Thomas Vinterberg, nos presenta un intenso drama en el que la vida de Lucas, interpretado por un inmenso Mads Mikkelsen, súbitamente será transformada en un infierno.

En un pequeño pueblo danés, en el que todos sus habitantes son viejos conocidos, Lucas trabaja en el kínder local. Los alumnos tienen en gran estima a Lucas ya que él se muestra cariñoso y participa constantemente en diversos juegos con ellos. Lucas tiene en especial estima a la pequeña Klara, ya que es hija de su mejor amigo Theo.

En medio de un juego, Klara besa en la boca a Lucas, quien de inmediato la reprende y le hace saber que lo que hizo fue inapropiado. Sintiendo el rechazo, Klara hace saber a la directora que odiaba a Lucas. A partir de lo que la niña da a entender, la directora infiere que Lucas ha mostrado sus genitales a la menor.

En consecuencia, hacen traer a un supuesto especialista para entrevistarse con Klara a fin de saber qué fue lo que realmente ocurrió. A partir de preguntas tendenciosas y manipuladoras del especialista, se desprende que Lucas abusó sexualmente de la hija menor de su mejor amigo.

Incrédulo y sin oportunidad de defenderse, Lucas se enfrenta al odio y rechazo de parte de todo el pueblo, quienes creyendo en las acusaciones de la menor y considerándolo como un repulsivo depredador sexual, lo rechazan y segregan. Tras una mayor investigación llena de manipulaciones, Lucas se enfrenta a severas acusaciones que lo incriminan de haber abusado sexualmente de la mayoría de los alumnos del kínder. Por suerte, el testimonio de los niños es rápidamente desechado por la policía, quienes detectan que lo contado por ellos no era verdad.

Sin embargo, el pueblo no aceptaría esa resolución y comenzaría a amedrentar a Lucas, inclusive llegando al extremo de matar a su perro en represalia. Sin poderse liberar de la mirada inquisidora de los habitantes del pueblo, la vida de Lucas se veía constantemente atormentada. Finalmente, la pequeña Klara confiesa a su padre que todo fue mentira y que Lucas no había hecho nada incorrecto. Tanto la investigación policial, como la propia supuesta víctima, declararon inocente a Lucas.

A un año de los acontecimientos, y creyendo que su vida había retomado el rumbo, Lucas acude con varios de los hombres del pueblo a una cacería. Adentrado en el bosque, una bala estuvo a pocos centímetros de terminar con la vida de Lucas. A pesar de que su inocencia había salido a la luz, aún existían personas dentro de la comunidad que no creían en ella.

Los sucesos mostrados en la película referida ponen de manifiesto el profundo daño que una falsa acusación genera en contra del honor y la intimidad del acusado. Más allá de la acusación errónea de parte de Klara, el verdadero problema radicó en la forma tan tendenciosa y manipuladora con la que actuaron el supuesto especialista y la directora del kínder.

Su conducta consistió en una amenaza de conocimiento que tuvo por consecuencia el atentado a la intimidad informacional de Lucas, al ser objeto de información tendiente a falsear su imagen. El daño generado en Lucas se convirtió en irreparable, el desprestigio por el que atravesó fue severo y ello mermó múltiples de sus relaciones, máxime que aún después de que la verdad saliera a luz, aún había gente dudando de él, que inclusive estaban dispuestos a hacer justicia por propia mano.

El atentar en contra al honor en la vida real de igual forma genera consecuencias cuasi irreversibles. La buena reputación y la honorabilidad pueden tardar años en construirse, pero basta un segundo para ser destruidas sin oportunidad de volver a construir sobre sus destrozados cimientos. La verdad podrá salir a la luz, pero el daño ocasionado, el dolor experimentado y las relaciones destruidas, no podrán ser resarcidas.

En la medida que injustamente se ataque al honor de una persona, se estará atentando en contra de su intimidad, puesto que el honor y la intimidad comparten cuestiones personalísimas del ser, indispensables para su desempeño en sociedad, tales como la buena reputación y su consideración social.

Primicia de los restos mortales

En 2014, el guionista Dan Gilroy impactaría al mundo fílmico con el estreno de su debut como director con la película *Nightcrawler (Primicia mortal)*. En ella, podemos ver a un fantástico Jake Gyllenhaal encarnar a Louis Bloom, un ladrón de poca monta que pronto encontrará un sustancioso negocio en el periodismo criminalístico.

Su aventura en dicho mundo inicia cuando de casualidad se topa con un accidente automovilístico y observa como una serie de periodistas de inmediato inundan el lugar a fin de captar imágenes y videos gráficos del accidente, los cuales son comprados por diversos medios de comunicación.

De esta manera, Louis inicia un incesante acecho para encontrar incidentes que involucren fuertes lesiones o incluso fallecimientos a fin de obtener mayores ganancias de parte de las televisoras. Su camino lo llevará a tomar decisiones poco éticas con el fin de obtener mejores exclusivas, hasta el punto de ser él quien orqueste el asesinato de una persona a efecto de grabar como alguien pierde la vida y lucrar con ello.

En *Nightcrawler* podemos ver de qué forma son explotados comercialmente los terribles accidentes que suceden día con día. La publicación de imágenes gráficas que muestran el cadáver de una persona atenta en contra de la intimidad de los restos mortales que son transferidos a los familiares del occiso.

La conducta llevada a cabo por Louis representa una amenaza de conocimiento en contra de la intimidad informacional por medio de la divulgación de hechos y datos privados. El daño que ocasiona a la intimidad familiar se suma al dolor que ya experimentan los familiares por haber perdido a un ser querido. Es terrible si quiera imaginar perder a un familiar y que encima, imágenes o videos de su muerte sean comercializados a través de periódicos o sean difundidos por distintos medios. Se trata del cuerpo de un ser humano, no una mercancía con la cual es válido lucrar.

Lamentablemente, resulta bastante común encontrarnos con ese tipo de imágenes o videos que a todas luces resultan únicamente interesantes a los morbosos y ociosos. Los detalles del fallecimiento de una persona, víctima de un accidente o de un suceso trágico, no deberían ser tratados como si fueran de interés público. Al contrario, debería respetarse la intimidad familiar, así como el dolor que la pérdida de un ser querido genera.

CONCLUSIONES

Escuchar hablar de los Derechos Humanos hoy en día resulta algo sumamente cotidiano. No obstante, tiene poco más de setenta años desde que su reconocimiento y adhesión por parte del ámbito internacional sucediera, y para ello, incontables víctimas tuvieron que sufrir una serie de atrocidades que debe comprometernos a no perpetrar nuevamente de forma sistemática, nuevos ultrajes en contra del prójimo.

Los Derechos Humanos son prerrogativas que le corresponden a los seres humanos derivado a que cuentan con dignidad humana, característica adquirida por el simple hecho de ser persona. Dentro de los derechos humanos con los que cuenta el ser humano, se encuentra el derecho a la intimidad.

El derecho a la intimidad es un derecho humano que se ve vulnerado en la medida en que distintas tecnologías evolucionan, especialmente las relativas a las comunicaciones. Su protección no se encuentra totalmente garantizada en los diversos ordenamientos jurídicos, no obstante que el artículo 12 de "La Declaración Universal de los Derechos Humanos" lo recoge.

Existen diversos aspectos que se derivan del derecho a la intimidad, o bien, se relacionan estrechamente con el mismo, tales como el no ser perturbado en el domicilio, la protección a las comunicaciones privadas, la salvaguarda de los datos personales, entre otros.

La intimidad, así como los diversos aspectos que de ella derivan, son violentadas por medio de conductas que implican dos tipos diferentes de amenazas, a saber, la amenaza de acción y la amenaza de conocimientos, mismas que atentan en contra de la intimidad territorial y de la intimidad informacional de las personas.

Toda conducta que vulnere el derecho a la intimidad de una persona se llevará a cabo por medio de cuatro agravios, los cuales consisten en i) la intrusión; ii) la divulgación de hechos y datos privados; iii) la publicidad que tiende a falsear la imagen de una persona, y iv) la apropiación de información o de la apariencia de una persona.

Los estudios de Derecho y Cine constituyen una novedosa herramienta pedagógica que contribuyen a mejorar la educación jurídica, la cual en ocasiones puede llegar a resultar compleja y árida. Haciendo uso de dichos estudios, la enseñanza puede tornarse más dinámica, interesante y fomentadora de un alto involucramiento por parte del alumnado para debatir distintos puntos de vista relativos al contenido de una película en relación con una temática jurídica.

A efecto de mostrar la importancia de garantizar adecuadamente el goce del derecho a la intimidad de las personas, se puede llevar a cabo un ejercicio académico que haga uso del cine para tratar temas jurídicos relativos con la intimidad, en que muestre las formas en que el concepto en comento resulta agraviado, así como las posibles consecuencias que ello puede acarrear.

Lo reflejado en películas no debe considerarse como simples objetos de ficción, sino que deben entenderse como expresiones que nos muestran situaciones que suceden o que pueden llegar a pasar, de ahí la importancia de sensibilizar respecto a la necesidad de crear mecanismos que prevengan conductas que violenten la intimidad de las personas, así como instrumentos que persigan a quienes cometen ese tipo de conductas.

En la medida en que la evolución tecnológica avance, el derecho a la intimidad se verá comprometido en mayor grado. Es imperante que el Derecho actúe con mayor celeridad a fin de mantener protegidos a los seres humanos en lo que respecta a su intimidad.

REFERENCIAS

Artículos, capítulos y libros

Carbonell, M. (2005). *Los Derechos Fundamentales en México*. UNAM–CNDH.

Celis, M. A. (2006). La Protección de la Intimidad como Derecho Fundamental de los Mexicanos. En Cienfuegos, D. y Macías, M. C. (Coord.), *Estudios en homenaje a Marcia Muñoz de Alba Medrano. Protección de la persona y derechos fundamentales* (pp. 71-108). UNAM.

Cobos, A. (2013). El Contenido del Derecho a la Intimidad, *Revista Mexicana de Derecho Constitucional*, 29, 45-81.

Dienheim, C. M., de. (2009). Derechos Humanos y Democracia: principios éticos de un nuevo orden jurídico mundial. En Caballero Ochoa, J. L. (Coord.), *La Declaración Universal de los Derechos Humanos. Reflexiones en torno a su 60 aniversario* (pp. 43-68). Porrúa.

Durán, C. (2009). La Declaración Universal de Derechos Humanos en su 60º aniversario: origen, significado, valor jurídico y proyección en el siglo XXI. En Caballero Ochoa, J. L. (Coord.), *La Declaración Universal de los Derechos Humanos. Reflexiones en torno a su 60 aniversario* (pp. XXI-XLI). Porrúa.

Fariñas, L. M. (1983). *El Derecho a la Intimidad*. Trivium.

Fernández, M. (2016-2017). Algunas consideraciones sobre la regulación jurídica de la intimidad en el ordenamiento argentino, *Revista Investigación y Docencia, 52*, 187-205.

Rivaya, B. (2012). Derecho y cine. Sobre las posibilidades del cine como instrumento para la didáctica jurídica. En Presno, M. A. y Rivaya, B. (Eds.), *Una introducción cinematográfica al Derecho* (pp. 12-29). Tirant lo Blanch.

Rojas, V. M. (2009). La Dignidad Humana ante nuevos desafíos. En Caballero, J. L. (Coord.), *La Declaración Universal de los Derechos Humanos. Reflexiones en torno a su 60 aniversario* (pp. 23-42). Porrúa.

Salazar, O. (2012). Cine y valores constitucionales: el Derecho en Movimiento. En Barrero, A. (Coord.), *Derecho al cine. Una introducción cinematográfica al Derecho Constitucional* (pp. 17-54). Tirant lo Blanch.

Saldaña, M. N. (2012). The right to privacy: la génesis de la protección de la privacidad en el sistema constitucional norteamericano: el centenario legado de Warren y Brandeis, *Revista de Derecho Político, 85*, 195-239.

Sarmiento, A. R., Ardila, J. R. y Báez, A. (2016). Aportaciones no jurídicas al concepto de 'la intimidad': reflexiones interdisciplinarias, *Revista de Derecho y Ciencias Jurídicas, 18*, 45-55.

Scalvini, E. y Leyva, C. (2002). Las medidas precautorias y la tutela efectiva del Derecho a la Intimidad. En Armagnague, J. F. (Coord.), *Derecho a la Información Habeas Data e Internet*. La Rocca.

Zavala, M. (1982). *El Derecho a la Intimidad*. Abeledo–Perrot.

Warren, S. D. y Brandeis, L. (1980). The Right of Privacy, *Harvard Law Review*, 4(5), https://groups.csail.mit.edu/mac/classes/6.805/articles/privacy/ Privacy_brand_warr_fn.html#fn0

Filmografía

Blakeson, J. (Dir.). (2020). *I Care a Lot* [*Descuida, yo te cuido*, título en español] [Película]. Estados Unidos, STX films, Black Bear Pictures y Crimple Beck.

Gilroy, D. (Dir.). (2014). *Nightcrawler* [*Primicia Mortal*, título en español] [Película]. Estados Unidos, Bold Films, Nightcrawler, Sierra–Affinity.

Henckel, F. (Dir.). (2006). *Das Leben der Anderen* [*La Vida de los Otros*, título en español] [Película]. Alemania, Wiedemann & Berg Filmproduktion, Bayerischer Rundfunk, Arte y Creado Film.

Joon-Ho, B. (Dir.). (2019). 기생충 [*Parásitos*, título en español] [Película]. Corea del Sur, Barunson E & A.

Kubrick, S. (Dir.). (1987). *Full Metal Jacket* [*Cara de Guerra*, título en español] [Película]. Reino Unido y Estados Unidos, Natant, Stanley Kubrick Productions y Warner Bros.

McCarthy, T. (Dir.). (2015). *Spotlight* [*En Primera Plana*, título en español] [Película]. Estados Unidos, Participant Media, First Look Media, Anonymous Content, Rocklin/Faust Productions y Spotlight Film.

Niccol, A. (Dir.). (1997). *Gattaca* [Película]. Estados Unidos, Columbia Pictures Corporation y Jersey Films.

Schwechtje, M. (Dir.). (2018). *Remélem   legközelebb   sikerül meghalnod :)* [*Espero Mueras La Próxima Vez :),* título en español] [Película]. Hungría, Amego Film y KMH Film.

Vinterberg, T. (Dir.). (2012). *Jagten* [*La Caza,* título en español] [Película]. Dinamarca y Suecia, Danmarks Radio, Det Danske Filminstitut, Eurimages, Film Väst, MEDIA Programme of the European Union, Nordisk Film- & TV-Fond, Svenska Filminstitutet (SFI), Sveriges Television, Zentropa Entertainments y Zentropa International Sweden.

Weir, P. (Dir.). (1998). *The Truman Show* [*El Show de Truman,* título en español] [Película]. Estados Unidos, Paramount Pictures y Scott Rudin Productions.

Fonoteca

Summer, G. (1983). *Every Breath You Take.* [Canción]. A&M.

Recursos electrónicos

Real Academia Española (RAE). (2021). Intimidad, https://dle.rae.es/intimidad

Naciones Unidas (2021). *La Declaración Universal de Derechos Humanos,* https://www. un.org/es/about-us/universal-declaration-of-human-rights

~

CINE, DERECHO Y SEGUROS

Ricardo Montejano Collantes
Universidad Panamericana

INTRODUCCIÓN

En el presente artículo hablaremos de cine, derecho y seguros, la relevancia que la materia de seguros tiene para las personas y sobre todo para los abogados, esto porque en muchas ocasiones vemos la materia de seguros como ajena o incluso desligada de lo jurídico al ver su complejidad en diversas materias como la actuarial para el cálculo o análisis de riesgos, la intermediación y venta de seguros que realizan los agentes y, sobre todo, la complejidad de los mismos contratos de seguros que se extienden en ocasiones a más de doscientas páginas.

En la vida práctica muchas veces el mayor acercamiento que tenemos a la materia es con el seguro de nuestro auto, los hospitales, o el cine mismo, sin darnos cuenta que la materia de seguros está relacionada con la mayoría de las operaciones más relevantes y complejas de todos los mercados a nivel global.

Ejemplos de grandes películas que están relacionadas con la materia de seguros son: (i) *Autómata* (2014); (ii) *Perdición* (1944) ; (iii) *Atrapa a un Ladrón* (1955), y (iv) *Legítima* defensa (1997), entre otras, con las cuales emplearemos para comprender mejor la materia de seguros y ejemplificar la utilidad de la herramienta del séptimo arte para enseñar Derecho.

En la actualidad, he identificado en mi experiencia que pocas universidades cuentan con cursos en la carrera de derecho en materia de seguros y las pocas que los tienen en su mayoría son solamente optativas, seminarios o posgrados, y no así, parte del plan de estudios de la carrera misma.

En este artículo, pretendo dar un acercamiento a los conceptos básicos de seguros con una perspectiva fresca a través del cine para lograr obtener la atención de nuevas generaciones sobre la importancia de la materia de seguros en el Derecho, que lamentablemente es poco atendida y de suma importancia alrededor del mundo. Eso se pretende lograr con un acercamiento a la materia a través del cine y en busca de un cambio a la metodología de la enseñanza jurídica a través del cine.

El ejemplo más claro de esta necesidad –así como de cualquier otro ejemplo similar– deviene de una simple pregunta que le pueden hacer a cualquier amigo y/o familiar: ¿cuándo fue la última vez que leíste la póliza de seguro de tu coche? Este ejemplo, en afán de facilitar el entendimiento de una de las problemáticas prácticas de la materia.

En la práctica una problemática común a la que nos enfrentamos es que los clientes no conocen su póliza de seguros y pocos son los que realmente la leen para entender las coberturas que están contratando y esto es lo que muchas veces ocasiona rechazos de reclamaciones y la aparentemente normal satanización de las instituciones de seguros, lo cual es entendible cuando los textos de la documentación contractual de la póliza se extienden desde cien a quinientas páginas, dependiendo del tipo de seguro a revisar.

No quiero implicar que solamente el desconocimiento y negligencia de los contratantes de seguros es lo que ocasiona los rechazos, también la avaricia, el poco entendimiento del negocio y la industria de seguros, del personal que trabaja en las instituciones o como agente de seguros. Ejemplo de esto se puede ver en los inmediatos rechazos que muchas veces la Unidad Especializada (UNE), o, en su caso, las áreas de siniestros de las aseguradoras realizan sin mayor revisión o investigación de la reclamación. ¿por qué? Porque estas personas equivocadamente consideran que ayudan a la institución de seguros a continuar con finanzas sanas y maximizar utilidades, así perpetuando la referida y aparente normal satanización del sector asegurador.

Si nosotros entráramos a las entrañas de las aseguradoras, pudiendo estas estar dentro o fuera de un grupo financiero, podemos desenmascarar que el verdadero negocio de una aseguradora se centra en la adecuada colocación del riesgo y en sus inversiones, no así en rechazar reclamaciones de las coberturas que ofrecen a sus clientes.

Divertido como parezca, es el caso de Robert Bob Parr cuando es llamado por Gilbert Huph, director general de la compañía de seguros denominada Securitas, por ayudar a los beneficiarios de las pólizas de seguros a desmarañar la burocracia privada de los formatos de la institución para poder cobrar las indemnizaciones que les corresponden, para esto, en media discusión Bob indica que hay que ayudar a la gente, a lo que Gilbert contesta: "[...] pero a nuestra gente, ¿comprendes? A nuestros accionistas en primer lugar, quién se preocupa por ellos, ¿eh?" (Brad, 2004).

¿Cómo se resuelve este problema? Definitivamente no como lo hace Bob al tirarle los dientes a su jefe Gilbert. Debemos reconocer en primer término que el actuar de Gilbert es terriblemente ilegal y se descubre cínicamente cuando Bob le pregunta si "está mal ayudar al cliente" al decir que "la ley me exige que conteste que no" (Brad, 2004). Jurídicamente solamente con evidencia fáctica, como documentos, comunicados, grabaciones, entre otras pruebas de este comportamiento, podría acreditarse la mala fe y abuso del director de Securitas hacia los clientes de la aseguradora, y así, podría hacerse algo al respecto del lado de Bob, sin embargo, por el momento los clientes de Bob han logrado cobrar sus indemnizaciones por su noble labor de ayuda hasta su despido, por atacar violentamente a su jefe.

Como es natural, por las problemáticas prácticas en la materia, olvidamos muchas veces que las instituciones de seguros deben entenderse como instituciones que nos ayudan, que sus acciones son una ayuda financiera para apoyarnos a construir resiliencia ante un evento trágico y/o dañoso a nuestro patrimonio. Esto es reflejo claro cuando entendemos que el contrato de seguro se basa principalmente en la buena fe, o como se dice comúnmente en el sector asegurador, de ubérrima buena fe, y que la regulación vigente en México alrededor de la materia siempre busca el mayor beneficio y protección del contratante y/o asegurado. Por lo anterior, tal y como lo afirma la doctrina, es de absoluta importancia que el asegurado o el tercero que lo represente:

[...] se manifieste con verdad y con buena fe, ya que, de no ser así, se hará incurrir en el error a la compañía aseguradora al celebrar el contrato, pues de haber conocido la realidad del riesgo, no lo hubiera contratado o lo hubiera hecho en forma diferente la compañía aseguradora (Martínez, 2004, p. 122).

Asimismo,

[...] en el contrato de seguro privado, la buena fe de las partes contratantes se exalta de tal forma que la doctrina ha llamado ubérrima fides o exquisita buena fe a la obligación de conducirse con la más alta o perfecta rectitud, honradez, lealtad y fidelidad. Tal obligación ha sido recogida primordialmente en los artículos 7, 8 y 47 de la ley sobre el contrato de seguro (Martínez, 2004, p. 1).

Es importante recalcar que esto debe entenderse aplicable tanto para el asegurado, como al asegurador.

Sin divagar más en esta introducción, entremos al estudio de fondo para poder entender mejor la materia de seguros, la necesidad que existe en su estudio y, sobre todo, disfrutar del artículo en espera que el contenido sea del agrado del lector.

NUEVA FORMA DE ESTUDIAR EL DERECHO

Con las nuevas generaciones, los prestigiosos abogados conservadores y las universidades de élite del país se están enfrentando a un reto importantísimo respecto de la metodología de la enseñanza jurídica. En la actualidad, el derecho sigue enseñándose de forma muy similar a como era la educación en las etapas iniciales de la edad media, cuando se enseñaba el *Trivium* y el *Quadrivium*. Las actualizaciones de metodología de la enseñanza y cambios en los principios pedagógicos han tenido un impacto que en México se han implementado de manera muy tardada en comparación con otros países.

En el sistema actual, el maestro de una materia particular transmite su experiencia y sus "secretos" o estrategias a los alumnos para darles conocimiento de forma mayoritariamente unilateral, en la que el alumno debe sentarse y escuchar. Esta *praxis* es abusada so pretexto de la libertad de cátedra en algunas instituciones prestigiosas de México, con lo cual, la posibilidad de un aprendizaje integral del alumno se ve mermada al excluir la posibilidad de interacción y debate para enriquecer lo transmitido. Sin el afán de generalizar, esto no es cierto de todas las planillas de maestros que enseñan derecho en las universidades mexicanas, sin embargo, si se puede notar una tendencia a continuar este sistema en muchos casos al compartir experiencias entre colegas de trabajo y contando historias con los compañeros de las universidades.

Aun cuando este trabajo no busque abordar una temática de metodología de la enseñanza jurídica a profundidad, consideré adecuado incluir una breve introducción de mi experiencia compartida en los párrafos anteriores, con el interés de mostrar al lector lo revolucionario que puede ser enseñar derecho a través del cine, así como reflejar el impacto que puede tener en dicha materia.

Este trabajo busca transmitir las bases iniciales de la materia de seguros a través de una nueva materia que puede modernizar la forma de la enseñanza del derecho. El propósito principal que vemos en este tipo de materias es ponerse "lentes" de abogado y detectar problemas jurídicos en el cine para buscar sus soluciones, entender ejemplos, detectar diferencias en sistemas jurídicos y/o encontrar errores en la explicación de problemáticas jurídicas y conceptos.

En este sentido, creo que queda explicada la eminente utilidad del cine como herramienta para transmitir conocimiento jurídico, que, además de hacer las materias entretenidas, puede generar debate, desarrollo de habilidades de análisis crítico, criterio jurídico, incluso una aproximación alternativa a temas polémicos que requieren solución y/o investigación jurídica.

Este cambio de paradigma en la sociedad puede comenzar una solución con este tipo de herramientas para transmitir el conocimiento.

CONCEPTOS BÁSICOS EN MATERIA DE SEGUROS

Para efectos de este artículo, es relevante abordar en este apartado los complejos conceptos técnicos que rodean la materia de seguros, en espera que el lector se familiarice lo suficiente con ellos, o en su caso, los pueda consultar en caso de duda en el transcurso de su lectura.

Para cumplir de la mejor manera lo indicado en el párrafo anterior, en un primer término será relevante entender el control estatal de la industria de seguros, así como el marco jurídico que rodea a las instituciones de seguros y, en un segundo término, explicar o intentar definir de la forma más sencilla y adecuada los conceptos técnicos fundamentales de la materia.

En México, las autoridades reguladoras en materia de seguros son la Comisión Nacional de Seguros y Fianzas (CNSF), que, en términos generales, es el ente regulatorio que se encarga de la autorización de las instituciones de seguros, así como de la supervisión de sus actividades en los aspectos regulatorios, como lo son: (i) requerimientos de capital mínimo; (ii) gobierno corporativo, y (iii) constitución y administración de las reservas técnicas, entre otros. Asimismo, la Comisión Nacional Para la Defensa de Usuarios de Servicios Financieros (CONDUSEF), que opera como un ente que se encarga de: (i) revisar que las pólizas de seguros cumplan con estándares mínimos legales, así como de (ii) fungir como mediador de disputas entre instituciones de seguros y asegurados/ beneficiarios, entre otras funciones para el sector financiero.

El marco regulatorio de la industria de seguros en México está contenido en la Ley Sobre el Contrato de Seguro (LSCS), la Ley de Instituciones de Seguros y de Fianzas (LISF), la Ley de Protección y Defensa al Usuario de Servicios Financieros (LPDUSF), y la Circular Única de Seguros y Fianzas (CUSF), así como diversas leyes especiales en materia ambiental, marítima, de transporte, energía, entre otras, que regulan ciertos seguros obligatorios en nuestro país. Es importante recalcar el marco regulatorio vigente para esta materia debido a que en 2015 entró en vigor, siendo una reforma integral al sector de seguros homologando las diversas circulares y administrativas en la CUSF, así como la consolidación de la legislación de seguros y fianzas en un solo marco regulatorio, lo cual, modernizó la materia integrando el sistema de solvencia II a nuestro país para buscar mejorar el desempeño institucional de la industria a través de una regulación de gobierno corporativo integral y para poder lograr una mayor penetración de mercado en el país.

Como es claro, este marco no viene de un imaginario o caprichos del estado, sino que atienden a políticas sociales que buscan proteger a las personas usuarias de actos abusivos. Con ello, la política, que en este caso se transforma en ley e instituciones, tiene la virtud de conformar realidades a partir del Estado que tiene la importante labor de inhibir las desmedidas ambiciones que conducen a que: "[...] lobo sea el hombre para el hombre [...]" (Hobbes, 2000, [1642], p. 54), ya que el hombre libre debe ser considerado súbdito en el contexto de Hobbes, confirmando el pacto social en el que el buen salvaje en su estado natural cede algunas de sus libertades para una mejor vida, lo que se refleja en el estricto control institucional y amplio marco regulatorio establecido por el Estado para la materia financiera y, en concreto, la de seguros para proteger al usuario de posibles abusos en los servicios que ofrecen las instituciones financieras, que naturalmente incluyen a las de seguros.

Sin abordar a profundidad el tema filosófico, es relevante comprender de dónde viene tan estricto marco y así como se eligió esta cita para ejemplificarlo, hay un universo de elecciones en textos de política, Estado y Derecho de los cuales podemos desentrañar las mismas conclusiones y que pueden verse en la doctrina de seguros y las exposiciones de motivos de la legislación financiera en el país.

Agradeceré al lector comprenda que para la redacción del presente artículo no se abordarán todas las leyes y regulaciones mencionadas en el párrafo anterior debido a que este artículo tiene un carácter introductorio de Cine, Derecho y Seguros, y no así de alta especialización en seguros.

Ahora bien, avanzando a los conceptos técnicos de la materia, el primer concepto a definir es el contrato de seguro, o póliza de seguro. En este sentido, la LSCS no ofrece una definición del término, sin embargo, en términos del artículo 1 de dicha ley, podemos entender el objeto y alcances del contrato de seguro, que a la letra dice: "Artículo 1. Por el contrato de seguro, la empresa aseguradora se obliga, mediante una prima, a resarcir un daño o a pagar una suma de dinero al verificarse la eventualidad prevista en el contrato".

Ahora bien, como podemos ver, nuestra legislación no entrega al lector una definición en forma de lo que es el contrato de seguro, en este sentido, tenemos que recurrir a la doctrina para conseguir una definición. Sin abundar mucho en las dificultades para tener una definición, podemos decir que nuestro legislador intentó explicar en qué consiste dicho contrato y es precisamente la doctrina nos da sus elementos esenciales para poder construir una definición del mismo.

Por esto, definiremos los elementos esenciales del contrato de seguro para poder extraer de ellos o, construir de ellos, una definición apropiada y sencilla para el lector.

En primer lugar, la prima. La prima es el precio y/o contraprestación que se le paga a la institución de seguros por el contratante, sin la cual, no puede haber contrato de seguro.

Así las cosas, el cálculo de la prima se realiza: "en función del tiempo de exposición del riesgo, de la suma asegurada, y de la gravedad e intensidad del riesgo" (Ruiz, 2017, p. 117). Sin abundar mucho en este tema, basta mencionar que, a través de la probabilidad estadística y el empleo de la teoría de los grandes números, los actuarios hacen el cálculo de las primas tomando en consideración los factores anteriores antes de comercializar un producto de seguros.

Continuando con el apartado, consideramos relevante definir la operación activa de seguros, que es la actividad que de forma exclusiva las instituciones de seguros pueden realizar mediante la autorización de la CNSF. Para esto, el artículo 20 de la LISF, antes indica, en su parte conducente:

> Artículo 20. [...] Para efectos de esta Ley, se considera que se realiza una operación activa de seguros cuando, en caso de que se presente un acontecimiento futuro e incierto previsto por las partes, una persona, contra el pago de una cantidad de dinero, se obliga a resarcir a otra un daño, de manera directa o indirecta o a pagar una suma de dinero [...].

La esencia de la actividad aseguradora consiste en la realización de operaciones activas de seguros, que se identifican porque una persona se obliga a resarcir un daño, directa o indirectamente, contra el pago de una suma de dinero, respecto de un acontecimiento futuro e incierto previsto por las partes.

Lo anterior cobra mucha relevancia por ser una actividad regulada por el Estado que solamente las entidades autorizadas por la CNSF pueden realizar sin incurrir en responsabilidad.

También toma relevancia determinar lo que es un acto de intermediación, ya que es otra actividad de seguros regulada y que solamente las instituciones de seguros y los agentes de seguros (autorizados a operar con autorización de la CNSF, en términos de la LISF y la CUSF), son los que pueden realizar esta actividad. Al efecto, el Reglamento de Agentes de Seguros y Fianzas, en su artículo 2 define lo que debe entenderse por intermediación de seguros:

Artículo 2. Las actividades de intermediación que pueden realizar los agentes y apoderados, consistirán en el intercambio de propuestas y aceptación de las mismas, comercialización y asesoramiento para la celebración de contratos de seguros o de fianzas, su conservación o modificación, renovación o cancelación.

Entendido lo anterior, seguiremos definiendo los conceptos principales para la materia. Para ello, el siguiente concepto relevante será el de riesgo. El riesgo es concebido como una amenaza o potencial daño del cual no podemos tener certezas si se realizará o a quién dañará, lo cual se puede traducir adecuadamente para efectos de una definición como: "eventualidad dañosa" (Ruiz, 2017, p. 1).

Siniestro, en cambio, es la actualización del riesgo que genera un daño contenido o incluido en el contrato de seguro, podemos ver la diferencia de los conceptos (relevante en la materia), pero su inevitable relación, la cual ha ocasionado que doctrinalmente se analice su definición, incluso en derecho comparado para entender la fuente del texto de nuestra legislación al respecto.

En relación con los conceptos anteriores, para simplificar sus definiciones y no centrarnos en debates doctrinales o diversas definiciones, cito, en su parte conducente, la siguiente tesis aislada de la Suprema Corte de Justicia de la Nación, que, para efectos prácticos, nos ayuda a comprender los conceptos de forma clara:

Época: Décima Época
Registro: 2004179
Instancia: Primera Sala
Tipo de Tesis: Aislada
Fuente: Semanario Judicial de la Federación y su Gaceta
Libro XXIII, agosto de 2013, Tomo 1
Materia(s): Civil
Tesis: 1a. CCXXIX/2013 (10a.)
Página: 737

CONTRATO DE SEGURO. LA EXISTENCIA DEL RIESGO CONSTITUYE UN ELEMENTO ESENCIAL PARA SU VALIDEZ

> [...] El riesgo se define como un suceso dañoso, futuro e incierto, que es universal o general. En cambio, el siniestro constituye la realización del daño temido, que es de carácter particular. Esto es, al verificarse el riesgo previsto en el contrato se produce lo que se conoce como siniestro [...].

El siguiente concepto a revisar es el de pérdida. Este concepto no es propiamente un concepto jurídico ni está definido en la legislación mexicana, por lo que se complica su conceptualización y especial aplicación en la materia de seguros.

Como indicamos, no existe definición legal de lo que es una "pérdida" en relación con operaciones activas de seguros y a los contratos de seguros de daños. Esto parece elemental como concepto, pero llevado a la práctica presenta varios problemas que requieren ser considerados.

Para revisar este punto, es relevante hacer referencia a lo que se entiende por "pérdida" a la luz del Código Civil Federal y después viendo sus limitaciones se entenderá la problemática práctica del concepto definido en términos civiles.

En primer referente para este análisis es el artículo 2021 del Código Civil Federal que dispone lo siguiente:

> Artículo 2021. La pérdida de la cosa puede verificarse:
> I. Pereciendo la cosa o quedando fuera del comercio;
> II. Desapareciendo de modo que no se tengan noticias de ella o que aunque se tenga alguna, la cosa no se pueda recobrar.

Sin embargo; dicha definición legal del concepto está limitada en su aplicación, ya que se refiere a una pérdida cuando exista incumplimiento a una obligación, regulada en materia civil como obligación de "dar", y dicho incumplimiento se deba a que exista una pérdida del bien o cosa materia de la obligación que impida necesariamente el cumplimiento de esta.

Lo anterior refleja una imposibilidad de atribuirle el significado regulado en materia civil para el caso de los contratos de seguros, sin embargo, esta circunstancia de ninguna forma impide el uso o aplicación del término al hablar de la materia de seguros, visto comúnmente en la praxis (v.g. comúnmente en textos de pólizas de daños cuando determinan cubrir "pérdidas o daños" de algún bien en concreto), aun cuando pueda ser altamente cuestionado por los estudiosos de la materia a la luz de la legislación mexicana vigente.

Entendiendo los conceptos anteriores, podemos concluir que el contrato de seguro es aquel acuerdo de voluntades mediante el cual, una institución de seguros se obliga a cubrir un riesgo, momento a momento, y a pagar una indemnización al contratante y/o beneficiario del mismo al realizarse o actualizarse la eventualidad cubierta (y no excluida), a cambio de una contraprestación denominada prima.

Asimismo, Medina Magallanes, al analizar los puntos reflejados en los párrafos anteriores, define al contrato de seguro como:

> Acuerdo de voluntades por medio del cual una persona física o moral le traslada las consecuencias económicas del acaecimiento de un determinado riesgo, a otra necesariamente moral y autorizada ex profeso para ello, quien garantiza el riesgo a cambia de una contraprestación. (Medina, 2015, p. 2)

Con fundamento en lo anterior, consideramos que este capítulo será de gran utilidad para el lector para familiarizarse con la terminología técnica de seguros, su marco normativo, entes reguladores, entender con mayor claridad el funcionamiento de la materia y la industria en el país, así como los apartados siguientes del presente artículo.

NECESIDAD DE CONOCER LA MATERIA DE SEGUROS

El sector asegurador y la materia de seguros es muy importante en nuestra vida diaria y más como abogados. Con independencia del área en la que pueda uno ejercer esta noble profesión, siempre habrá cláusulas contractuales que soliciten la contratación de seguros, requerimientos de seguros por contrapartes, en transacciones financieras o de fusiones y adquisiciones, requerimientos regulatorios de seguros, entre otras que pueden impactar el resultado de negociaciones, incumplimientos o cierre de transacciones, incluso para autorizaciones, licitaciones y permisos. Asimismo, en nuestra vida diaria interactuamos de forma tal que el conocimiento de la materia de seguros se vuelve relevante, cuando compramos en línea, contratamos una tarjeta de crédito o solicitamos préstamos bancarios, o utilizamos coche, Uber, o transporte público o cuando queremos proteger nuestro negocio y/o nuestro patrimonio.

Lo anterior es reflejo de la relevancia que tiene la materia en nuestras vidas y, sobre todo, como abogados. Considerando lo expuesto, muchos juristas sin especialización o conocimiento particular de la materia se adentran al estudio de pólizas, requerimientos de seguros que, en ocasiones, puede ser en perjuicio de sus clientes frenando procesos de autorización, dilatando permisos o desprotegiendo a sus clientes en transacciones relevantes, tanto financieras, como de fusiones y adquisiciones.

Un ejemplo personal que el lector seguramente reconocerá es con el personal médico. Para esto, recordemos la cita de la película de Hitchcok que le dicen a H. H. Hughson, empleado de Lloyds, aseguradora que cubría las joyas de los millonarios de la zona en donde se desarrolla la película, "No deje que el robo le amargue el día. Es solo dinero y ni siquiera es suyo" (Alfred, 1955). Los Ángeles. Paramount Pictures. ¿Por qué? Se preguntará el lector, ¿por qué estamos citando la película de un robo para esta explicación?, sencillamente porque el razonamiento en seguros es el mismo para este tipo de personal de salud. Cuando llegan las exorbitantes cuentas hospitalarias sabiendo que existe una aseguradora de por medio, el personal de salud, muchas veces de manera dolosa incluyen vendajes, sábanas, productos y/o medicamentos que nunca fueron usados. En consecuencia, cuando el usuario de los servicios médicos llega preocupado e indignado a reclamar la cuenta, la respuesta es la misma, "no paga usted" o "qué le importa", "paga la aseguradora, no se preocupe". Lo que se traduce, naturalmente en un fraude, y curiosamente es como si las mismas palabras que escuchamos en la película resonaran en la cabeza del usuario al ser escupidas vulgarmente por esa persona, "No deje que el robo le amargue el día. Es solo dinero y ni siquiera es suyo".

En este tenor de ideas, en términos del artículo 386 del Código Penal Federal, se actualiza el tipo penal de fraude, que a la letra dice: "Artículo 386. Comete el delito de fraude el que engañando a uno o aprovechándose del error en que éste se halla se hace ilícitamente de alguna cosa o alcanza un lucro indebido".

Descubriendo una parte sumamente delicada de estos actos y malas costumbres del sector que muchas veces se ignoran o se pasan por alto.

En este sentido, cobra relevancia la cita referida al ser casos en los que la aseguradora es víctima de abusos que ha ocasionado que las primas suban y, en ocasiones, que las instituciones rechacen realizar indemnizaciones directas o reembolsos. En el caso mexicano, con fundamento en el artículo 70 de la LSCS, que indica:

> Artículo 70. Las obligaciones de la empresa quedarán extinguidas si demuestra que el asegurado, el beneficiario o los representantes de ambos, con el fin de hacerla incurrir en error, disimulan o declaran inexactamente hechos que excluirían o podrían restringir dichas obligaciones. Lo mismo se observará en caso de que, con igual propósito, no le remitan en tiempo la documentación de que trata el artículo anterior.

Tenemos que transmitir y comprender que el seguro tiene la característica de ser indemnizatorio y no podemos enriquecernos de él.

Estas circunstancias generalmente se descubren en las investigaciones que realizan las aseguradoras con ajustadores, agentes y/o cualquier personal de la compañía como H. H. Hughson, quienes, con apoyo de la institución, y en ocasiones, despachos independientes de abogados, solicitan información, documentación, visitas, entrevistas, entre otras cosas en persecución de la verdad.

No omitimos señalar que la pandemia derivada del SARS-COVID-2 ha generado un revuelo en el sector asegurador y reasegurador a nivel global, así como un mayor interés en la materia por parte de las personas y empresas con seguros de gastos médicos, de salud, de vida, interrupción de negocios, entre otros, así como de los grandes y pequeños negocios, por las grandes pérdidas que han sufrido a raíz de este evento catastrófico. Esta necesidad de recuperación con motivo de la pandemia ha ocasionado que salga a la luz nuevamente la importancia de la materia de seguros.

En este orden de ideas, resalto que pocas de las diversas y prestigiosas universidades de México ofrecen esta materia como parte de su plan de estudios, y en muchas ocasiones, es solamente un seminario optativo o un diplomado, o posgrado. Esto se refleja en la poca preparación de muchos abogados cuando abordan la materia de seguros en la praxis. Dirá el lector que posiblemente se debe a la alta especialización de la materia, sin embargo, como se ha visto a lo largo de este trabajo, tanto en lo personal como en lo profesional, el abogado siempre enfrentará casos de la materia de seguros y los conocimientos básicos que pudiera obtener de llevar la materia, podrían ayudar en resultados con mayor beneficio para sus clientes, sin ser expertos en la materia.

Lo mismo podemos reflejar si pensamos un poco en el potencial futuro que nos depara, que día con día se ve más cercano. Pronto será normal empezar a debatir sobre la protección que pueda haber en materia de seguros a máquinas de inteligencia artificial. ¿Será un tema de reconocimiento de derechos? O más bien la forma de protegerlos, ¿a través de un seguro de daños o un seguro de personas? Estas interrogantes siguen pareciendo lejanas y parecen solo cobrar relevancia en el cine, como en la película *Autómata*, en el cual Duprè dice que: "Auto-repararse implica cierto grado de conciencia" (Gabe 2014). Entonces, ¿estas definiciones serán establecidas con base en la consciencia? Y definir eso será basado en, ¿un principio de autoconocimiento de sí mismo o contemplación de su propia existencia de estos entes? Son ejemplos claros de las problemáticas a resolver a futuro para todas las materias jurídicas, bioética, incluyendo la de seguros, que ahora, a pesar de haber avances tecnológicos monstruosos día con día, hoy solo vemos en las salas de la pantalla grande.

Por mi parte creo que, por ahora, podría también resolverse con la creación de una categoría novedosa de los seguros para este tipo de entidades con aparente vida, sin embargo, lo sabremos en un futuro.

Visto lo anterior, podemos resaltar que existe una relevancia importante de la materia de seguros en la vida profesional y personal de un abogado y que muchas veces las universidades no nos equipan con las herramientas suficientes para enfrentar los problemas con los que esta materia especializada nos confronta día a día.

Ahora, para rematar, aunque parezca superfluo, si existe un prejuicio generalizado con las instituciones de seguros de forma aislada, y también los hay para los abogados, imaginemos el prejuicio que pudiera tener la gente al ver un abogado de seguros. Ejemplo de esto: "Solo soy otro abogado. Solo otro tiburón en el agua sucia", o en el mismo filme, esta otra cita: "¿Cómo sabes cuándo miente un abogado? mueve los labios" (Gracias, 1997).

Con esta aparente broma en mente, considero también relevante resaltar que el mejor entendimiento de la materia, sus instituciones, marco regulatorio, así como la labor que un abogado de seguros realiza, puede también eliminar este prejuicio, que, aunque superfluo, ayudará a mejorar la imagen de la industria de seguros en general, así como la de los abogados.

Debido a lo anterior, es que considero una necesidad el incluir en los planes de estudios la materia de seguros para llenar de herramientas a los futuros abogados de nuestro país. Asimismo, no está de más decir que la materia, tan tediosa como pudiera parecer, podría hacerse amena y enriquecerla enormemente con una herramienta como el cine para su enseñanza, aún en sus áreas más álgidas ejemplificando casos prácticos y generando debates en el salón de clases.

Así es claro que la materia de seguros tiene una relevancia importante de forma general para las personas en su vida diaria, pero más aún para los abogados.

CASOS PARA REFLEXIÓN

Empleando el bagaje explicado en las secciones anteriores, en este apartado me gustaría ejemplificar lo dicho, mediante casos extraídos del cine para que el lector, pueda ver en este texto como extraer los problemas jurídicos de la pantalla grande y analizarlos con lentes de abogado.

Caso 1. Capote

Como primer caso, me gustaría abordar la película *Capote*, dirigida por Bennett Miller y protagonizada por Philip Seymour Hoffman, estrenada en la pantalla grande en 2005, y la cual versa sobre la investigación que el escritor Truman Capote realiza mediante entrevistas sobre el asesinato de la familia Clutter, granjeros de Kansas. En esta investigación la cabeza de la familia Clutter había contratado una póliza de seguro el día de su muerte, cuestión que, aunque no tan relevante en la película misma, se desarrolla con mayor profundidad en la novela real.

Reflexionando sobre el caso que Capote investiga en la película para el desarrollo de su famosa novela *In Cold Blood*, pongamos el hipotético siguiente: Imaginemos que se hubiera buscado el beneficio de la indemnización de un seguro de vida realizando un acto delictivo. Este caso, en la industria de aseguramiento, constituye una exclusión de las coberturas en este tipo de seguros de personas. Ejemplo de ello lo podemos ver de las condiciones generales de un producto de seguros de Zúrich Vida Compañía de Seguros, S.A., publicadas en su sitio web, que en su apartado de exclusiones dicen lo siguiente:

Exclusiones

a) Suicidio o cualquier intento del mismo o mutilación voluntaria, aun cuando se cometa en estado de enajenación mental.

b) Homicidio simple o calificado, cuando este ocurra como resultado de la participación directa del Asegurado en actos delictivos.

Para abundar en las posibilidades de debate, suponiendo sin conceder que no estuviera excluido, ¿se podrá confirmar en la LSCS, sus leyes supletorias o alguna disposición vigente que regule algún impedimento para que en esas terribles circunstancias se cobrara la indemnización por la cobertura de muerte en dicho seguro en México?

Asimismo, considerando que el día de su muerte, Herbert William Clutter contrató una póliza de seguro de vida por USD $ 40,000.00, con doble indemnización prevista en caso de accidente o muerte violenta. En este sentido, al no haber ascendientes ni descendientes de Herbert, y en el entendido que los beneficiarios del mismo habrían sido los miembros de su familia nuclear, ¿quién hubiera podido cobrar dicho seguro?

La misma póliza establece incluso que, en caso de muerte accidental o violenta se duplicará la suma asegurada, cláusulas comunes en seguros de vida, sin embargo, esto no haría procedente el reclamo de la indemnización si la muerte violenta está relacionada con la intención de algún beneficiario de conseguir la suma asegurada con o sin el consentimiento del contratante de forma anticipada o a través de simulaciones.

Similares circunstancias son las que la institución de seguros y su agente buscan desentrañar a lo largo de la novela *In Cold Blood*, que, aunque no sean el objeto principal de dicho texto literario, se tratan como parte de la historia que se relata. ¿Se le ocurren soluciones al lector a estos problemas?

Caso 2. Sully

Para el segundo caso, me gustaría analizar la película *Sully*, que trata de una historia real, del capitán Chesley Sullenberger, un piloto que fue considerado un héroe por realizar un aterrizaje de emergencia en el río Hudson en su desembocadura en la ciudad de Nueva York el 15 de enero de 2009 después de perder ambos motores de la aeronave que piloteaba.

Esta película puede analizarse desde la perspectiva política, ingenieril y desde muchas más perspectivas, sin embargo, considero sumamente interesante abordarla desde la perspectiva de los seguros.

En México, para poder prestar servicios de transporte, ya de carga, ya de pasajeros, la Ley de Aviación Civil requiere que el permisionario o concesionario para la prestación de dichos servicios mantenga una póliza de seguro vigente contra la responsabilidad. Esto es verdad en la mayoría de los países del mundo como un esquema de seguros obligatorios que busca proteger a usuarios de los servicios aéreos, así como a terceros de los posibles daños o pérdidas que el uso de la aeronave pueda causar. Algunos seguros aeronáuticos también contienen coberturas de daños específicos de la aeronave, entre otras coberturas.

Si analizamos lo ocurrido en este caso, aproximadamente a 3 minutos de iniciado el vuelo, el avión se cruza con una parvada de gansos canadienses, destruyendo los motores y ocasionando que el avión no pueda llegar a los aeropuertos cercanos, obligando al piloto a buscar la forma de aterrizar en donde cause menos daños y la tripulación corra menor riesgo.

En este sentido, ¿los daños a los motores de la aeronave por la parvada referida estarán cubiertos en las condiciones generales de un seguro típico de aviación?

Otra reflexión interesante sería si la pérdida de la aeronave por aterrizaje en el agua, gastos de salvamento, lesiones de los pasajeros, entre otras circunstancias, ¿otorga derecho a indemnización tanto a los pasajeros como al beneficiario del seguro?

En materia de aviación se torna interesante el tema de contratante y beneficiario de la póliza, ya que, en muchas ocasiones, los permisionarios o concesionarios, en su caso, no siempre son los dueños de las aeronaves y la multiplicidad de ofertas de seguros hace complicado definir con claridad si todo lo ocurrido en este caso podría recuperarse.

Conforme a legislación mexicana, ¿los pasajeros podrían reclamar directamente indemnización por los daños que su patrimonio sufra por este incidente, incluso las lesiones que pudieran tener?

Se tendría que revisar cuidadosamente el contenido cubierto y las exclusiones de la póliza para iniciar un análisis serio sobre este caso. Asimismo, considerando el funcionamiento de la industria de aviación, al ocurrir estos siniestros, es común que existan equipos de abogados, de relaciones públicas, de seguridad, salvamento para atender estas crisis, que, en un actuar conjunto y multidisciplinario, cubren todos los aspectos de la problemática para poder responder y resolver la problemática presentada.

CONCLUSIÓN

Estimado lector, aprecio infinitamente el que haya llegado a este punto en su lectura y con la finalidad de dar cierre al presente artículo, concluimos.

Como se desprende del desarrollo vertido en las páginas y secciones anteriores, la materia de cine y derecho constituye una herramienta útil y revolucionaria mediante la cual se puede transformar la metodología de la enseñanza jurídica. Considero este artículo testimonio vivo de dicha afirmación, pues de su contenido se desprende que una materia que, en lo técnico puede ser álgida –aunque interesante– se puede suavizar y facilitar su entendimiento a través del cine mediante ejemplos, o la solución de problemáticas planteadas dentro del cine mismo.

Con base en esto, vemos igual que los casos prácticos planteados presentan una oportunidad pedagógica para el estudiante de Derecho, mediante los cuales puede generarse debate, directrices hipotéticas, intercambio de ideas y una adecuación al marco jurídico de cualquier país para buscar una solución jurídica a dichos supuestos, que enseñe los aspectos prácticos de una materia como la de seguros, en las aulas de una universidad, que se extraen del séptimo arte y se analizan a través de los ojos de la materia jurídica.

En este entendido, también considero que será de gran utilidad que la materia de seguros, olvidada por algunos, regrese a los planes de estudio de las universidades que decidieron en algún punto abandonarla y que se retome su importancia en el mundo de la abogacía en México. Ya que, como vimos, con independencia de su relación con la materia actuarial, comercial y de ventas, con la cual se relaciona principalmente (considerado esencial), tiene un contenido que es eminentemente jurídico, sin el cual, no se podría comprender esta materia.

Ahora, después de que el lector se haya visto inmerso, aun de manera simplificada, en esta materia, en espera de una mejor comprensión del funcionamiento de la misma en México, también podemos empezar a reducir o eliminar los prejuicios que rodean a la industria.

Por último, espero que el desarrollo planteado, el análisis jurídico, así como los casos prácticos sean considerados por usted, el lector, útiles, entretenidos y, por supuesto que despierten el interés por la materia de seguros, sobre todo, si pertenece usted a las nuevas generaciones de abogados en México.

REFERENCIAS

Leyes y jurisprudencia

Código Civil Federal publicado en el Diario Oficial de la Federación en cuatro partes los días 26 de mayo, 14 de julio, 3 y 31 de agosto de 1928. Última reforma publicada en el Diario Oficial de la Federación el 11 de enero de 2021.

Código Penal Federal de 14 de agosto de 1931. Última reforma publicada en el Diario Oficial de la Federación el 1 de junio de 2021.

Circular Única de Seguros y Fianzas de 4 de abril de 2013. Última reforma publicada en el Diario Oficial de la Federación el 30 de marzo de 2021, mediante circular modificatoria a la única de seguros y fianzas 5/21.

Ley de Aviación Civil de 12 de mayo de 1995. Última reforma publicada en el Diario Oficial de la Federación el 20 de mayo de 2021.

Ley de Instituciones de Seguros y Fianzas de 4 de abril de 2013, vigente a partir del 4 de abril de 2015.

Ley de Protección y Defensa al Usuarios de Servicios Financieros de 18 de enero de 1999. Última reforma publicada en el Diario Oficial de la Federación el 9 de marzo de 2018.

Ley Sobre el Contrato de Seguro del 31 de agosto de 1935. Última reforma publicada en el Diario Oficial de la Federación el 4 de abril de 2013.

"Contrato de Seguro. La Existencia del Riesgo Constituye un Elemento Esencial para su Validez". Tesis aislada de la Primera Sala de la Suprema Corte de Justicia de la Nación de la Décima Época, con número de registro 2004179, del semanario judicial de la federación y su gaceta en el libro XXIII, agosto de 2013, Tomo 1, en materia Civil. Tesis: 1a. CCXXIX/2013 (10a.) Página: 737.

Libros

Hobbes, T. (2000, [1642]). *De Cive*. Alianza.

Martínez, J. J. (2004). *La Buena Fe en los Seguros Privados*. Porrúa.

Medina, P. (2015). *Ley Sobre el Contrato de Seguro Comentada*. Porrúa.

Ruiz, L. (2017). *El Contrato de Seguro*. Porrúa.

Filmografía

Alfred H. (Dir.), Alfred H. (Prod.). (1955). *To Catch a Thief.* [Película]. Los Ángeles. Paramount Pictures.

Bennett, M. (Dir.), Baron, C., Vince, W. y Ohoven, M. (Prods.). (2005). *Capote* [Película]. Estados Unidos de Norte América y Canadá. A-Line Pictures, Cooper's Town Productions, Infinity Media y Eagle Vision.

Brad, B. (Dir.), John L. (Prod.). (2004). *The Incredibles* [Película]. EEUU. Walt Disney Pictures, Pixar Animation Studios.

Clint, E. (Dir.), Clint, E., Frank, M., Tim, M. y Allyn, S. (Prods.). (2016). *Sully* [Película]. Estados Unidos de Norte América. Village Roadshow Pictures. RatPac-Dune Entertainment. Flashlight Films. The Kennedy/Marshall Company y Malpaso Productions.

Francis, F. C. (Dir.), Michael D. Fred F. Steven R. (Prods.). (1997). *The Rainmaker* [Película]. Estados Unidos de Norte América. American Zoetrope.

Gabe, l. (Dir.), Danny L., Les W., Antonio B., y Sandra H. (Prods.). (2014). *Autómata* [Película]. España y Bulgaria. Nu Boyana y Green Moon España.

~

LA REPRESENTACIÓN DE LAS MUJERES Y DE LO FEMENINO EN EL CINE DESDE UNA PERSPECTIVA INTERSECCIONAL

Paulina Guerrero Núñez
Universidad Panamericana

INTRODUCCIÓN

Tal vez no nos demos cuenta la mayoría del tiempo, pero los seres humanos estamos constantemente consumiendo información. Esa información es creada por otros seres humanos para transmitir un mensaje, el cual puede ser implícito o explícito y que el receptor recibe e internaliza, ya sea de manera consciente o en su subconsciente. Y el cine no es la excepción, al igual que otras artes como la literatura, el teatro, la música o la pintura, el cine transmite mensajes y emociones a través de imágenes y sonidos que el espectador, al igual que cualquier otro tipo de información y material visual, recibe e internaliza.

El cine también, al igual que las otras obras de arte, suele ser un producto mezcla entre la imaginación del creador y un reflejo de la realidad. Al ser tan vasto y expandido a nivel mundial, el cine tiene el poder, similarmente a la mercadotecnia, de influenciar el pensamiento general del público a través de sus películas.

Es por esto que el cine puede ser o muy educativo o muy peligroso porque la mayoría desde niños crecimos viendo películas y series. Tienen el poder de formar la percepción sobre personas diferentes a nosotros. Puede ser muy nocivo para la imagen mental de los espectadores que en los filmes se reflejan estereotipos tan marcados.

Generaciones enteras han sido criadas con películas y, depende mucho de la generación en la que hayan crecido, el tipo de películas y las representaciones que vieron durante esos años de formación y que pueden influir mucho en sus percepciones a largo plazo. Citando a las autoras Diane E. Papalia y Sally Wendkos Olds:

> [...] si las personas más importantes en la vida de un niño sienten prejuicios contra ciertos grupos el niño también lo sentirá. Es más, es incluso difícil incluso para un niño cuyos padres sienten relativamente pocos prejuicios evitar la barrera de los estereotipos que les llegan de los libros ilustrados, los programas de televisión y los anuncios de revistas. (Papalia y Wendkos, 1988, p. 640)

EL PAPEL DEL FEMINISMO EN EL CINE Y LA RELEVANCIA DE SU INTERSECCIONALIDAD

Como explica Sue Thornham en su libro *Feminist Film Theory*:

> [...] la relación entre el feminismo político radical y el feminismo académico de la teoría del cine y su crítica ya no parece evidente; ambos aparecen comúnmente en conflicto. La suposición de que el teórico o crítico feminista habla por todas las mujeres ya no se puede hacer. La categoría 'todas las mujeres' se ha vuelto en sí sospechosa, pues la 'sororidad' ha sido revelada como fracturada por diferencias de poder sobre las líneas de clase, raza y orientación sexual [...] (Thornham 1999, p.1)

Y por eso es tan importante la interseccionalidad dentro del feminismo, la manera en la que una mujer puede vivir el machismo depende de muchos factores efectivamente como la raza, la clase social, el país, la cultura, la orientación sexual, etcétera. Es cierto que el feminismo, o el sufragismo, empezó siendo un movimiento de igualdad de mujeres blancas occidentales mayoritariamente de clase media o alta con respecto a los hombres blancos occidentales. Tanto ese feminismo como la teoría feminista se han quedado atrás con respecto a las mujeres que no necesariamente viven las mismas circunstancias y tienen otros factores que contribuyen a su vulnerabilidad. Ya no es tan simple y hay que atender a esos casos tomando en cuenta varios factores, lo cual para varias personas puede significar un análisis agotador y se vuelve más preferible quedarse con la versión simplificada o aquella que solamente acomode a lo que ellos o ellas conocen.

Y para terminar de consolidar esa situación, lo cierto es que la gran mayoría tanto de la teoría como del mismo activismo feminista se encuentra enfocado en un grupo particular de mujeres, y son ellas quienes tienen mayor plataforma. Hay que reconocer que es mucho más fácil para una mujer blanca de país de primer mundo y de cierto estatus social obtener una plataforma para poder expresarse y realizar su activismo que para otras. Ya nada más con eso, el público debería darse cuenta de que hay una clara situación de desigualdad entre las mismas mujeres, pues mujeres de color, de clase baja o de países de tercer mundo, tienen que luchar exponencialmente más duro para obtener una plataforma igual de influyente. Así como podemos hablar de un *pay gap* o un *dream gap* entre hombres y mujeres, yo sugeriría agregar también un *platform gap* entre las mujeres blancas de clase alta y primer mundo, y las mujeres de color, de clase baja de países denominados del tercer mundo.

Y esto desgraciadamente se puede ver en el cine. La gran mayoría de las películas populares enfocadas en mujeres que se han calificado como películas feministas, en realidad solamente están enfocadas en mujeres blancas occidentales y de clase media o alta. Y dentro de esas películas existen muchas que son de época, ya que es mucho más fácil representar y manejar las problemáticas de la desigualdad de género de siglos pasados que hoy en día, al menos en el occidente, ya son demasiado obvias como el derecho al voto y a la educación superior que los más debatibles problemas de la actualidad teniendo que tomar en cuenta además la interseccionalidad.

Y es que cada vez se vuelve más importante la correcta representación en el cine sobre todo si le van a llamar feminista. Y es que, como explica Thornham, una parte vital del feminismo es "transformar a la mujer de un objeto de conocimiento a un sujeto capaz de apropiar el conocimiento" (Delmar, 1986, p. 25; Thornham, 1999, p. 2).

El cine no solo se ha convertido en un campo de debate en los últimos años en el tema cultural y de representación. Más que eso, en general en el cine siempre se ha tratado precisamente de retratar una realidad. Claro que existe el género de la fantasía y la ficción que retrata a final de cuentas una realidad, solo que distinta a la nuestra. Pero las películas situadas en nuestro plano de la realidad, en el periodo histórico que sea, efectivamente tienen el propósito y, en mi opinión, la responsabilidad de retratar esa realidad como es.

Y es que el feminismo, al igual que el derecho, llega a un punto en el que simplemente ya no se puede quedar en la erudición, en el mundo académico. Por supuesto que ambos necesitan de la riqueza del conocimiento, el debate y el razonamiento, sin embargo, muy difícilmente van a cumplir el propósito para el cual fueron creados y desarrollados si no se aterrizan con ese conocimiento al plano de la realidad.

A prácticamente un siglo del séptimo arte, por muy evolucionado que esté, el público general se ha acostumbrado a ciertas imágenes y estereotipos que se han escabullido en nuestro subconsciente y que, hoy por hoy, están profundamente arraigados en nuestra mente. Y es que, por una parte, es completamente normal. Cuando nos han presentado con una imagen o un tipo de representación por generaciones enteras, es muy difícil quitarlo y ese cambio evidentemente no es nada cómodo.

Es por eso que, por un lado, la industria cinematográfica hoy en día parece estar un poco desesperada por brindar representación a aquellos grupos minoritarios que durante casi un siglo no han tenido ninguna o la han tenido de una manera muy problemática, a veces fallando en el intento; y por el otro, todavía hay una gran parte del público que se resiste a estos cambios en la representación erróneamente creyendo que se deben a una moda nueva y no al mundo como es y como siempre ha sido.

Y es que, por más que se tengan que tomar en cuenta ciertas circunstancias como, por ejemplo, en las películas en las que la trama está establecida en cierto periodo histórico, las personas de ciertos grupos minoritarios siempre han existido y siempre han sido seres humanos, simplemente se encontraban en otras circunstancias de acuerdo con la época y eso también es deber del cineasta retratar.

Esto por supuesto no pretende meterse con la creatividad, el cine a final de cuentas es un arte y es contar historias, la ficción suele ser un elemento completamente válido e incluso esencial. No obstante, lo que no debería ser ficticio es la humanidad de las personas pertenecientes a ciertos grupos. Uno puede argumentar que existen personajes que han sido deshumanizados por su pasado como suele ser el caso con los villanos, pero si analizamos las películas que una persona perteneciente a una determinada generación ha visto a lo largo de su vida, nos daríamos cuenta de que estas suelen tratar a los personajes miembros de ciertos grupos minoritarios de una manera completamente diferente y poco cambiante a lo largo de los años.

Para efectos de esta colaboración, el enfoque es concretamente la representación de las mujeres en el cine a través de los años y cuáles suelen ser los estereotipos representativos en los que, por lo general, los personajes femeninos han sido encasillados, particularmente el de la *femme fatale*, la mujer latina y las heroínas del cine juvenil de los años noventa y dos mil con una visión crítica tanto de las películas y sus personajes femeninos, como del feminismo en sí, usando ejemplos de películas de diferentes épocas tomando en cuenta también la raza, la cultura y la clase social a la que pertenecen estos personajes, así como la película misma.

En el cine pareciera que hasta existe una intención de darles una lección a las mujeres y al público en general que ve las películas y suele internalizarlas en su subconsciente. Claro que podemos decir que en algunos aspectos sí ha cambiado la imagen de la mujer en el cine, y lo que pretendía ser revolucionario en cierta época se podría ver con ojos críticos en esta. Además, como se ha mencionado anteriormente, tanto el feminismo como la cinematografía ya tienen que tomar ciertos factores externos en cuenta además del género, como la raza, la nacionalidad, la posición económica, la época, la cultura, etcétera.

En realidad la mujer siempre ha estado presente en el cine, el punto es más bien analizar de qué manera ha estado presente y, todavía dentro de la categoría femenina, qué subgrupo de mujeres se han visto más privilegiadas en la industria. En 1972 se empezó a publicar en Estados Unidos una revista llamada *Women and Film*. No duró mucho tiempo, pero sí fue un punto de discusión sobre la representación de las mujeres en el cine hasta la fecha. Cabe tomar en cuenta que el contexto norteamericano de la época incluía el surgimiento de la Segunda Ola del Feminismo, la guerra de Vietnam, el movimiento por los derechos civiles y la igualdad racial entre otros movimientos sociales.

En esta revista se llegó a argumentar que las mujeres eran oprimidas en la industria del cine. Siempre son "recepcionistas, secretarias, mujeres con trabajos extraños, chicas de utilería, etc." o "simplemente imágenes empaquetadas como (objetos sexuales, víctimas, vampiresas" (Thornham, 1999, p. 9). A esto además hay que agregarle la doble estereotipación que conlleva el ser una mujer de color. La industria del cine ha estado plagada durante años de ciertos estereotipos raciales y culturales, e imágenes predeterminadas en las que se suele encajar a personajes femeninos y actrices según la raza o la cultura a la que pertenezcan.

En la primera edición de *Women and Film* se publicó el artículo *The Image of Women in Film: Some Suggestions for Future Research* de la autora Sharon Smith. Este artículo en gran parte denunciaba los llamados *"estereotipos de roles de sexo"*, es decir, lo que Smith se encargó de exponer, fue el falso y limitado (e incluso a veces opresivo) rango disponible en la industria para las mujeres. Y es que, de acuerdo con esta autora, las películas:

> [...] reflejan las estructuras y cambios sociales y los tergiversan de acuerdo con las fantasías y miedos de creadores masculinos. Los estereotipos que resultan de esto sirven para reforzar y/o crear prejuicios en su público masculino, así como para dañar las autopercepciones de las mismas mujeres y limitar sus aspiraciones sociales. (Thornham, 1999, p. 10)

Y es que, como explica la misma Sue Thornham, todos estos estereotipos en la industria pueden ser el resultado de propaganda deliberada, "fantasías inconscientes", o pueden darse de manera automática al estar tan profundamente grabados en el subconsciente de la mayoría de los humanos, incluyendo directores, productores, guionistas, etcétera (Thornham, 1999, p. 10).

El cine puede ser un arma de doble filo, o puede ayudar a impulsar cambios sociales o puede ayudar a mantener ciertos prejuicios o actitudes culturales, por eso es importante tomar en cuenta la época y el contexto en el que se hizo la película en cuestión.

Un buen ejemplo de cómo el cine puede y ha sido utilizado como arma para mantener determinados valores en una sociedad es el famoso, o infame, *Motion Picture Production Code* o mejor conocido como el *Hays Code*. Se trataba de una guía con una serie de reglas orientadas a regular lo que se podía y no se podía mostrar en una película y estuvo vigente en Estados Unidos de 1934 a 1968. Y es que, en la época dorada de Hollywood en particular, el cine se usó mucho para establecer un estándar de moralidad para la sociedad estadounidense de la época, especialmente durante la Segunda Guerra Mundial, en donde se necesitó usar como herramienta de propaganda para motivar al país.

Algunos ejemplos de aquello que estaba prohibido o exigido mostrar en las películas bajo el *Código Hays* fueron:

- Nada de contenido explícitamente sexual (esto podía incluir simplemente una pareja en una cama juntos a cierta distancia el uno del otro).
- Lenguaje inapropiado.
- Nada que pudiese promover "malos valores" o "perversión".
- Los "buenos" siempre deben ganar y los "malos" deben perder.

Un ejemplo del *Código Hays* en acción se dice que fue la película *Casablanca* de 1942 dirigida por Michael Curtiz con los protagonistas Humphrey Bogart e Ingrid Bergman. Y es que, por muy desgarrador que resulte el final para el espectador, el que el personaje de Ilsa (Bergman) se hubiese fugado con Rick (Bogart), hubiese sido adúltero al ser esta una mujer casada. Curtiz entonces nos brindó la clásica y tan amada escena de Rick despidiéndose de su amada en el aeropuerto dejándola ir (Abreu, 2021).

Esto muchas veces no impidió que los directores encontraran la manera de burlar el referido Código. Un ejemplo de esto es la película *Notorious* de 1946 dirigida por Alfred Hitchcock con los actores Cary Grant y nuevamente Ingrid Bergman. La película gira alrededor de un agente del gobierno estadounidense (Grant) que debe infiltrar una organización nazi con ayuda de la hija de un criminal de guerra alemán (Bergman) y terminan enamorándose. Parte de lo que establecía el *Código Hays* sobre las escenas explícitas era que un beso romántico no podía durar más de tres segundos. De acuerdo con el autor Patrick McGilligan, biógrafo de Hitchcock, lo que hizo el director entonces para poder filmar su secuencia de un beso de dos minutos y medio fue ir filmando varios de tres segundos (McGilligan, 2004, p. 379).

Cabe mencionar que por "malos valores" o "perversión" también se entendía la homosexualidad, lo cual en los últimos años se ha tratado de reivindicar y normalizar en el cine contra la idea de que esta es inherentemente vulgar. También hay que tomar en cuenta que este código realmente nada más aplicaba a las películas hechas en Estados Unidos mas no así en otros países. Aunque en otros países también se consideraban valores de moralidad o de religión por la misma época, se podían producir películas que tal vez de haberse producido en Estados Unidos hubieran violado ciertos preceptos del estricto Código Hays. Por esto que es también importante tomar en cuenta el país y los factores culturales que entran en el contexto de una película incluyendo cuando se trata de la representación de la mujer en ella.

Por otro lado, la autora Claire Johnston ofrece una perspectiva más europea sobre lo que representa el cine y el criticismo de tal. Y es que, mientras que el cine hollywoodense se trata de representaciones o reflejos de la realidad, estén distorsionadas o no, el punto de vista europeo sugiere ver a las películas como "textos, estructuras complejas de códigos lingüísticos y visuales organizados para producir significados específicos" (Thornham, 1999, p. 12).

Bajo esta concepción europea, el verdadero significado de una película no radica en su dirección consciente sino en la "organización de signos visuales y verbales" y que son estos lo que el crítico debe analizar. Pero Johnston también explica que las películas llevan una carga ideológica muchas veces producto de la sociedad, la cultura y la época; a final de cuentas las películas son hechas por humanos y los humanos por naturaleza pueden estar sesgados hacia ciertos aspectos dependiendo mucho del entorno en el que han vivido (1975, p. 123).

El problema es que realmente todos, o por lo menos la mayoría de las personas han crecido en una sociedad patriarcal y machista. Tanto hombres como mujeres y esto incluye a los que producen las películas, como los que actúan en ellas, como los propios espectadores. Al ser las películas una serie de signos visuales y verbales cargadas de ideología, como lo plantea la cosmovisión europea, y el signo "mujer" ha adquirido cierto significado dentro una ideología con estructura patriarcal, lo que sugiere Johnston es entonces examinar "cómo el signo 'mujer' opera dentro del texto de la película en específico, qué significados se le hace cargar y qué deseos y fantasías conlleva" (1975, p. 123; Thornham, 1999, p. 12).

Johnston por un lado argumenta que comparar los estereotipos femeninos que suelen aparecer en las películas con la realidad que en verdad viven las mujeres carece de puntos. Sin embargo, es eso precisamente como opera el signo "mujer" dentro de una película, como signo visual y como signo verbal, evidentemente se le asigna un significado al signo "mujer" y efectivamente conlleva ciertos deseos y fantasías. Es precisamente la imagen de la mujer en las películas lo que se debe analizar especialmente si es una realidad distorsionada con el fin darle cierta imagen y que el espectador inevitablemente internaliza.

Entonces para poder analizar propiamente la representación de la mujer en el cine a través de los años, ciertamente se deben tomar en cuenta factores como el año en el que se estrenó la película, tanto el país en el que se produjo como el fondo cultural de la trama, la trama en sí, el contexto histórico tanto de la película como de la trama y, por si fuera poco, aquellas características que suelen dividir a los seres humanos, y de las que las mujeres no son la excepción, como la clase social, la raza, la cultura, la religión, etcétera.

Al feminismo le ha costado mucho trabajo la interseccionalidad desde sus inicios. Y es que desde el movimiento sufragista ya se podía notar que, dentro del género femenino, había mujeres más privilegiadas que otras. En Europa el movimiento sufragista realmente lo llevaron las mujeres de clase media a alta. En Estados Unidos fueron principalmente las mujeres blancas de clase media a alta. Ahí se conoce, por ejemplo, que la mujer obtuvo el voto en 1920, pero la mujer blanca. Las estadounidenses negras no obtuvieron el voto hasta 1965. De hecho, la mujer blanca en Estados Unidos pudo votar incluso antes que el hombre negro (Waxman, 2020).

Esto, por ejemplo, solo demuestra que el feminismo desgraciadamente no está exento del racismo. Ha fallado en incluir a mujeres de color y/o de los llamados países en desarrollo. Ellas han tenido que librar su propia batalla por su cuenta a falta de inclusión y apoyo por parte de la mayoría de las que han cargado el movimiento y que, teniendo acceso a una plataforma mucho mayor, no han podido separar su feminismo de la supremacía blanca ni se han expandido fuera de la visión eurocentrista.

Este feminismo "blanco" que ha sido hasta ahora el que más acceso ha tenido a grandes plataformas (lo cual claramente demuestra el privilegio y las mayores oportunidades de las mujeres blancas, primermundistas de clase alta con respecto a sus contrapartes de color en países tercermundistas), tristemente se ha reflejado también en el cine y se ha disfrazado como una especie de contraparte a la imagen estereotipada y machista. El cine a final de cuentas ha terminado siendo un reflejo de la sociedad.

Si de por sí la mujer ha sido poco representada en el cine, con una gama muy limitada de papeles y características, la mujer de color ha tenido una representación casi nula y, cuando la tiene, esta se ha basado en estereotipos tanto de género como raciales y se le ha dado un trato muy diferente al de la mujer blanca a veces incluso deshumanizador. Quien ha querido investigar y comparar la representación de la mujer en varias películas desde una perspectiva interseccional, debe enfrentar el obstáculo de que, incluso en las películas que se han considerado feministas, la representación de la mujer blanca occidental ha sido enormemente desproporcional siendo muy difícil encontrar películas que se centren en personajes femeninos de color, de países en desarrollo o de países no occidentales (Murphy, 2015, p. 10).

Un ejemplo de una falta desproporcional de representación en el cine es el de la mujer latina. Es cierto que México y el cine mexicano tuvieron su época de oro con grandes actrices como María Félix o Dolores del Río. Pero, aunque se aprecien las películas mexicanas de aquella época con conciencia de la época en la que estas se produjeron, no se puede negar que están en gran parte plagadas del clásico machismo mexicano tan grabado en nuestra sociedad incluso hasta nuestros días.

LA FEMME FATALE

María Félix en particular representó una imagen de la mujer que, mientras que en ella fue muy admirada, no era el estándar social para la mujer mexicana e incluso me atrevería a decir que sigue sin serlo. Conocida también como "La Doña" después de su papel en la película *Doña Bárbara* de 1943 dirigida por Fernando de Fuentes, solía interpretar personajes femeninos muy empoderados para la época y que representaban tanto una fantasía como una amenaza para los hombres en la trama.

En los primeros minutos de la película *Doña Bárbara* pasa de ser una mujer trágicamente violada por un grupo de piratas a ser descrita como una temible "devoradora de hombres" y "la hembra tremenda". Desde el cine mexicano de esa época podemos ver el arquetipo de la mujer fuerte, muy hermosa, pero de una manera intimidante, poderosa y cuya frialdad viene de un trágico pasado.

Su contraparte europea bien pudo haber sido Greta Garbo, particularmente en la película *Ninotchka* de 1939 dirigida por Ernst Lubitsch. Garbo interpreta a una agente soviética bastante fría, poco expresiva y muy comprometida con su carrera que es enviada a París. La manera de hablar y los modismos que demuestra son casi robóticos, posiblemente señalando a un adoctrinamiento por parte del gobierno para el cual trabaja. Incluso llega a usar un conjunto de vestuario muy similar al que después usó María Félix en *Doña Bárbara*: una blusa blanca con el paño oscuro sobre el cuello simulando un uniforme.

Tanto Ninotchka como Doña Bárbara son mujeres muy bellas, pero también muy frías, de carácter fuerte, hasta cierto grado masculinizadas. Han tenido un pasado o una crianza dura, escépticas hacia la idea del amor romántico y los hombres a su alrededor parecen estar muy intimidados por ellas. Este arquetipo de personajes femeninos se ha llegado a conocer como la *femme fatale*. La *femme fatale* fue un arquetipo muy popular en el cine occidental sobre todo de la década de 1940, pero también se sigue usando hasta el cine de nuestros días.

En realidad, el arquetipo de mujer bella pero fría, intimidante y sin corazón ha existido incluso antes de que naciera el cine, el cine simplemente se ha encargado de explotar el personaje para dar cierta lección de moral al público espectador. Un ejemplo en la literatura es Estella, personaje en la novela *Grandes Esperanzas* de Charles Dickens que fue publicada por primera vez como serie literaria de 1860 a 1861 y ha sido adaptada al cine en varias ocasiones.

Estella es la hija adoptiva de la rica y excéntrica Miss Havisham, ella misma no tienen un pasado trágico, por lo menos no que ella recuerde, pero su madre adoptiva si lo tuvo y la crió con el propósito específico de convertirla en una mujer fría y despiadada que le rompe el corazón a cualquier hombre que se enamora de ella, pero especialmente al personaje principal Pip, para así obtener su propia venganza contra todo el género. Estella termina evolucionando en un ser más cálido finalmente abriéndole su corazón a Pip aunque fuera solo como amistad, pero solamente después terminar viuda de un matrimonio en el cual la novela implica que sufrió de violencia doméstica, como si ella fuese una fiera que debía ser domada por un hombre. Incluso lo llega a decir abiertamente al final de la novela: "me han doblado y roto, pero espero que en una mejor forma" (Dickens, 2018, p. 574).

Ejemplos populares del modelo de la *femme fatale* en el cine han sido la misma Greta Garbo, Joan Crawford, Barbara Stanwick, Rita Hayworth, Katharine Hepburn y, más cercano a la actualidad, Sharon Stone o Eva Green. Una característica que los personajes de Greta Garbo y María Félix no comparten con la idea general de la *femme fatale* es la sensualidad, la *femme fatale* es una mujer atractiva y sensual que puede usar su sexualidad como arma cuando lo necesita a través de la seducción, cosa que ni Doña Bárbara ni Ninotchka se ven muy dispuestas a hacer.

En una realidad machista, la mujer debe ser siempre muy femenina, natural, maternal, sensible y romántica (como podría ser el caso de Marisela, la hija de Doña Bárbara que eventualmente se convierte en su rival). En realidad, ninguna de estas características debería de verse como algo malo, se vuelve reprobable en cuanto se le asignan a un género en particular, cuando se confunden con la sumisión y se ven como características femeninas obligatorias en vez de simplemente virtudes humanas.

Ahora, en contraposición a la imagen ideal que tiene una sociedad machista de la mujer sumisa, inocente e ingenua, la *femme fatale* es la "fiera indomable" que suele ser tan atractiva como aterradora tanto para el personaje como el espectador masculino. Despierta pasiones, está consciente de su sexualidad y no teme usarla, pero bajo sus propios términos y, a la vez, es fría y reservada, en general tiene una visión muy cínica de la vida y muy escéptica del amor romántico como la tienen Ninotchka y Doña Bárbara, generalmente por un pasado trágico y no muestra ningún tipo de interés en el matrimonio o la maternidad y, para sorpresa de nadie, suele ser la villana o termina enamorándose y cambiando de opinión.

Esto es a lo que se refiere Johnston cuando dice que el cine, sobre todo en su representación de la mujer, demuestra deseos, fantasías, y en el caso de la *femme fatale*, incluso ansiedades. La *femme fatale* representa la peor inseguridad de un hombre machista y, a la vez, su fantasía de domarla. Puede ser femenina pero no de la manera dulce e inocente, sino de aquella manera más intrépida, más fuerte y más madura que incomoda mucho a una sociedad machista que reacciona ante ella con temor e incluso repulsión.

Desafortunadamente, la *femme fatale*, a pesar de ser en si un personaje sumamente interesante y con el potencial de analizar profundamente, no llegó a ser el papel liberador de la mujer en una sociedad machista que pudo haber sido sencillamente por cómo ha sido tratada y deshumanizada por el cine.

A la *femme fatale* se le suele introducir al público como una villana, con rasgos no deseables en una mujer y, por lo tanto, no es el tipo de mujer que los hombres quieren sino que temen, así que no es representada como un modelo de aspiración para las mujeres sobre todo jóvenes que ven las películas cuando, en realidad, a la *femme fatale* en sentido estricto no le interesa mucho ser amada por un hombre en el sentido romántico, no significa que esto sea malo, simplemente para ella no es una prioridad y eso aterra al público machista. La *femme fatale* debe terminar muriendo, yendo a prisión o enamorándose y suavizando su carácter al final. El cine le ha fallado a la *femme fatale* y a las mujeres en general.

Ya una vez que el modelo de la *femme fatale* se asentó en el cine en la década de los cuarenta, se llegó a relacionar mucho con la mujer que decide desarrollar una carrera sobre la vida de madre y ama de casa. Idealmente estos dos conceptos no deberían de contraponerse el uno al otro, pero varios medios, incluyendo el cine, los han tratado como si fueran rivales y más en aquella época. Tomando el contexto histórico, sobre todo en Estados Unidos y Gran Bretaña, cabe mencionar que, durante la Segunda Guerra Mundial, muchas mujeres abandonaron la vida exclusiva del hogar para apoyar en las fuerzas laborales mientras los hombres estaban en el campo de batalla. Entraron a trabajar a lugares como fábricas, hospitales, oficinas, servicios de inteligencia, talleres mecánicos, etcétera. Claro que esto se dio principalmente por necesidad y por estar una situación atípica, como lo es una guerra. Los países en guerra tuvieron que tomar ciertas medidas y, entre ellas, se vieron en la urgencia de reclutar a todas las personas posibles para que apoyaran en los esfuerzos desde todos los ámbitos.

A pesar de haber surgido de la necesidad, esto representó un fuerte cambio en la sociedad occidental de la época pues no era algo nada común que una mujer, mucho menos miles, salieran a la fuerza laboral. Es difícil para cualquiera después de una guerra readaptarse a su estilo de vida anterior y, en el caso de las mujeres, fue un cambio muy brusco el volver a sus hogares y a sus matrimonios después de haber probado otras labores, un ambiente muy distinto y, en parte, una independencia que no habían tenido antes de la guerra.

Parte de la labor del cine, particularmente de Hollywood y en los años posteriores a la guerra fue tratar de motivar a la mujer a regresar al hogar. Hoy en día son más las personas que ven el papel de la mujer, ya sea el de madre y ama de casa o profesionista, como producto de su decisión personal y con la opción ideal de balancear ambos papeles. Pero no hay que olvidar que esto ha sido todo un proceso que ha ido evolucionando y, en la sociedad occidental de la posguerra, ya no fue bien visto que una mujer quisiera hacer una vida y carrera fuera de su casa y matrimonio si ya no estaban en guerra y, de hecho, se temía mucho que las mujeres ya quisieran optar por ese estilo de vida de ahora en adelante en vez de volver al hogar. Entonces había que motivarlas a volver, y para esto, se debe enviar un mensaje, un mensaje que dijera que es mejor que las mujeres se queden en casa y dejen que los hombres se encarguen ahora que han vuelto de la guerra y para esto, se utilizaron las películas.

Un ejemplo es otra película dirigida por Michael Curtiz que fue *Mildred Pierce* en 1945 protagonizada por Joan Crawford. Crawford no interpreta aquí propiamente una villana o una *femme fatale*. En esta película la villana es su hija Veda, quien es una joven muy interesada en escalar a cierto estilo de vida y se avergüenza de su madre, una mujer separada que trabaja de repostera para ganarse la vida y mantener a sus hijas.

Contrario a Doña Bárbara y su hija Marisela, donde ambas están enamoradas del mismo hombre y Doña Bárbara es la aterrorizante *femme fatale* en contraposición a su joven y encantadora hija, en la trama de la relación de madre e hija entre Mildred y Veda, la joven hija es quien trata mal a su madre trabajadora y quiere utilizar a los hombres para escalar socialmente al punto de querer persuadir al segundo esposo de su madre que la deje para casarse con ella y asesinándolo cuando este se rehúsa.

Aunque Mildred muestra la imagen tanto de una madre que hace lo necesario por sus hijas, como de una mujer independiente y trabajadora, lo cual no era común en la época, la trama de la película y el final puede ser interpretado de manera que sus tragedias se deben a su decisión de ganarse la vida independientemente y así, desmotivar al público femenino.

Bajo este contexto, tiene total sentido que, en la década siguiente, los años cincuenta se hiciera énfasis en la mujer en el papel de la fiel esposa, madre y ama de casa. Más adelante, como lo explica Anneke Smelik, a principios de los años sesenta, se empezó a criticar esta división que Hollywood creó de la mujer en el cine entre el arquetipo de la virgen María, es decir, la madre, la santa, y, por otro lado, la "zorra", la tentadora seductora que es Eva sugiriendo así imágenes más positivas y tal vez matizadas de la mujer en el cine (Smelik, 2016, p. 2).

LA REPRESENTACIÓN DE LA MUJER LATINA EN EL CINE: EL ESTEREOTIPO

Mientras que es cierto que el cine, y Hollywood en particular, tiene una larga historia de la sexualización selectiva de mujeres, no se puede dejar de notar que las mujeres de color son mucho más sexualizadas en las películas y en la televisión. A las mujeres blancas se les divide injustamente entre el modelo de la mujer inocente y maternal y la mujer sexual, seductora, "devoradora de hombres" que representa una amenaza para la sociedad que debe ser eliminada. Las mujeres de color tienen mucha menos representación en el cine y, cuando la tienen, esta suele estereotipada y sexualizada (Murphy, 2015, p. 4).

Un arquetipo femenino de minoría racial con el que generaciones de mujeres latinoamericanas estamos familiarizadas es con el de la "latina picosa" o mejor conocido como *spicy latina*.

La mujer latina en el cine también se ha convertido en una fantasía masculina generalmente para el hombre no latino. Es una mujer exótica, volátil, temperamental, muy sexualizada, apasionada sobre todo cuando se trata de su interés romántico masculino y, a diferencia de la *femme fatale*, suele ser representada como tonta y/o con un bajo nivel educativo. Físicamente suele tener un fenotipo racial muy marcado que es una figura voluptuosa, piel bronceada pero que no puede ser tan oscura, pelo castaño y labios carnosos generalmente con un vestuario ajustado y revelador que es mucho menos común ver un personaje femenino blanco. Y, por más que se argumente que este personaje se queda en la ficción, ha influido bastante en como la mujer latina es tratada tanto en su país de origen como fuera de él, y en como las mismas actrices latinas en Hollywood han sido tratadas como se va a exponer a continuación.

El origen de este estereotipo bien pudo haber sido Carmen de la ópera de Bizet estrenada en 1875. Claro que Carmen no es latina, es una mujer gitana en España, pero es una morena apasionada, salvaje y termina siendo traicionera. Distintos modelos muy similares del mismo personaje han sido asignados a las mujeres latinas durante décadas de cine posiblemente por una determinada asignación cultural y por la evidente ignorancia geográfica que ha impedido separar a España, junto con todas las diferentes culturas que se han desarrollado ahí como, por ejemplo, la de los gitanos, de Latinoamérica y su propia diversidad.

A esto se le agrega que, durante varios años, se ha contratado a actores no latinos, generalmente italianos o españoles o simplemente de pelo oscuro para interpretar personajes latinos. Ejemplos de esto son Rodolfo Valentino, el modelo del *latin lover* por excelencia del cine mudo, Natalie Wood interpretando a María en la adaptación cinematográfica del musical *West Side Story* en 1961, Catherine Zeta-Jones interpretando a Elena en *La Máscara del Zorro* (1998) y Penélope Cruz interpretando a una mujer española (como lo es su nacionalidad real) con las típicas características de la *spicy latina* en *Vicky, Cristina, Barcelona* (2005).

Mientras que María Félix interpretaba personajes que podrían ser la versión latina de la *femme fatale* en el cine mexicano, Dolores del Río había sido llevada a Hollywood con la intención de que fuera una versión femenina del *latin lover* que ya era Valentino años antes (Hall, 2013, p. 215). Ella provenía de una familia de clase alta de Durango, sin embargo, en Estados Unidos fue relegada siempre a un determinado tipo de papel secundario. Regresó a México justo a tiempo para la Época de Oro del cine mexicano protagonizando junto con Pedro Armendáriz la película *Flor Silvestre* dirigida por Emilio Fernández y estrenada en 1943, mismo año que *Doña Bárbara*. En esa película interpreta a Esperanza, una campesina indígena que es la heroína de la película. Al igual que el cine americano, el cine mexicano también ha tenido su racismo y colorismo, viéndose durante muchos años renuente a contratar actores indígenas para interpretar papeles indígenas.

En Hollywood fue, sin embargo, Lupe Vélez quien marcaría cómo serían representadas las mujeres latinas en el cine americano en las décadas siguientes. Ella interpretó esos papeles de la mujer exótica, temperamental y volátil que se peleaba a puñetazos y apuñaladas al grado de ser llamada "el huracán mexicano" (Meares, 2018).

Hollywood fue muy rápido en explotar esa personalidad, en *Mexican Spitfire* de 1940 dirigida por Leslie Goodwins, y que después se convirtió en una serie de películas, Vélez interpreta a Carmelita Linsday, una cantante mexicana muy explosiva que se casa con un hombre de negocios norteamericano. Además de hablar un inglés de bajo nivel con un acento muy marcado con sus ocasionales arranques emocionales en español, cosa que hasta la fecha sigue siendo utilizado hasta en programas familiares en donde la madre es latina; se puede ver en una escena en la que se encuentra cantando y bailando que trae puesto un atuendo de flamenco como algo "típico", cosa que, de nuevo, aún se ve en producciones modernas. Aun tomando en cuenta que el flamenco se ha popularizado mucho y que se puede bailar en cualquier parte del mundo, no hay que olvidar que se originó y es propio del sur de España y, por lo tanto, no un baile ni un traje típico mexicano, lo cual solo demuestra aquella falta de conocimiento geográfico elemental ya antes mencionado.

El personaje de la mujer latina siempre ha sido de clase baja, generalmente de antecedentes migratorios y un bajo nivel educativo que necesita que el hombre blanco norteamericano o europeo la salve. Más recientemente se ha adoptado una figura de la mujer latina como fuerte y dura debido a su pasado y a su crianza en barrios bajos. Es independiente en el sentido de que ha tenido que aprender a defenderse y, sin embargo, al igual que algunos casos de la *femme fatale*, necesita ser "domada" por un hombre que suele ser blanco y anglosajón.

Comparando estos dos arquetipos, la *femme fatal* puede ser o masculinizada como en el caso de Ninotchka o Doña Bárbara, o representar la sensualidad y la seducción como un arma y, por lo tanto, es una amenaza así que la película la tiene que castigar o asesinándola, o metiéndola en prisión o imponiéndole un hombre que la pueda "domar" o que pueda sacar su lado romántico. De cualquier manera, es deshumanizante y se sigue viendo hasta nuestros días. Por el otro lado, la mujer latina o *spicy latina* también puede ser masculinizada como "la chica ruda" o puede ser interpretada como un modelo exótico plagado de estereotipos raciales y culturales pero, de cualquier manera, es desproporcionalmente sexualizada.

EL FEMINISMO DE LA TERCERA OLA Y EL CINE DE LOS AÑOS NOVENTA Y DOS MIL

Ya en décadas más reciente como los años noventa y los principios del siglo XXI, el cine popular, sobre todo en películas dirigidas a un público infantil y joven, se empeñó un poco en responder al estereotipo femenino que Hollywood había estado trabajando sobre todo en sus primeras décadas, introduciendo personajes femeninos que se enorgullecen demasiado en el hecho de que "no son como las otras chicas".

A esto cabe mencionar que, curiosamente, mientras que la Segunda Ola del Feminismo que data de los años sesenta a los ochenta se fue dando muy a la par en Estados Unidos con el movimiento de los derechos civiles y la igualdad racial, la Tercera Ola que es la que correspondería a los noventa, fue principalmente llevada a cabo por mujeres blancas norteamericanas con privilegio de clase. La Tercera Ola, como lo explica Jocelyn Nichole Murphy, se hizo más énfasis en el empoderamiento individual que en el cambio social (Murphy, 2015, p. 10; Meares, 2018).

El cine reflejó mucho este énfasis, así como un desdén por todo lo femenino bajo el nombre de feminismo. Las heroínas de películas especialmente dirigidas a las nuevas generaciones y al público femenino ya mostraban cierto desprecio hacía los personajes femeninos secundarios justo por tratarse de mujeres o niñas con características que generalmente se consideran femeninas entre ellas, la manera de vestir, los gustos por cosas estereotípicamente femeninas como el color rosa o el maquillaje, o incluso virtudes mismas que se asocian con lo femenino como la amabilidad, la sensibilidad o la resiliencia.

Lo que hizo el cine de los noventa y los dos mil, fue tomar el arquetipo ya existente y anteriormente utilizado como personaje principal de la mujer dulce, femenina, inocente y amable, y ahora villanizarlo para poner como personaje principal a la heroína que no es como ellas, es diferente y eso es lo que siempre atrae a su interés romántico masculino. De nuevo, características como la amabilidad, la sensibilidad o la resiliencia no son femeninas en sí, así es como se han considerado, pero, en realidad, simplemente son características humanas y, por ende, es absurdo rechazarlas tajantemente por ser "femeninas".

Al preocuparse demasiado por no seguir cayendo en un estereotipo, el cine y el feminismo de la Tercera Ola crearon un nuevo estereotipo. El de la chica diferente, que no le gustan las cosas que a las mujeres a su alrededor sí, que por lo general incluso rechaza cualquier posibilidad de amistad con esas mujeres a su alrededor por considerarlas inferiores y menos inteligentes porque, bajo su concepción, la feminidad equivale a una falta de inteligencia, lo cual termina siendo igual de machista que el estereotipo contra el que tanto se esforzaba por luchar.

Lo que quiso hacer el cine en esas décadas, y que lo sigue haciendo, es mostrar una postura más feminista al empezar a introducir a todas estas heroínas, pero al hacerlas bajo ese mismo molde lo que se consiguió fue transmitir un mensaje de que ahora la feminidad y las características tradicionalmente vistas como femeninas deben estar en conflicto con la liberación femenina, la inteligencia y la fuerza de carácter, lo cual es el mensaje menos feminista que pudieron haber transmitido.

Una mujer no debería de tener que renunciar a su "feminidad" para ser vista también como fuerte o inteligente y ser tomada en serio. Así como una mujer que no se identifique mucho con aquellos roles de género y características tradicionalmente vistas como femeninas, no debe caer en la misoginia internalizada de menospreciar a otras mujeres y sentirse superior a ellas por sí exhibirlas y, por si fuera poco, hacerlo con el propósito de obtener la aprobación masculina. De hecho, poco hay de feminista y de progresista en pensar que ciertos gustos y virtudes son inherentemente femeninos y que deben estar en conflicto con virtudes consideradas masculinas como la inteligencia y la fuerza de carácter.

Una película que se contrapuso a la demonización de lo femenino en estas décadas (y que de hecho en su momento fue catalogada como una película poco seria) es *Legalmente Rubia* de 2001 dirigida por Robert Luketic y protagonizada por Resee Witherspoon. Witherspoon interpreta a Elle Woods, una chica rubia que pareciera ser el estereotipo de "la rubia tonta" y tradicionalmente muy femenina que decide entrar a estudiar Derecho a la Universidad de Harvard para demostrar que puede ser lo suficientemente buena para un hombre que la dejó por no ser el tipo de mujer con el que él debería casarse.

En un principio es completamente evidente que su decisión de entrar a la Facultad de Derecho fue tomada por las razones equivocadas al tratarse más de buscar la aprobación de una pareja que por cumplir una meta independiente. Sin embargo, conforme progresa la película, Elle se da cuenta de que el hombre al que perseguía en realidad nunca la iba a aceptar como era y, lejos de salirse de la Universidad, empieza a involucrarse más en sus estudios ya con la meta de graduarse como abogada por ella misma y no por él. Ella empieza a sobresalir como estudiante e incluso como pasante en un despacho sin tener que renunciar a su propia naturaleza y personalidad, utiliza justo esas características consideradas femeninas para sobresalir bajo el entendimiento de que no debía ser alguien más y mostrando además solidaridad con sus compañeras.

La Tercera Ola del Feminismo se enfocó mucho en que la mujer se hiciera cada vez más como el hombre y, en particular el hombre blanco. Claro que se debe de reconocer la motivación y el empoderamiento hacia las mujeres, y sobre todo niñas, a no tener miedo de estudiar carreras o dedicarse a profesiones que estén hasta la fecha dominadas por hombres.

Es un cambio muy bienvenido el que cada vez más mujeres entren a distintos ámbitos de la fuerza laboral y puedan ocupar puestos de liderazgo sin que el género sea un impedimento. Pero casualmente se olvidó que lo que puede ser liberador y empoderador para una mujer que ya tiene cierto privilegio, no necesariamente tiene que serlo para todas las demás. Las mujeres de color han sido o sexualizadas o masculinizadas por ciertos rasgos raciales, para una mujer de color hacerse más parecida a un hombre y adoptar características que se consideran masculinas, por ejemplo, muy difícilmente va a ser liberador.

CONCLUSIÓN

Se debe reconocer que, tanto el feminismo como la representación de la mujer en el cine han hecho grandes avances desde sus inicios. La imagen de la mujer debe volverse cada vez más realista, más humana y, conforme ha pasado el tiempo, la mujer ha ganado mayor libertad también para decidir quién es y exteriorizarlo al mundo.

El Derecho también ha tomado la responsabilidad de atender a la equidad de género e igualdad de derechos. Se han obtenido derechos políticos importantes para la mujer como el derecho a votar, a ejercer cargos públicos, así como derechos sociales y económicos como el poder asistir a la universidad, la licencia por maternidad, poder abrir una cuenta de banco propia o decidir sobre su propio cuerpo.

El feminismo en realidad está muy relacionado con los derechos humanos, la mujer es un ser humano también con la misma dignidad humana y capacidad racional propias de la especie. Y la defensa de los derechos humanos de poco sirve si no es universal y, para esto, tiene que atender a ciertas circunstancias o factores que influyen en la calidad de vida de una persona y de cómo esta puede enfrentar cierto tipo de discriminación en su día a día, tales como el género, la raza, la nacionalidad, la cultural, la orientación sexual, la religión o el estrato social.

El cine tiene el poder de cambiar la percepción del público hacia la mujer y lo femenino a nivel social contrario al Derecho que realiza estos cambios a nivel jurídico. La industria del cine ha sido muy influyente y con esa influencia ha tenido mucho poder.

Los efectos del feminismo predominantemente blanco de clase alta y primermundista se siguen viviendo hasta nuestros días tanto en el cine como en el mundo real. Hollywood ahora trata de dar una imagen más incluyente pero, en realidad, no lo es. Las celebridades cada vez se vuelven más activistas pero, en realidad, no lo son. Los moldes establecidos para interpretar ciertos papeles siguen muy marcados y hace falta mucha creatividad para crear nuevos papeles accesibles a más personas, así como reivindicar la calidad y la creatividad que hacen del séptimo arte uno de los más emocionantes de contemplar.

REFERENCIAS

Libros

Dickens, C. (2018). *Great Expectations*. Chiltern Publishing.

Hall, L. B. (2013). *Dolores del Río: Beauty in Light and Shade*. Stanford University Press

McGilligan, P. (2004). *Alfred Hitchcock: A Life in Darkness and Light*. Harper Perennial.

Papalia, D. E. y Wendkos, S. (1988). *Psicología*. McGraw Hill /Interamericana de México.

Thornham, S. (1999). *Feminist Film Theory: a Reader*. Edinburgh University Press.

Tesis

Murphy, J. N. (2015). *The Role of Women in Film: Supporting the Men. An Analysis of How Culture Influences the Changing Discourse on Gender Representations in Film* [Tesis para obtener el grado en Periodismo, University of Arkansas].

Filmografía

Allen, W. (Dir.). (2008). *Vicky Cristina Barcelona* [Película]. España y EUA, Mediapro, Wildbunch & The Weinstein Company.

Campbell, M. (Dir.). (1998). *The Mask of Zorro* [Película]. EUA, Sony Pictures & Amblin Entertainment.

Curtiz, M. (Dir.). (1942). *Casablanca* [Película]. EUA, Warner Bros.

Curtiz, M. (Dir.). (1945). *Mildred Pierce* [Película]. EUA, Warner Bros.

Fernández, E. (Dir.). (1943). *Flor Silvestre* [Película]. México.

Fuentes, F., de (Dir.). (1943). *Doña Bárbara* [Película]. México, Clasa Films Mundiales.

Goodwins, L. (Dir.). (1940). *Mexican Spitfire* [Película]. EUA, RKO Radio Pictures.

Hitchcock, A. (Dir.). (1946). *Notorious* [Película]. EUA, RKO Radio Pictures.

Lubitsch, E. (Dir.). (1939). *Ninotchka* [Película]. EUA, Metro-Goldwyn-Mayer.

Luketic, R. (Dir.). (2001). *Legally Blonde* [Película]. EUA, Type A Films & Marc Platt Productions.

Wise, R. y Robbins, J. (Dirs.). (1961). *West Side Story* [Película]. EUA, The Mirisch Corporation & Seven Arts Productions.

Recursos electrónicos

Abreu, R. (2021). What is the Hays Code?- Hollywood Production Code explained, Studiobinder, https://www.studiobinder.com/blog/what-is-the-hays-code-1934/

Grady, C. (2018, marzo 20). The waves of feminism, and why people keep fighting over them, explained, *Vox*, https://www.vox.com/2018/3/20/16955588/feminism-waves-explained-first-second-third-fourth

Meares, H. (2018). The Turbulent Life and Tragic Death of 'Mexican Spitfire' Lupe Velez, *Los Angeles Magazine*, https://www.lamag.com/culturefiles/mexican-spitfire-lupe-velez/

Smelik, A. (2021). *Feminist Film Theory*. Radboud University Nijmegen.

The Take (2023). Canal oficial. *YouTube*. https://www.youtube.com/c/thetake

Waxman, O. B. (2020). It's a struggle they will wage alone. How Black Women won the Right to Vote, *Time*, https://time.com/5876456/black-women-right-to-vote/

∼

LA CULTURA DE LA VIOLACIÓN MEXICANA. ESTUDIO A TRAVÉS DE *PERFUME DE VIOLETAS*

Julieta Ochoa Gómez
Universidad Panamericana

INTRODUCCIÓN

Perfume de Violetas relata las tribulaciones de la adolescencia y el poder de la amistad en una sociedad acechada por la violencia e indiferencia. Yéssica y Miriam se conocen en secundaria, ambas viven en el barrio de Santo Domingo en la Ciudad de México y encuentran en la otra que la sororidad es un antídoto a su soledad y una evasión a la dura realidad que enfrentan, repleta de abuso y prejuicios, donde sin entenderlo, son abruptamente introducidas al castigo de su sexualidad.

Existe una relación entre la opresión sexual de las mujeres –que obedece a ordenar un comportamiento nacido de modelos patriarcales–, el impedimento a disfrutar una vida libre de violencia y la restricción a su desarrollo de personalidad, consecuencia de la violación a sus derechos sexuales y al principio de igualdad de sexos.

La opresión sexual, evidente desde estereotipos de género hasta la existencia de la cultura de la violación, demuestra la necesidad del reconocimiento y respeto de los derechos sexuales para lograr la igualdad de los sexos. Esto derivado del daño que el patriarcado ha generado a la humanidad y, en específico, a las mujeres con la asignación de los roles de género; privándolas de poder y de independencia real, tanto en la esfera pública como privada.

La Organización Mundial de la Salud (OMS, 2021) estima que "1 de cada 3 mujeres en todo el mundo ha experimentado violencia física o sexual, principalmente a manos de su pareja" y de acuerdo con la Oficina de Naciones Unidas contra la Droga y el Delito (2018), las mujeres y niñas representan el 71% de las víctimas del tráfico de personas a nivel mundial, siendo 3 de cada 4 destinada a la trata con fines de explotación sexual.

"En todo el mundo, alrededor de 15 millones de mujeres adolescentes de 15 a 19 años han sido víctimas de relaciones sexuales forzadas en algún momento de sus vidas", aunado a que datos de 28 países revelaron que el 90% de esas jóvenes dijeron que el autor del primer incidente fue una persona a la que conocían (Unicef, 2017).

Según ONU Mujeres, durante la contingencia provocada por la pandemia de la Covid-19, el número de llamadas a líneas de asistencia por violencia de género se ha quintuplicado debido a que "(l)a restricción de movimiento, el aislamiento social y la inseguridad económica elevan la vulnerabilidad de las mujeres a la violencia en el ámbito privado en todo el mundo" (ONU Mujeres, 2020).

En Japón las tasas de suicidio subieron en el 2020 por primera vez después de 11 años, contrastando que, aunque la estadística de los hombres ha disminuido ligeramente, la de mujeres aumentó 15%; por lo que la diferencia entre octubre de 2019 y 2020 es de un 70% (BBC News Mundo, 2021).

En México 10.34 mujeres son asesinadas diariamente (Saúl Vela, 2019); aunado a que de las 2,847 mujeres y niñas asesinadas de enero a noviembre del 2020 el Observatorio Ciudadano Nacional del Feminicidio (2020) estima que solo el 26% fue investigado como feminicidio.

Según Amnistía Internacional México (2017), 6 de cada 10 mujeres son víctimas de algún tipo de violencia en el ámbito laboral, escolar, comunitario o en el espacio familiar.

> De acuerdo con el Sistema Nacional de Seguridad Pública, de enero a mayo de 2017, se tienen registradas 12,826 averiguaciones y carpetas de

investigación en el fuero común. De las cuales, 5,222 son por violación y 7,604 por delitos como abuso sexual, pederastia y hostigamiento. (2017, citado en Unidad de Igualdad de Género de la Procuraduría General de la República, 2017)

Aunado a esto, por cada delito sexual perpetuado en contra de un hombre, 11 mujeres son agredidas (Inegi, 2019, citado en Villanueva, 2019); esto sin tener en consideración que en México 9 de cada 10 delitos no se denuncia y que hay dependencias que deciden no tomar ningún tipo de denuncia ni darles seguimiento.

La organización feminista mexicana, Equis Justicia para las mujeres (2020), analiza que desde abril de 2020 la cifra promedio de asesinatos de mujeres en el país incrementó a 11.2 al día; asimismo señala que, en el mismo mes, se registraron 103,117 llamadas de emergencia al 911 por violencia familiar, de pareja, contra la mujer y sexual –42% mayor respecto a abril del 2019– y un incremento de casi el 50% en la atención y acompañamiento brindada por la Red Nacional de Refugios. Además, resaltan que en marzo de 2020 se abrió la mayor cantidad de carpetas de investigación por violencia familiar desde que el delito comenzó a ser registrado en el país en el 2015.

Entender los datos de la violencia que viven las mujeres en México y el mundo trasciende cifras y realidades, no son actitudes aisladas ni incidentales; es el resultado de un tejido conformado por instituciones, leyes y cultura que atenta en contra del desarrollo de una vida libre de violencia.

En la lucha por la igualdad entre hombres y mujeres, bajo el principio de progresividad, universalidad, interdependencia e indivisibilidad de los derechos humanos, es trascendental reconocer que para que las mujeres puedan desenvolver libremente su personalidad, resulta necesario para el empoderamiento femenino el reconocimiento de la dignidad inherente a su persona.

DERECHO Y CINE BAJO UNA PERSPECTIVA FEMINISTA

A través de los siglos, una sociedad dominada por hombres ha determinado que el rol de las mujeres en sociedad se halla subyugado al de ellos, restringiéndolas de cuestionar su lugar y de imaginar un escenario distinto; demostrando históricamente que quiénes lo han hecho sufrían graves consecuencias.

El cine ha ejemplificado no solo como hemos estado al pendiente de esta situación por décadas, pero como los estereotipos, la discriminación y la opresión persiste normalizada en la sociedad.

Los directores de cine, con énfasis en el artículo masculino, han sido quienes deciden cómo representar a las mujeres y su sexualidad, relatando que, entre 1998 y el 2019, el porcentaje de directoras en Hollywood osciló entre 9% y 13% (Orús, 2021); aunado a que las encuestas hechas por BBC Culture (2019) en los últimos años para determinar las 100 mejores películas extranjeras y las mejores cintas del siglo XXI, contenían apenas cuatro y doce, respectivamente.

El Instituto Geena Davis sobre Género en los Medios (Smith, 2013), en colaboración con ONU Mujeres y la Fundación Rockefeller, realizó el primer estudio mundial sobre personajes femeninos en las películas, revelando que, aunque las mujeres representan a la mitad de la población, los personajes femeninos tienen menos de una tercera parte de diálogos, no personifican puestos influyentes y son constantemente hipersexualizadas.

En esta tesitura, es importante tener en cuenta lo establecido por ONU Mujeres (2015) respecto a las mujeres en los medios:

> Los medios de comunicación dan forma a nuestro mundo, pero también lo hacen las mujeres como poderosas agentes del cambio en todos los ámbitos de la sociedad. Ha llegado la hora de que los medios de comunicación reflejen esta realidad.

Inclusive es importante destacar que, desde la Tercera Conferencia Mundial de las Naciones Unidas sobre la Mujer (1985), celebrada en Nairobi, existe una preocupación internacional por la representación de la mujer en los medios masivos:

> Párrafo 85. Debe darse gran prioridad al mejoramiento sustancial y continuo de la forma en que se presenta a la mujer en los medios de información. Debe hacerse todo lo posible por fomentar actitudes y elaborar material en que se muestran los aspectos positivos de las funciones y la condición de la mujer en actividades intelectuales y de otra índole,

así como relaciones igualitarias entre los sexos. También deben adoptarse medidas para combatir la pornografía y otras formas obscenas de mostrar a la mujer, así como su presentación como objeto sexual. A este respecto, deben adoptarse todas las medidas necesarias para garantizar que la mujer participe efectivamente en los consejos y órganos supervisores que se ocupan de los medios de información de masas, incluida la publicidad, y en la aplicación de las decisiones de esos órganos.

El cine, creado desde una visión androcéntrica –sin soslayar que el sexismo no es inherente a los hombres ni excluye a las mujeres–, ha perpetuado estereotipos de género femeninos y, consecuentemente, creado personajes con poca profundidad cuya existencia radica en virtud de su relevancia para los hombres.

Dicho fenómeno es tan notable que existen diversos exámenes para analizar el papel de las mujeres en las películas y el sexismo latente en ellas, por ejemplo, *el Test Bechdel-Wallace*, analizado por Freitas, Rosenzvit y Muller:

> [...] apareció por primera vez en la tira cómica The Rule del cómic Dikes to Watch Out For de la historietista estadounidense Alsion Bechdel, en 1985. En aquella tira [...], uno de los personajes es invitado al cine y responde que solo acepta ver una película si pasa 3 condiciones: 1) debe haber al menos dos personajes femeninos en la película, 2) en algún momento los personajes femeninos deben hablar entre sí, 3) acerca de algo que no sea un hombre. (2016, p. 35)

El test fue inventado con base en un fragmento del libro *A Room of One's Own* de Virginia Woolf de 1929, donde la escritora reflexiona que no es capaz de recordar un libro que represente a dos mujeres como amigas, ya que son primordialmente escritas de acuerdo con su vínculo con hombres (Freitas, Rosenzvit y Muller, 2016), "no solo vistas por el otro sexo, pero solo en relación con el otro sexo".

Sin embargo,

> [e]l hecho de que una película en particular pase el Test no implica que haya una participación femenina aceptable, o que no tenga contenido sexista. Igualmente, una película puede no pasar el test de Bechdel y aun

así transmitir un mensaje por la igualdad de género (Freitas, Rosenzvit y Muller, 2016, p. 35).

Asimismo, es un estándar bajo que solamente se requiera que una vez hablen acerca de algo que no sea un hombre para aprobar la prueba.

Otro modelo creado para evidenciar el sexismo en el cine es el *Test de la Lámpara Sexy* acuñado por Kelly Sue DeConnick, escritora de Marvel Comics; ella, además de reclamar que en la cultura y el entretenimiento no se ve reflejado lo importante que son las amistades entre mujeres, dice que para verificar que un personaje femenino no es realista se pregunta si puede ser reemplazado con una lámpara sexy sin alterar la trama (Yehl, 2013). Este parámetro está íntimamente relacionado con el denominado *Síndrome de Pitufina* acuñado por Katha Pollitt (1991) en un polémico artículo en el New York Times, en el que encuentra que los programas de televisión y películas suelen tener un elenco esencialmente constituido por hombres y, cuando hay un único personaje femenino, está definido estereotípicamente:

> El mensaje es claro. Los niños son la norma, las niñas la variable; los niños son lo principal y las niñas periféricas; los niños son individuos y las niñas tipos. Los niños definen al grupo, es su historia y código de valores. Las niñas solamente existen en relación con los niños.

Un cuarto ejemplo nace de una recopilación realizada por Gail Simone (1999) sobre la violencia de género en historias gráficas, denominada *Las mujeres en las neveras*; esto, a partir de que en el cómic publicado en 1994 Linterna Verde encuentra a su novia Kyle Ratner desmembrada en el refrigerador. Según Velásquez Mayorga (2020), el test analiza las narrativas en las que el personaje femenino sufre violencia física o sexual para motivar las acciones del hombre protagonista, es él quien sufre y decide ser un héroe al respecto; en la pantalla chica, Sansa Stark y la "Batalla de los Bastardos" de *Juego de Tronos* es un ejemplo por antonomasia.

Finalmente, de los múltiples parámetros que hay para analizar la representación efectiva de la mujer en pantalla, resalto dos que considero están enfocados en premiar a los filmes que piensan en crear personajes femeninos realistas, en lugar de establecer estándares para reducir el sexismo y aumentar el tiempo en pantalla de actrices; el primero es el

Mako Mori Test, en el que estudia el papel que tienen en la trama, esta deberá: 1) tener mínimo un personaje femenino; 2) tener su propio arco narrativo; y 3) este arco debe ser independiente al del personaje masculino (Romano, 2013).

Por otro lado, se ha desarrollado un concepto que se contrapone a la mirada masculina, denominada perspectiva femenina, este parte de dos bifurcaciones, la primera establece que el evento detonante de la trama no sea un evento violento hacia las mujeres protagonistas o secundarias –punto con el que estoy en desacuerdo debido a que es parte de la vivencia de las mujeres–; por otro lado, debe ser una narrativa en la que exista introspección de personajes, sin perpetuar la sexualización de los cuerpos femeninos por parte de los directores: "es emocional e íntimo. Ve a la gente como tal. Busca empatizar en lugar de cosificar" (Telfer, 2018).

Estas pruebas brindan al espectador una visión sobre la relevancia de la perspectiva feminista en el análisis jurídico y cinematográfico, resaltando que la representación de las mujeres en el cine necesariamente acata una realidad donde sus derechos se encuentran en jaque.

En referida tesitura, Morales Romo (2017) establece que el cine divulga valores entre los espectadores, refleja una realidad social e, incluso, tiene el potencial de manipular las percepciones de los espectadores y de contribuir a construir una sociedad menos patriarcal; por lo que, a pesar de considerar que tanto la sociedad como el cine han evolucionado hacia la igualdad, continúa plagada de estereotipos de género, mitos de relaciones de parejas y modelos de comportamiento conservadores.

Por lo que, bajo el entendimiento de la importancia de una representación diversa e integral de la mujer en los medios de comunicación, González Galiana (1999, p. 26) refiere que "la mejor manera de dominar los estereotipos y si se desea, desterrarlos, es estudiarlos y comprenderlos. Y los Medios son el lugar idóneo para acometer esa obra".

Precisamente en atención a la representación femenina en el cine, surge la teoría cinematográfica feminista como un discurso para analizar el impacto negativo de la perpetuación de los estereotipos de género en las películas –refiriéndose a los mitos de la feminidad y masculinidad–; así como para entender la penetración del patriarcado a través de un marco semiótico y psicoanalítico (Smelik, 1985).

Entre los temas más relevantes tratados por esta teoría se encuentra el papel del espectador femenino; analizado en virtud de que, autoras como Mulvey, consideran que la cultura visual occidental solamente tiene espacio para la mirada masculina, en el entendimiento de que las espectadoras solamente podían identificarse con un rol de feminidad pasivo o con la perspectiva masculina (Smelik, 1985).

Orit Kamir (2006) explica que un análisis feminista de Derecho y Cine estudia las interacciones entre ambas disciplinas tomando en consideración la posición social de las mujeres, así como las construcciones e implicaciones de género que las rodean, criticando las estructuras patriarcales y androcéntricas en las que son basadas, señalando que:

> Una docena de películas influyentes [...] representan y comentan el trato legal de la mujer y la construcción social del género, estereotipos y roles de género [...]. En ese sentido, todas las películas son textos jurisprudenciales populares. Adicionalmente, sirven como agentes sociales, construyendo su propio tratamiento sociológico de la mujer y asuntos de género, incluso al retratar y criticar los ya existentes. (p. xiii)

Partiendo de dicha aseveración, las películas son un recurso para el análisis jurídico de la realidad de la mujer; señalando que, gracias al aporte de la teoría feminista de Derecho en la segunda mitad de la década de los sesenta que tajantemente distingue entre sexo y género, es posible examinar a través de películas las diferencias existentes entre hombres y mujeres en la sociedad y su repercusión en el goce de los derechos humanos (Tramontana, 2011).

Resaltando que aceptar la diferencia social entre ambos sexos es necesaria por:

> [...] la percepción de que los derechos humanos de la mujer pueden ser violados en formas diferentes a aquellos de los hombres y que determinadas violaciones tienen lugar contra la mujer sólo por el hecho de serlo. (Charlesworth, 1991, p. 628)

Así como la conciencia generada por las precursoras contemporáneas de la teoría feminista en torno a lo siguiente:

> [...] aunque tienen una formulación neutral desde el punto de vista del sexo, las normas contenidas en los instrumentos de protección general

de los derechos humanos han sido tradicionalmente aplicadas –por los órganos encargados de su supervisión– de acuerdo con estereotipos de género y desde una perspectiva masculina, es decir, tomando como referencia a los hombres. (Tramontana, 2011, p. 145)

Lo anterior reúne algo de suma importancia: históricamente ha sido propagada la visión masculina blanca heterosexual en la sociedad, disminuyendo considerablemente otras perspectivas que impliquen diversidad.

PERFUME DE VIOLETAS Y LA CULTURA DE LA VIOLACIÓN

La violación es cultura. No existe una "cultura de la violación" separada en formación debajo de la que sería una soleada sociedad americana, así como no hay cultura de la violación que no sea cultura india, inglesa o mexicana, al menos no en este punto. La cultura fraterna es cultura de la violación, la cultura de las celebridades es cultura de la violación, la cultura de los deportes es cultura de la violación, la universidad es cultura de la violación, la cultura militar es cultura de la violación –incluso la cultura literaria es cultura de la violación–. (Place, 2015, pp. ix y x)

Existe un marco, relacionado con las expectativas del cumplimiento de los roles de género, en el que hombres y mujeres desarrollan su sexualidad y, aunado con la cultura de la violación, repercuten directamente en la imposibilidad de las personas para vivir libres de violencia y entender qué es un sano desarrollo sexual y social.

La expresión de la sexualidad humana está compuesta por elementos socioculturales íntimamente ligados con aquellos dictados por los roles de género, esto debido a que históricamente se ha asignado lo que se considera propio para cada sexo, creando los conceptos de femenino y masculino; resultando en que los estereotipos que de ahí derivan, se convierten en las reglas para guiar sus comportamientos eróticos.

El universo de la feminidad y masculinidad nace de las normas patriarcales y a través de esta autoridad se inventó una narrativa que constriñe a las personas a ciertas actividades, conductas y emociones; que consecuentemente fueron la excusa para limitar la actuación de las mujeres en la sociedad, privándolas de poder e independencia y, paralelamente, otorgó el papel de dominación a los hombres por relacionarlos con características adecuadas para liderar.

Según Duby et al., las mujeres, a través de la historia, han vivido bajo una dominación patriarcal en la que su supervivencia y aceptación está condicionada al cumplimiento del prototipo de ser mujer:

> [...] que se trate de secundar una ley de la naturaleza o de cumplir un imperioso mandamiento divino, los hombres tienen autoridad para gobernar y custodiar a las mujeres, las cuales no deben hacer otra cosa que favorecer esta custodia practicando toda la gama de las virtudes de la sumisión –humildad, mansedumbre, obediencia– preconizada con insistencia obsesiva en las prédicas y en los tratados pedagógicos. La venturosa alternativa de la independencia que vivió, por ejemplo, la Magdalena, quien, según Jacopo de Varazze, se convirtió en ocasión de pecado para sí y para las otras mujeres a causa de que era libre y dueña de sí misma (sui domina et libera), es objeto de una mirada de reprobación y de sospecha. (2018, pp. 68-69)

Desde un punto de vista de materialismo histórico, la distinción entre hombres y mujeres recayó meramente en factores físicos y biológicos, siendo así que Friedrich Engels, en *El origen de la familia, la propiedad privada y el Estado* (2017), describe que desde la prehistoria el criterio para la división de labores en la comunidad se basaba en la –supuesta– debilidad física femenina, que con el paso del tiempo las arrebató de la posición social de la que podían gozar en virtud de trabajos que no requerían un esfuerzo físico significativo; hasta arribar a la conclusión de que el trabajo doméstico realizado por las mujeres no tenía importancia a comparación del trabajo productivo efectuado por el hombre, colocándolas en una flagrante inferioridad, que el autor considera, nunca será revertida mientras permanezcan excluidas del trabajo productivo social.

En el mismo canal, Engels atribuye la gran derrota del sexo femenino a la creación de la propiedad privada en un marco patriarcal, siendo que en virtud de que la transmisión de bienes con razón de la muerte se invierte de la línea materna a la línea paterna; la mujer, por "su condición", es degradada a un simple instrumento reproductivo y de servicio:

> El derrocamiento del derecho materno fue la gran derrota histórica del sexo femenino en todo el mundo. El hombre empuñó también las riendas en la casa; la mujer se vio degradada, convertida en la servidora, en la esclava de la lujuria del hombre, en un simple instrumento de reproducción. [...] El primer efecto del poder exclusivo de los hombres, desde el punto y hora en que se fundó, lo observamos en la forma intermedia de la familia patriarcal, que surgió en aquel momento. (Engels, 2017, p. 22)

Sin embargo, Simone de Beauvoir ahonda lo anterior –referido a la concepción de que las mujeres son definidas únicamente por su sexualidad– al definir a la mujer respecto a la dinámica de poder entre hombres y mujeres en el patriarcado:

> ¿La mujer? Es muy sencillo, afirman los aficionados a las fórmulas simples: es una matriz, un ovario; es una hembra: basta esta palabra para definirla. En boca del hombre, el epíteto de "hembra" suena como un insulto; sin embargo, no se avergüenza de su animalidad; se enorgullece por el contrario, si de él se dice "¡es un macho!". El término "hembra" es peyorativo, no porque enraíce a la mujer en la Naturaleza, sino porque confía en su sexo; y si este sexo le parece al hombre despreciable y enemigo hasta en las bestias inocentes, ello se debe, evidentemente, a la inquieta hostilidad que en él suscita la mujer [...]. (2015, p. 35)

En el patriarcado, se ha eternizado la concepción de que las mujeres solamente pueden ser definidas en virtud de su capacidad reproductiva y del ejercicio de su sexualidad, siempre y cuando cumplan con el prototipo establecido para su sexo.

En la intersección entre los mandatos de feminidad, masculinidad y la violencia consecuencia del incumplimiento de los estereotipos que de estos se generan, ha existido una dinámica de poder que eterniza el sometimiento de las mujeres bajo el yugo de las estructuras patriarcales; ahí, es evidente la existencia de la cultura de la violación.

El género condiciona a las personas a internalizar estereotipos negativos y así cumplir con el estatus que consideran adecuado para cada sexo, en el caso de las mujeres, adoptar un papel subordinado y pasivo porque a través del tiempo se ha considerado que tienen atributos inferiores a los que se han construido alrededor de los hombres, con pseudo argumentos biológicos, sociales, físicos y sexuales (Cook y Cusack, 2010).

Por lo tanto, aunque históricamente hubo esbozos de la lucha por la emancipación de las mujeres y en la *Declaración Universal de los Derechos Humanos*, proclamada en 1948 por la Asamblea General de las Naciones Unidas, se reconoció por primera vez en un instrumento internacional el principio de igualdad entre hombres y mujeres, en algunos contextos persiste la concepción de que las mujeres son propiedad de los hombres "y hacen permisible, por ejemplo, el tratamiento violento de las mujeres de muchas maneras, tales como violencia intrafamiliar y sexual, en tanto los derechos legales de propiedad incluyen la posibilidad de rediseñar o destruir el objeto del que se es dueño" (Cook y Cusack, 2010, p. 3).

Con base en lo anterior es que la cultura de la violación –entendida como un sistema creado alrededor de la erotización y justificación de la violencia sexual– finca en las víctimas la culpa de la violencia ejercida en su contra, creando un ambiente en el que la violación es normalizada, e incluso justificada, en los medios de comunicación y cultura popular; uno de los ejemplos más arraigados en la consciencia social y reproducidos culturalmente es la idea de que las mujeres son responsables de provocar a sus agresores, tal como lo expone Amnistía Internacional (2018):

> El supuesto de que lo que lleva una mujer puede provocar a un hombre para violarla tiene su origen en estereotipos arraigados sobre la sexualidad masculina y la femenina. Sin embargo, en la realidad, a las mujeres las violan o agreden vistiendo cualquier tipo de ropa. Ningún tipo de ropa es una invitación al sexo o implica consentimiento. Lo que vestía una mujer cuando fue violada es sencillamente irrelevante. La violación no es nunca culpa de la víctima. Y comprender que las relaciones sexuales sin consentimiento constituyen violación es el primer paso para cambiar las actitudes sociales que dañan aún más a las víctimas de violación.

Incluso, tergiversándolo al extremo en el que no solo asumen que tiene más culpa la víctima que el victimario, pero que disfrutan o desean la agresión; situación que se relaciona con los estándares de masculinidad que pretenden no solo incitar a la hipersexualidad, pero excusar la violencia con una imposibilidad de control intrínseca al macho.

Exigir el cumplimiento de los roles y estereotipos de género, genera relaciones insalubres que alimentan la cultura de la violación y generan violaciones de los derechos y las libertades fundamentales, un ejemplo es la falta de penalización de violación marital –que se sostuvo en México hasta el 2015, basada en el concepto social de que la mujer es propiedad sexual del hombre y debe a este débito conyugal–.

La cultura de la violación se manifiesta a través del lenguaje misógino, la objetivación del cuerpo de las mujeres y la glamourización de la violencia sexual –por ejemplo, el recurrente canon cinematográfico en el que forzar a alguien a tener relaciones sexuales es convencimiento o una actitud dominante atractiva–, crea un imperativo patriarcal de cómo debe ser el desenvolvimiento sexual de las mujeres que justifica que en la sociedad se menosprecie el respeto a los derechos de la mujer y su seguridad.

Esta ideología impacta la concepción que las personas desarrollan sobre su propia sexualidad y la manera en la que la ejercen; esto debido a que la línea entre las expectativas del género y el desarrollo psicosexual se difumina, lo que lleva a confundir el cumplimiento de los estándares sociales alrededor del desempeño de la masculinidad y feminidad con una convivencia normal y aceptable.

Es en esta nociva intersección que la frase de Vanessa Place cobra especial relevancia: la cultura de la violación no funciona como un ente autónomo, es parte intrínseca a esta.

Es ahí donde Maryse Sistach absorbe y representa la experiencia adolescente mexicana en los confines de lo más crudo de la cultura de la violación y de la misoginia, en la intimidad de una amistad adolescente de dos jóvenes de clase baja con contextos familiares opuestos, representando así la violencia interseccional entre el género y la pobreza.

Se plantea el escenario, una parada de camiones atiborrada de gente en un barrio de la Ciudad de México, se distinguen uniformes color verde bandera; Yéssica corre a su primer día de clases en una nueva secundaria mientras su mamá le exige deje de ser problemática y comience a llevarse con su hermanastro Jorge, renuente y asustada, le dice que prefiere no vivir con ella. Al entrar al salón, su compañera Miriam la recibe con una sonrisa y lo primero que Yéssica nota es que huele bien, usa perfume de violetas. Tienen una conexión inmediata y comienzan a pasar tiempo juntas cada que terminan clases.

Jorge trabaja auxiliando a un conductor de camión que está obsesionado con Yéssica, la acecha y persigue cada que la ve, manteniéndola en un estado de terror absoluto cada que pasea por la calle; en su casa lleva un papel maternal con sus hermanos menores y cumple con los quehaceres, aún en contra de cumplir sus deberes académicos. Conforme avanza la trama es evidente que Yéssica vive con miedo en su hogar, incluso continúa mojando la cama.

Por otro lado, Miriam vive con su mamá, quien trabaja todo el día en una zapatería y procura mantenerla en una esfera de seguridad como su única confidente, siempre encerrada en su casa; es tímida y rápidamente se encuentra hipnotizada por la personalidad y osadía de Yéssica, inclusive desobedeciendo las reglas de su hogar.

Desarrollan una relación con tintes sádicos, sin que la directora se aventure a desarrollarlo con posterioridad, en la que encuentran un refugio a su soledad, creando una dependencia en la que ambas son capaces de aventurarse a la diversión; sin embargo, esto toma un giro cuando el hermanastro de Yéssica recibe quinientos pesos para facilitar que su jefe la viole, evidenciando la creencia de que los hombres poseen una propiedad sexual sobre las mujeres: en camino a la escuela es interceptada y arrastrada por el conductor al interior del camión, el hermanastro espera afuera; cuando ella sale adolorida, sus útiles y maquillaje están esparcidos por el piso.

Aunque quiere ir a acusarlos con su mamá, los maldice con frustración y camina hasta la escuela; entra al baño a limpiarse, sus ingles están rasguñadas y con moretones, Miriam la encuentra y se abrazan con una ternura que solo conoce la hermandad. En educación física, sus compañeras la humillan porque su falda blanca está manchada de sangre, Miriam le amarra su suéter en la cintura, pero la profesora se siente ofendida y dice que no quiere escándalos en su clase; la lleva con la directora, la regaña por no conocer higiene personal y le ordena hacer planas que digan: "Cada 28 días debo prevenir mi menstruación".

Jorge se compra unos tenis con el dinero en la zapatería donde trabaja la mamá de Miriam y la amenaza con hacerlo de nuevo si le dice a alguien.

Yéssica le cuenta a Miriam y, en un acto de protección, la lleva consigo a su casa, sin embargo, no queriendo portar el recordatorio del ataque, le roba ropa interior y tira la suya a la basura, para después reconfortarse poniéndose el perfume de violetas; cuando Miriam le pregunta por qué no le cuenta a su mamá, Yéssica responde que Jorge le ha dicho a su familia que "anda de loca" y jamás le creería por no tener problemas con su esposo. Juntas reflexionan que Jorge y su amigo merecen la muerte y Miriam especula que su mamá sería capaz de sacarles los ojos si a ella le pasara algo así.

Cuando su mamá regresa encuentra a Miriam pintada, bailando y fumando; enojada, le pide a Yéssica que regrese a su casa y regaña a Miriam al descubrir ropa interior sangrada en el bote de basura; primero por creer que no le dijo que comenzó a menstruar y después por que su amiga es irrespetuosa.

Todo cambia cuando las amigas van juntas al mercado, Yéssica se roba un perfume de violetas y corre mientras Miriam es detenida por una multitud que la acusa de ratera. Yéssica se esconde entre los puestos y se hace pipí –reacción que se repite durante la película derivado de algún trauma posiblemente atribuible a Jorge–, mientras, Miriam va a buscar a su mamá para decirle que pasó y ella le prohíbe seguir viéndola. Sin embargo, permite que vuelva a entrar a su casa y Yéssica aprovecha para robar el dinero que la mamá de Miriam había ahorrado para dárselo a su madre, ya que había escuchado a su padrastro decirle que la mande a trabajar en lugar de a la escuela.

Después de reconciliarse, Miriam es testigo de cómo Jorge y el conductor de camión levantan a Yéssica y corre asustada a avisarle a su mamá, quien acababa de descubrir que su hija la desobedeció y que el dinero que había escondido para comprar una televisión había desaparecido; no le hace caso porque considera que es una mala influencia. En la tarde Yéssica reaparece –desorientada– y corre a buscar a su amiga, pero, al ver que no está, se esconde debajo de las escaleras y regresa a su casa hasta en la madrugada, solo para ser atacada por su madre, quien le estrella el perfume en el suelo.

Luciendo terrible, Yéssica va a la escuela y sus compañeros se burlan diciéndole "La Llorona", pero su maestra nota que está golpeada y hay algo mal, por lo que la lleva a la enfermería; aun así, no quiere hablar de lo qué pasó. Con una amistad deteriorada, Miriam la cita en el baño para pedirle el perfume de vuelta, mientras su mamá pide a la directora que tome medidas contra Yéssica –quien le responde que ella debe ser una mejor madre, juzgándola por usar una falda corta y trabajar–.

En el baño se jalonean y al caer contra el escusado, Miriam muere. Yéssica corre a casa de Miriam con la llave que tenía amarrada en un collar y se acuesta en su cama. La mamá de Miriam entra con sigilo al ver todas las luces prendidas, pero se calma al ver una figura en la cama de su hija. El teléfono comienza a sonar y la película termina cuando contesta la inevitable llamada.

Según Cuéllar (2020), la película, basada en una historia real, forma parte de "una trilogía cinematográfica que retrata la violencia sexual ejercida en contra de las adolescentes en México: *Perfume de violetas* (nadie te oye), *Manos libres* (nadie te habla) y *La niña en la piedra* (nadie te ve)" creada por Maryse Sistach –en colaboración con José Buil–, cineasta y socióloga franco-mexicana; ganó el Ariel al Mejor guion original en el 2000: "es una tragedia, una película crítica hacia una sociedad indiferente, un largometraje con personajes realistas y más comunes de lo que nos gustaría admitir y también más actual de lo que hubiéramos deseado".

Elijo la primera entrega, que inaugura la trilogía de la crueldad, debido a que personifica la importancia de la sororidad y el impacto de la cultura de la violación en la vida de las jóvenes:

> En 1985 vi una nota roja que me llamó mucho la atención. Era un pequeño párrafo que hablaba de dos niñas que robaron un perfume. A una de ellas la prostituía el hermano, luego la apresaron y la mandaron a una correccional. Sentí que el perfume que habían robado era una manera de esconder la violencia cometida contra una de ellas. Desde esos años tuve guardada esa nota. Cuando me percaté del incremento de la violencia sexual contra la mujer, decidí realizar esta película. (Sistach, 2001, citada en Bonfil, 2020)

Perfume de violetas fue estrenada en el 2000 –quince años después de la publicación de dicha nota roja–, y fue realizada en aras de que la directora y socióloga percibió un aumento de la violencia sexual contra las mujeres; lamentablemente, este filme se percibe con una fría actualidad.

Aunque las protagonistas de la película nacen en el seno de dos familias muy diferentes, ninguna tiene un padre presente y sus madres tienen una aproximación a la maternidad distinto, ambas comparten una realidad: la soledad; sin embargo, el vínculo que desarrollan resulta insuficiente cuando son dramáticamente introducidas a la realidad de ser mujeres en un país donde reina la violencia de género.

Yéssica es presentada como un personaje conflictivo, expulsada de su antigua escuela, siempre a la defensiva y con problemas en su casa, principalmente ocasionados por su hermanastro, quién, a base de mentiras, procura que haya hostilidad en su contra; muestran que duerme con miedo y su madre la regaña por mojar la cama en secundaria. Paralelamente, la presentan libre y creativa, atrevida y capaz de defenderse; razón por la cual resulta tan contrastante su reacción a la primera violación planeada por su hermanastro –recordando que no existe una reacción única, correcta ni universal–.

Incluso, es a través del contraste entre Yéssica y Jorge que es clara la imposición de los roles de género en conexión con la cultura de la violación: aunque a Yéssica le corresponde el cuidado maternal de sus hermanos menores y labores del hogar, su padrastro quiere que deje de ir a la escuela para tener una contribución económica como la que considera brinda su hijo –que es chalán para un conductor de camión y su mayor sueldo viene de ayudarlo a violar a su hermanastra–, esto, además de retratar la carga de labores que la protagonista tiene por el hecho de ser mujer, demuestra el poco mérito que se le da al trabajo doméstico en contraposición a uno tradicionalmente retribuido con dinero.

Miriam, por otro lado, es obediente y dócil, pasa mucho tiempo sola mientras su mamá trabaja en una zapatería –situación que posteriormente genera un resentimiento en su hija cuando ve que coquetea con su jefe–, es bondadosa e indulgente, incluso perdonando a Yéssica en más de una ocasión; en su soledad y tranquilidad, la aparición de una nueva compañera de clase como Yéssica le da sentido a sus días, compartiendo e intentando comprender lo que le ha sucedido a su amiga. Su amistad le da el espacio para expresarse que su mamá constantemente niega.

Nace una conexión entre ellas porque Miriam huele a perfume de violetas, ese aroma representa el cuidado y la seguridad que su personaje encarna; y, tal como Sistach describe en la nota que inspiró la película, es un antídoto para la reminiscencia de la violencia a la que era sometida.

Según el Inegi:

> [...] se calcula que una de cada cuatro niñas y uno de cada seis niños sufren violación antes de cumplir la mayoría de edad [...] (es) un delito con una gran cifra negra en cuanto a denuncias y falta de información, por temor de las víctimas a hablar, la vergüenza y el ocultamiento de casos [...] (de) mil casos de abuso, solo se denuncian ante la justicia unos 100; de esos, solo 10 van a juicio; y de ahí, solo llega uno a condena. Es decir, la impunidad es de 99% y la cifra negra, aún mayor. (Inegi, citado en Arteta, 2019)

Asimismo, aunque se estima que mientras el abuso cometido en la primera infancia es perpetuado por familiares, las víctimas adolescentes de doce a diecisiete años sufren el 80% de las agresiones sexuales en entornos sociales (Arteta, 2019); estadísticas sobre la incidencia de violencia y la posibilidad de ocurrencia en las etapas de desarrollo infantil, arrojan que la violencia sexual –contrario al homicidio, robo, suicidio, entre otras–, es la única latente desde los 0 hasta los 18 años (Unicef, 2019).

La existencia y las causas de la violencia ejercida en contra de las mujeres y niñas se analizan a la par de la cultura de la violación con el símbolo del Uróboro, la serpiente que se muerde su propia cola:

> [...] se mueve sobre sí misma, no tiene principio ni fin, y representa lo infinito y lo eterno, la infinitud y la totalidad, al mismo tiempo. Expresa la unidad de las cosas, las materiales y las espirituales, que nunca desaparecen (Fernández, 2017-2018, p. 77).

Las actitudes representativas de la misoginia en la cultura se encuentran inscritas a ella como cincel en piedra, por lo tanto, la violencia no es consecuencia de la cultura ni viceversa, pero son cíclicas.

La violencia, al igual que los roles de género, es cultural y ha sido un medio históricamente utilizado para someter a las mujeres bajo la estructura patriarcal.

La cultura de la violación prolonga la corrupción de la infancia, cuyos efectos trascienden su desarrollo: normaliza y justifica la violencia sexual que se ha ejercido en su contra; esto no solo inhibe sanar, pero reproduce e internaliza las conductas de violencia hasta que se realice un ejercicio para desaprenderlas.

Por lo anterior es importante entender la dualidad de Miriam y Yéssica: Sistach no necesita explicar el panorama de la realidad de Yéssica para que la audiencia conozca el trasfondo de la violencia a la que ha estado expuesta, es una joven que, además de vivir en un ambiente de inseguridad, por desconocer el cariño y su posición como adolescente (y no como responsable de su familia), actúa defensivamente y traiciona constantemente a la única persona que le ha demostrado amabilidad genuina; incluso, cuando es víctima de violación por parte del jefe de Jorge, ya conoce que la hostilidad que su madre ha cosechado en su contra, la mantiene incrédula para entenderla y apoyarla. No es la única vez que ha sufrido violencia sexual y se sabe sola.

Por otro lado, Miriam, más allá de encarnar inocencia y cuidado, consecuencia de la protección y cariño que su madre le procura, ha sido paralelamente privada de la posibilidad de desarrollar relaciones afectivas fuera de la que mantiene con ella, lo que la ha hecho obediente y, sobre todo, ajena a la realidad; como consecuencia, la primera vez que se divierte, se rebela y se enfrenta a la violencia es cuando se hace amiga de Yéssica. Las reacciones hacia la violación de su amiga son su introducción a la cultura de la violación, específicamente el aprender que su propia madre condiciona la defensa de las víctimas a su reputación, amenazándola incluso para que se aleje de Yéssica:

> —Pero yo vi cómo se la llevaban, mamá.
> —Tú dices que esos muchachos abusan de tu amiga Yéssica, y también podríamos pensar lo contrario, Miriam. Esa muchachita los está provocando, ¿qué no te das cuenta que es una ratera, una malviviente?
> —Pero yo he visto los moretones que tiene, tiene rasguños aquí.
>
> —No te dejes engañar otra vez por ella [...] cuando las muchachas no se dan a respetar, les pasan cosas así o peores. Esa muchachita es una buscona, no hay de otra. Además de ser una ratera, es una puta y si tú te sigues juntando con ella, los hombres te van a tratar igual. ¿Qué querías? ¿Qué me iba a poner a defenderla después de lo que nos hizo?

Dicho diálogo representa una de las manifestaciones más comunes de la cultura de la violación, la máxima que reza que las mujeres y niñas provocan a sus agresores; la denomino de esa forma debido a que permea en la cultura mexicana a través de la forma de pensar: al decir que cierta ropa significa que buscas abuso, que no estar en un estado para consentir es aceptación tácita, que las menores de edad seducen a hombres mayores; esos ejemplos trasfieren la culpa del ejercicio consciente de cometer un delito a la víctima y a su vulnerabilidad ante un sistema que decide privarlas de poder.

Por otro lado, una muestra de la dualidad que representan respecto de su vulnerabilidad ocurre cuando Miriam y su madre abordan el camión en el que trabaja Jorge, ella lo identifica como un cliente al que atendió en la zapatería y nota que el conductor las observa por el retrovisor, nerviosa pide descender y se esconden en otra casa hasta que el camión avanza; en ambos ataques perpetuados contra Yéssica es sustraída durante el día y en ninguno recibe ayuda, incluso, aun cuando Jorge amenaza a Miriam con hacerle lo mismo si le dice a alguien, ella corre a su madre, quien la descarta y culpa a Yéssica.

Lo anterior incluso continua el estereotipo de que es necesario cuidarse o venir de una "familia bien" para no ser víctima de violencia sexual, mientras que la incidencia en contextos tan diversos demuestra que no existe un parámetro específico para sufrir un ataque de ámbito sexual; por lo tanto, la distinción hecha entre las familias y personalidades de las protagonistas, tal como lo narra el diálogo, atribuye a Yéssica la culpa de la violación por su estrato socioeconómico, familia y manera de desenvolverse en la vida, situaciones que de ninguna forma hacen a una persona acreedora de un castigo por el simple hecho de ser.

La cultura de la violación no se reduce a los actos directos cometidos en contra de las personas, pero a la ideología generada para justificarla. Considero que la directora retrata este ciclo sinfín a modo de tragedia griega, representando la imposibilidad de liberación con la ruptura de la sororidad entre las protagonistas a través de la botella estrellada de perfume de violetas: Miriam decide externalizar los prejuicios de su madre en contra de Yéssica cuando ella la busca por consuelo después de la segunda violación, por lo que, al encontrar odio y culpa en donde una vez hubo aceptación y cariño, desata una pelea que termina en la muerte de Miriam. Su amistad, que fue refugio, resulta su condena.

Nadie oye a Yéssica ni a Miriam, no de la forma en la que requieren y merecen ser escuchadas; su relación fue meramente una pausa a la soledad que la misoginia y la violencia cosechan, ambas abandonadas en cierta forma por sus padres y por la sociedad, sordos a sus necesidades de protección, información y cariño para su desarrollo.

Maryse Sistach aporta una perspectiva de dirección femenina que crea nuevos espacios para la narrativa de historias de mujeres contadas desde su propia vivencia, por lo que existe en pantalla un tratamiento más respetuoso hacia ellas y personajes redondos que aportan al filme una presencia trascendental con rasgos característicos más allá de cánones para la feminidad. Aunque la trama puede ser impulsada por las acciones masculinas, en este caso derivadas de la cultura de la violación inherente al patriarcado, ellas las llevan el curso de las consecuencias, la narrativa se fija en la víctima como persona, no en su perpetuador.

Perfume de violetas trata problemáticas experimentadas por jóvenes de una manera real, sus personajes resultan identificables debido a que, además de representar situaciones comunes, fueron escritas por una mujer, basado en hechos verdaderos. Desde la personificación de las actrices hasta el trato de su amistad, es capaz de llevar a la pantalla a adolescentes de secundaria, Ximena Ayala (Yéssica) y Nancy Gutiérrez (Miriam) no son sexualizadas por la directora –evidente en el vestuario y a través del guion– y desarrollan una vida fuera de la violencia y de los hombres.

El trato de personajes jóvenes en películas que giran alrededor de la violencia que sufren en la adolescencia no siempre recibe un trato que las humanice, aunque sean directoras quienes lleven la historia a la pantalla; ejemplifico con la presentación de las hermanas en *Mustang: Belleza salvaje* (2015) de Deniz Gamze y en *Las vírgenes suicidas* (1999) de Sofía Coppola, el primer filme fue escrito por la directora y se centra en la vida de un grupo de jóvenes turcas en una sociedad conservadora, sus distintas maneras de rebelarse y sobrellevar las imposiciones patriarcales; por otro lado, Coppola mantiene la narrativa de niños que erotizan a hermanas depresivas por ser bonitas, inmortalizando el machismo del escritor Jeffrey Eugenides al ignorar las vivencias personales de las protagonistas y centrarlas como objeto de admiración masculina.

Al igual que en las películas supra citadas, *Perfume de violetas* aborda la satanización del desarrollo sexual femenino, son otros miembros de la sociedad quienes quieren que las protagonistas atribuyan un carácter de perversión a sus actos y a la biología, en este caso, son las maestras quienes le dicen a Yéssica que la menstruación es sucia y las madres quienes la apodan peyorativamente cuando la realidad es que fue víctima de violencia sexual.

En la misma línea, es importante dar luz a la forma en la que Sistach decide no retratar explícitamente las violaciones, decidiendo fijar la atención, al menos en el primer caso, en las cosas de Yéssica vertidas por el pasillo del camión, artículos que metafóricamente son representaciones de los elementos que la hacen un individuo; consecuentemente, la trama no se fija en el acto de violencia en sí, pero en las circunstancias que lo rodean y en la vida de la víctima. No es necesario que la película represente la violación para saber lo que le sucedió, el tiempo que no le da a esa escena, lo ocupa su amistad con Miriam.

Esto, en atención a algunos de los exámenes presentados para analizar la presencia femenina en el cine, logra centrar la importancia de las mujeres protagonistas como personajes, en lugar de premiar el voyerismo a la violencia ejercida contra ellas. Contrario a lo anterior, están las criticadas películas *Irreversible* (2002) de Gaspar Noé y *El último tango en Paris* (1972) de Bernardo Bertolucci, en las que ambos directores deciden que el clímax de sus películas resulte en gráficas escenas de violencia sexual, con tintes de erotismo, en contra de mujeres. Haciendo hincapié en que, aunque Gaspar Noé sí procura crear un contexto humano alrededor de la víctima, la narrativa gira principalmente alrededor del frenesí de sus vengadores y de la violación (siendo un ejemplo del relato de *La mujer en la nevera*).

En *Perfume de violetas*, Sistach elude la visión masculina al narrar desde la voz de adolescentes y es capaz de aprobar casi todos los exámenes a los que se hace referencia en este ensayo, por una parte, al centrarse en la amistad entre las protagonistas, sus problemas personales –sobre todo familiares y académicos– y en las consecuencias de la violencia a la que Yéssica es sometida, pasa el *Test de Bechdel-Wallace* (hay más de dos mujeres que hablan entre sí de algo que no es un hombre) y el de *la mujer en la nevera* (la violencia no es detonante para las acciones de alguien más); pasan el test de la *Lámpara sexy* y del *Síndrome de Pitufina* debido a que las protagonistas son dos niñas de secundaria con personalidades distintas que no son sexualizadas para la historia, incluso, Yéssica no es una adolescente tradicionalmente femenina ni dócil.

Sin embargo, aunque la película trasciende el examen de *Mako Mori* debido a que las protagonistas tienen su propio arco narrativo, Sistach a propósito desafía una de las vertientes de la perspectiva de dirección femenina, debido a que el detonante de la trama es la violencia sexual en contra del personaje principal porque el propósito de su filme es evidenciar el sexismo y la violencia en contra de las jóvenes en México al público adolescente –razón por la que la directora luchó para que no le asignaran una clasificación restrictiva (Bonfil, 2020)–.

Lo anterior demuestra que es posible hacer películas sin preconcepciones patriarcales respecto a las mujeres y la importancia de que más directoras tengan acceso a presentar historias, no solo por la novedad de perspectiva y narración, pero por el propio poder de contar las historias que las afectan. Aquí, a modo de cuestionamiento, pongo en tela de juicio que –aunque narradas con verosimilitud–, la directora es una mujer con privilegio que decide que el contexto de las películas de la trilogía de la crueldad tenga lugar en un nivel socioeconómico bajo, lo que conserva intacta la concepción de que la problemática de violencia sexual tiene mayor injerencia en dicho sector. Por lo que considero que un factor importante a considerar para analizar la inclusión de diversidad en las películas, recordando que son factores de estudio y no para limitar la creatividad, es la explotación de los grupos vulnerables en nombre del cine en contraposición a su representación.

Por último, es importante reafirmar la importancia de la relación entre la cultura de la violación en los medios de comunicación con el Derecho, a través del mensaje que transmite la película; Yéssica provenía de una familia en la que la violencia era habitual y una vez en secundaria, es víctima de esta, tal como se narró en el contexto de violencia sexual en contra de los niños, niñas y adolescentes en México, creando a una joven que tiene problemas en su desarrollo psicosocial al no tener control sobre su trauma ni realidad, tal como la describe Ximena Ayala:

La esencia de mi personaje es el de una chavita rebelde, que se guía por sus instintos. Ella no piensa en las consecuencias de sus actos, sólo se rige por sus deseos. Tiene una rabia interna que la lleva a comportarse así. (Ayala, citada en Bonfil, 2020)

La impunidad de Jorge y el conductor por la violencia sexual que ejercen contra Yéssica, la presión por parte de su padrastro para que deje la escuela y trabaje, así como la indiferencia de su madre y su papel como cuidadora de sus hermanos menores, se conjugan en que la imagen que tiene la protagonista de sí misma este distorsionada: no se ve como una persona merecedora de justicia ni de cariño, por lo que constantemente traiciona a Miriam y es incapaz de confrontar la violencia a la que constantemente es subyugada. Por otro lado, Miriam muere al confrontar a su amiga por haberle robado dinero a su madre, repitiendo las palabras que las tornan en contra de la otra, que las mujeres son responsables de ser violadas; mientras su madre es escarmentada por trabajar en lugar de dedicarle más tiempo a su hija.

LAS ENSEÑAN A CALLAR PORQUE NO SERÁN ESCUCHADAS

Esa lección es parte fundamental de la cultura de violación institucional que obstruye la búsqueda de justicia por las mujeres víctimas de delitos sexuales: la incredulidad a la historia de las víctimas y la falta de redes de apoyo, de la mano a la protección que brinda el pacto patriarcal a los perpetuadores –representado en esta película con un billete de quinientos pesos, la protección de la madre de Yéssica a su hijastro y los perjuicios de la mamá de Miriam– resultan en la impunidad que perpetúa la violencia de género.

Asimismo, resulta trágico el presagio que manifiesta la ruptura de la botella de perfume de violetas, ya que significa la muerte de la sororidad y el término de una relación dependiente que brindó a ambas el apoyo y compañía del que carecían; de la misma forma, resulta peligrosa esta conclusión debido a que apunta que el pacto patriarcal puede ser más duradero e implícito que una red de sororidad.

Aunque esta película tiene el propósito de advertir a las audiencias y de reflejar una realidad que abunda, es necesario cambiar este mensaje para crear un cambio efectivo en la perspectiva que las personas tienen sobre la tolerancia a la cultura de la violación; las mujeres son seres humanos merecedoras de una vida libre de violencia para lograr un desarrollo de vida pleno.

Niños, niñas, mujeres y adolescentes merecen desenvolverse en una sociedad que valore su voz y el contenido de sus palabras, donde el consentimiento entusiasta, libre, verbal e informado sea la norma, y la magnitud de la sororidad sea tal que genere resistencia contra el patriarcado. El perfume de violetas representa el antídoto a la violencia y soledad, por lo que, en lugar de analizarlo como una sustancia que enmascara lo malo, debe ser encarnado en el poder de las redes de apoyo, una protección.

El cine representa historias humanas y tiene la posibilidad de reflejar la realidad, ahí somos capaces de ver en pantalla las fallas del sistema y de la sociedad. *Perfume de violetas* brinda a la audiencia la oportunidad de estudiar el impacto cíclico de violencia de género inmortalizada en la cultura de la violación, así como de examinar la permeación de estas conductas en la cotidianidad y reflexionar en qué medida contribuimos al problema y qué tanto estamos dispuestos a cambiar para modificarlo.

REFERENCIAS

Artículos y libros

Beauvoir, S., de (2015). *El segundo sexo*. Debolsillo.

Bhasin, K. (1993). *What is Patriarchy?* Kali primaries.

Charlesworth, H., Christine, C. y Shelley, W. (1991). Feminist Approaches to International Law, *American Journal of International Law*, *85*, 628.

Cook, R. y Cusack, S. (2009). *Gender Stereotyping: Transnational Legal Perspective*. University of Pennsylvania Press.

Duby, G. y Perrot, M. (2018). *La Edad Media (Historia de las mujeres 2): La Edad Media*. Penguin Random House.

Engels, F. (2017). *El origen de la familia, la propiedad privada y el Estado*. Proceso.

Fernández, A. (2017-2018). Uróboro: la serpiente que se muerde la cola en los textos alquímicos griegos, *Fortimat*, (28), 77.

Freitas, J., Rosenzvit, M., Muller, S. (2016). Automatización del Test de Bechdel-Wallace, Ética y Cine Journal, *6*(3), 35.

González, R. (1999). La construcción de estereotipos andaluces por los medios, *Comunicar*, (12), 26.

Kamir, O. (2006). *Framed: Women in Law and Film*. Duke University Press.

Morales, B. (2017). El Cine como medio de comunicación social, luces y sombras desde la perspectiva de género, *Fonseca, Journal of Communication*, (15), 40.

Place, V. (2015). *The Guilt Project*. Other.

Smelik, A. (1985). Feminist Film Theory. En Cook, P., *The Cinema Book*. BFl.

Tramontana, E. (2011). Hacia la consolidación de la perspectiva de género en el Sistema Interamericano: avances y desafíos a la luz de la reciente jurisprudencia de la Corte de San José, *Revista IIDH*, 5, 144.

Women, Law & Development International et al (2000). *Derechos Humanos de las Mujeres: Paso a Paso*. Editorama.

Artículos electrónicos

Arteta, I. (2019, agosto 15). De mil denuncias de violencia sexual contra niñas y niños, solo uno llega a condena en México, *Animal Político*, https://www.animalpolitico.com/2019/08/casos-abuso-sexual-menores-mexico/

BBC News Mundo (2019, diciembre 26). Las 100 mejores películas dirigidas por mujeres, según la BBC, *BBC*, https://www.bbc.com/mundo/noticias-50660418

BBC News Mundo (2021, febrero 23). El inquietante aumento de los suicidios entre las mujeres en Japón durante la pandemia, *Animal Político*, https://www.animalpolitico.com/bbc/el-inquietante-aumento-suicidios-mujeres-japon-pandemia/

Equis Justicia et al. (2020). *Las dos pandemias: violencia contra las mujeres en México en el contexto de COVID-19*. México.

Pollit, K. (1991, abril 7). The Smurfette Principle, *The New York Times*, https://www.nytimes.com/1991/04/07/magazine/hers-the-smurfette-principle.html?pagewanted=all&src=pm

Smith, Stacy et al. (2014). *La industria cinematográfica mundial perpetúa la discriminación contra las mujeres*, ONU Mujeres, https://www.unwomen.org/es/news/stories/2014/9/geena-davis-study-press-release

Vela, D. (2019, 25 de agosto). 10 mujeres son asesinadas cada día en México; 312 son víctimas de un delito, *El Financiero*, https://www.elfinanciero.com.mx/nacional/al-dia-312-mujeres-son-victimas-de-un-delito-en-mexico-10-son-asesinadas

Villanueva, D. (2019, septiembre 24) Crece cifra negra, nueve de cada 10 delitos no se denuncian: Inegi, *La Jornada*, https://www.jornada.com.mx/ultimas/politica/2019/09/24/crece-cifra-negra-nueve-de-cada-10-delitos-no-se-denuncian-inegi-5966.html

Reportes electrónicos

Amnistía Internacional (2017). *Día Internacional de la Eliminación de la Violencia contra la Mujer*, https://amnistia.org.mx/contenido/dia-internacional-de-la-eliminacion-de-la-violencia-contra-la-mujer/

Amnistía Internacional (2018). ¿Sabías esto sobre la violación? https://www.amnesty.org/es/latest/campaigns/2018/11/did-you-know-this-about-rape/

Observatorio Ciudadano Nacional del Feminicidio (2020). *México sucumbe ante la violencia feminicida*, https://www.observatoriofeminicidiomexico.org/post/comunicado-m%C3%A9xico-sucumbe-ante-la-violencia-feminicida-ocnf

OMU Mujeres (2020). *Hechos y cifras: Poner fin a la violencia contra las mujeres*, https://www.unwomen.org/es/what-we-do/ending-violence-against-women/facts-and-figures

ONU Mujeres (2015). *Las mujeres y los medios de comunicación*, https://beijing20.unwomen.org/es/in-focus/media

Organización Mundial de la Salud (OMS). (2021).*Violencia contra la mujer- infografías*, https://www.who.int/reproductivehealth/publications/violence/VAW_infographics/es/

Orús, A. (2021). *Porcentaje de directoras en Hollywood 1998-2020*, https://es.statista.com/estadisticas/636276/porcentaje-de-directoras-en-hollywood/

United Nations (1986). *Report of the World Conference to Review and Appraise the Achievements of the United Nations Decade for Women: Equality, Development and Peace, Nairobi, 15-26 de julio de 1985*, http://www.un.org/womenwatch/confer/nfls/Nairobi1985report.txt

Unicef (2017). *La disciplina violenta, el abuso sexual y los homicidios acechan a millones de niños en todo el mundo*, Unicef, https://www.unicef.org/es/comunicados-prensa/la-disciplina-violenta-el-abuso-sexual-y-los-homicidios-acechan-millones-de

Unicef (2019). *Panorama estadístico de la violencia contra niñas, niños y adolescentes en México*, Unicef, https://www.unicef.org/mexico/media/1731/file/UNICEF%20PanoramaEstadistico.pdf

Unidad de Igualdad de Género de la Procuraduría General de la República (2017). *Violencia sexual*, https://www.gob.mx/cms/uploads/attachment/file/242429/Violencia_sexual_Julio_2017_180717.pdf

United Nations Office on Drugs and Crime (2018). *Global Report on Trafficking in Persons*, https://www.unodc.org/documents/data-and analysis/glotip/2018/GLOTiP_2018_BOOK_web_small.pdf

Blogs electrónicos

Bonfil, C. (2020, junio 21). *Perfume de violetas: Un golpe seco a las buenas conciencias*, Cine de Premiere, https://www.cinepremiere.com.mx/perfume-de-violetas-golpe-seco-buenas-conciencias.html

Cuéllar, S. (2020, marzo 30). *Perfume de violetas: La violencia como moneda de cambio*, https://cuorum.com.mx/2020/03/30/perfume-de-violetas-la-inocencia-como-moneda-de-cambio/

Romano, A. (2013, agosto 18). *The Mako Mori Test: 'Pacific Rim' inspires a Bechdel Test alternative*, Daily Dot, https://www.dailydot.com/parsec/fandom/mako-mori-test-bechdel-pacific-rim/

Simone, G. (1999). *Women in Refrigerators*, https://www.lby3.com/wir/

Telfer, T. (2018, agosto 2). *How Do We Define the Female Gaze in 2018?*, Vulture, https://www.vulture.com/2018/08/how-do-we-define-the-female-gaze-in-2018.html

Velásquez, V. (2020, agosto 5). *El test de Bechdel y otras formas de determinar si una historia es sexista*, https://www.shock.co/cine-y-tv/el-test-de-bechdel-y-otras-formas-de-determinar-si-una-historia-es-sexista

Yehl, J. (2013, junio 20). *Kelly Sue DeConnick Talks Captain Marvel, Pretty Deadly, and the Sexy Lamp Test*, IGN, https://www.ign.com/articles/2013/06/20/kelly-sue-deconnick-talks-captain-marvel-pretty-deadly-and-the-sexy-lamp-test

Filmografía

Bertolucci, B. (1972). *El último tango en París* [Película]. Italia y Francia: United Artist.

Gaspar, N. (2002). *Irréversible* [Película]. Francia: Mars Distribution.

Coppola, S. (1999). *Las vírgenes suicidas* [Película]. Estados Unidos: Paramount Pictures.

Ergüven, D. G. (2015). *Mustang: Belleza Salvaje* [Película]. Francia: CG Cinéma et al.

Sistach, M. (2001). *Perfume de violetas* [Película]. México: Instituto Mexicano de Cinematografía et al.

50 AÑOS DE HISTORIA DE LA FACULTAD DE DERECHO UNIVERSIDAD PANAMERICANA

Volumen 4

DERECHO Y CINE

Juan Antonio Casanovas Esquivel
Coordinador

para CENTROS CULTURALES DE MÉXICO, A.C.,
Jérez 10, Insurgentes Mixcoac, Benito Júarez,
Ciudad de México, México, CP. 45010
Tel: 52 (55) 5482 1600